HEYNE BÜCHER

W0198943

HEYNE KOCHBÜCHER

Juri Korinetz

Die traditionelle Russische Küche

Die 300 besten Rezepte
aus ganz Rußland

WILHELM HEYNE VERLAG
MÜNCHEN

HEYNE-KOCHBUCH
Nr. 07/4440

Wir danken dem Restaurant DATSCHA,
Kaiserstraße 3, 8000 München-Schwabing,
für die freundliche Unterstützung
bei der Gestaltung des Titelfotos

Aus dem Russischen von Gesine Frunder

Titel der Ausgabe: Das Kochbuch vom Onkel Juri
Mit freundlicher Genehmigung des Verlages Beltz & Gelberg, Weinheim,
übernahm der Autor Ausschnitte aus seinen Büchern:
Wolodjas Brüder
Dort, weit hinter dem Fluß
Das ganze Leben und ein Tag

Umschlagfoto: Bildagentur Mauritius/Torino, Mittenwald
und Sigi Bumm, Studioh!, München
Umschlaggestaltung: Atelier Ingrid Schütz, München
Illustrationen: Juri Korinetz und Mie Goto
Printed in Germany 1985
Satz: Schaber, Wels
Druck und Bindung: Ebner Ulm

ISBN 3-453-40424-6

INHALT

Erklärungen und Abkürzungen

EL = Eßlöffel
TL = Teelöffel
g = Gramm
ccm = Kubikzentimeter

1 Tasse entspricht etwa 100 ccm
1 Eimer entspricht etwa 12 l

Vorwort

Juri Korinetz, berühmter Autor zahlreicher Jugendbücher und Romane, schreibt nicht nur, sondern er kocht und ißt auch mit Leidenschaft. Er liebt seine Heimat, und er liebt die russische Küche mit all ihren Traditionen und Bräuchen, mit Festtags- und Fastenspeisen, mit üppigen Hochzeitsmählern und der Kost des einfachen Volkes. Er berichtet aus Rußlands kulinarischer Vergangenheit und Gegenwart, und er nimmt den Leser mit auf eine Reise, die in die verschiedenen Landesteile und Republiken von der Ukraine bis nach Kasachstan führt. Wir begleiten ihn zu einem Gastmahl ins mittelasiatische Chodžejli, besuchen mit ihm eine usbekische Teestube in Samarkand und schauen vielen fremden Völkern in die Kochtöpfe.

Juri Korinetz hat die Eßgewohnheiten und Zubereitungsarten nicht immer nach den strengen Regeln der Kochbuchschreiber verfaßt, sondern so, wie sie ihm am leichtesten erklärbar und am einleuchtendsten erschienen. In seine Rezepturen hat er persönliche Erfahrungen und daraus resultierende Ratschläge und Tips einfließen lassen.

Die Maßangaben bei den einzelnen Rezepten entsprechen auch nicht in jedem Fall den bei uns gebräuchlichen, aber mit Waage und Meßbecher lassen sich schließlich auch 415 oder 233 Gramm eines Produkts ermitteln — die ungewöhnlichen Mengenangaben rühren von der Umrechnung russischer Maßeinheiten her.

In den oft literarisch inspirierten Text sollte redaktionell sowenig wie möglich eingegriffen werden, damit die Begeisterung und das Engagement des Autors für die Gerichte seiner Heimat für den Leser erkennbar bleiben.

Nicht alle Gerichte wird der Leser in seiner eigenen Küche nachkochen können und wollen, entweder weil die Zutaten nur mit Mühe zu beschaffen wären oder weil manche Speisen, zumal einige der mittelasiatischen Küche, für einen Mitteleuropäer nur schwer zu goutieren und zu verdauen sind. Doch sollten auch solche Rezepte in diesem Buch nicht fehlen, weil ohne sie das Bild nicht vollständig wäre.
Ob man russische und ukrainische Gerichte, die sicher unserem Geschmack am nächsten kommen, nachkocht oder die Eßgewohnheiten und Speisen der grusinischen, kirgisischen oder usbekischen Küche kennenlernt, in jedem Fall kann sich die ambitionierte Hausfrau, der Hobbykoch ein Stück kulinarisches Neuland erobern, das sicher eine Reise wert ist.
Dieses Buch ist — wie jeder weiß — nicht das erste, das Juri Korinetz geschrieben hat. Aber es ist sein erstes Kochbuch und dazu — wie nicht nur der Autor glaubhaft versichert — die erste Sammlung russischer, ukrainischer, kaukasischer und mittelasiatischer Kochrezepte, die es in dieser Vollständigkeit überhaupt gibt. Daß auch in diesem Buch hin und wieder der Schöngeist mit ihm durchgeht — wer wird dem Autor das nicht gerne nachsehen.

Essen und Trinken im alten Rußland

Gegessen und getrunken hat man in Rußland immer schon gern und gut. Man aß und trank lange und viel, und nach dem Essen hat man sich ausgeruht. Wenn jemand nach dem Essen nicht schläft, ist das geradezu verdächtig — er kann kein richtiger Russe sein. Aus alter Zeit ist die Sage überliefert, das Volk habe die polnische Herkunft des falschen Demetrius — des selbsternannten Zaren, der in der Zeit der Wirren von 1607 bis 1610 in Rußland regierte — eben daran erkannt, daß er nie nach dem Essen geruht habe. In Rußland war man immer der Meinung, es sei schädlich, nach dem Essen zu arbeiten, weil der Organismus dadurch bei der Verdauung der Mahlzeit gestört werde. Die großen russischen Schriftsteller wie Tschechow, Tolstoj und Gorkij pflegten morgens zu arbeiten, nachdem sie einige Tassen Kaffee oder Tee getrunken und höchstens ein weiches Ei gegessen hatten. Nach dem Mittagsschlaf aber arbeiteten sie nicht mehr; dann empfingen sie Gäste, lasen Briefe und Zeitungen oder gingen spazieren.
Der Großfürst von Kiew, Wladimir Monomach — er regierte im 11. Jahrhundert —, hat gesagt: »... nicht nur dem Menschen, sondern auch den Tieren und den Vögeln hat Gott befohlen, in der Mittagsstunde zu ruhen.« Im alten Rußland schlief man nach dem Essen mindestens drei Stunden. In dieser Zeit waren alle Kaufläden geschlossen und die Straßen leer.
Dem Essen wurde früher überhaupt eine große Bedeutung beigemessen; wie das Essen so sei auch der Körper beschaffen, glaubte man, und der Zustand des Körpers wie-

derum wirke sich auf Herz und Charakter aus. Denn aus der Nahrung entstehen nicht nur Muskeln, Sehnen und Knochen des starken Arbeiters, sondern auch Herz und Hirn des Poeten und Denkers, des Künstlers und des Staatsmannes. Charaktereigenschaften und Mentalität einer Nation hängen nicht nur von den klimatischen Verhältnissen ab; anderes Essen bringt andere Sitten mit sich und damit auch eine andere Sicht der Dinge.

Überhaupt ist der Mensch nach einem guten Essen klüger und besser. Die klügsten Reden, die scharfsinnigsten Sprüche werden nicht zu Beginn, sondern am Ende eines Essens gesprochen. Alle wichtigen Angelegenheiten werden abends, mit sattem Magen, durchdacht, und morgens nüchtern wird gehandelt. Und wenn etwas nicht richtig entschieden wurde, so war es gewiß wegen eines schlechten Essens schlecht durchdacht.

Satt und ausgeschlafen kann man sogar zu den Behörden gehen und Verhandlungen führen, selbst da, wo man einem nicht allzu wohl gesonnen ist. Wenn der Mensch satt und gut ausgeschlafen ist, fühlt er sich selbstbewußter und unabhängiger. Er ist ruhig und gefeit gegen jegliche Nervosität — einen Satten bringt man nicht aus dem Gleichgewicht. Ein hungriger und unausgeschlafener Mensch aber verliert nur allzu schnell den Kopf und begeht nicht wiedergutzumachende Dummheiten. Folglich hat die Küche große Aufgaben: sie erhält den arbeitenden Körper und die Waffe des Geistes, das Hirn; sie nährt und bändigt die Leidenschaften; sie erfüllt die Seele mit Energie und Stolz oder läßt sie verzagen. »Sage mir, was du ißt, und ich sage dir, wer du bist.« Aber Essen ist nicht gleich Essen. Das eine läßt Muskeln, Knochen und Nerven erstarken und beflügelt moralische und geistige Fähigkeiten — das andere macht den Menschen schwach oder fett oder sogar stumpfsinnig.

Die Küche muß auch ästhetische Bedürfnisse befriedigen. Wir essen nicht nur, um satt zu werden und zu existieren, zu arbeiten — sondern auch, um zu genießen. Deshalb: Wenn Sie ein gutes, schmackhaftes Essen zubereiten wollen, seien Sie nicht knausrig. Das heißt natürlich keinesfalls,

daß man viel essen muß. Nicht Quantität, sondern Qualität ist gefragt. Man kann krank werden, wenn man ein halbes Pfund Fleisch oder Fisch gegessen, und gesund bleiben, nachdem man ein ganzes Pfund vertilgt hat; kann angesichts eines weichen, gut zubereiteten Rinderbratens oder eines dampfenden gebratenen Hammelstücks in sieben

Sprachen schweigen, aber Brechreiz sogar nach dem Genuß eines teuren Sterlets empfinden. Alles hängt davon ab, *wie* das Essen zubereitet wurde.
Ich hoffe, Sie sind mit den oben geäußerten Weisheiten einverstanden und halten sich daran. Natürlich, für ein gutes Essen braucht man Geld, und für den besonders wichtigen Nachmittagsschlaf braucht man Zeit ... beides aber ist in unserem verrückten 20. Jahrhundert ein ganz heimtückischer Faktor. Das läßt sich nicht ändern. Ich kann nur sagen: Sehen Sie zu, daß Sie immer beides vorrätig haben. Sie werden sehen, es lohnt sich.
Adam Olearius, ein berühmter deutscher Reisender und Gelehrter, der unser Land im 17. Jahrhundert besuchte und seine »Reise« erstmals 1647 in Schleswig veröffentlichte, beschrieb das Rußland jener Zeit, darunter die russische Küche, so:
»Die Russen haben im Gebrauch, nach dem Essen Mittagsruhe zu halten und zu schlafen.«
»Die Gesandten wurden mit einem Essen aus mindestens vierzig Gängen bewirtet: zum größten Teil aus Gebackenem und Gebratenem, mit Zwiebeln und Knoblauch. Außerdem wurden sie mit viel Wodka, Bier, Wein und Met bewirtet.«
»Die tägliche Kost der Russen ist Grütze, Rüben, Kohl, Gurken, frische und eingesalzene große Fische. Das Gebackene ist sehr schmackhaft und von gewaltiger Größe; als Füllung nehmen sie Fische oder Fleisch mit Zwiebeln und braten sie in Butter oder Öl. Mit einer solchen Pirogge will ein jeglicher seinen Gast, wenn er ihm gütlich zu tun vermeint, bewirten.«
»Die Russen pflegen auch ein Essen, welches sie nach dem Rausche, wenn sie ›s pochmelja‹ oder unlustig sind, zuzurichten. Sie schneiden gebratenes Hammelfleisch kalt in kleine Würfel, vermischen es mit ebenso kleingeschnittenen Salzgurken und mit etwas Pfeffer, gießen halb Essig und halb Gurkensuppe daran und essen es dann mit dem Löffel.«
»Ihr Getränk ist Kwas, auch Bier, Met und Branntwein. Und der Branntwein muß bei allen allezeit den Anfang zur

Mahlzeit machen und hernach auch auf dem Tische neben anderm Getränk gebraucht werden.«

»Nach dem Mahle läßt der Russe seine Frau, schön angetan, kommen, daß sie dem Gaste eine Schale Branntwein zutrinke und auf ihrer Hand darreiche, auch bisweilen, so er dem Gaste recht wohl will, um ihren Mund von ihm küssen zu lassen.«

»Es gibt allgemein gesunde und alte Leute in Rußland, welche nicht viel krank sind, und wenn sie denn bettlägerig werden, ist des gemeinen Mannes beste Kur Branntwein und Knoblauch.«

»Im russischen Bad sind auf dem Boden und auf den Liegebänken verschiedene wohlriechende Gräser verstreut, und auf dem Boden liegt noch Tannenreisig. All das gibt dem Bad einen angenehmen Geruch. Den Dampf im Bad heizen sie nicht nur mit Wasser, sondern auch mit Bier an.«

»Wenn sie ihrem Gast Gutes tun wollen, so schicken sie ihm ins Bad, wo er sich wäscht, einen in Stücke geschnittenen Rettich mit Salz und erfrischende Getränke. Nach dem Bad bewirten sie ihn recht anständig ...«

So schrieb Olearius im 17. Jahrhundert.

Die Russen haben schon immer viel Fleisch gegessen; mit Vorliebe wurden mehrere Fleischsorten in einem Topf gekocht (auch heute noch kochen die Russen gern so eine Fleischbrühe — siehe Rezept 23 —, die Grundlage aller Suppen, und besonders des Schtschi). Zum Essen kamen immer Salz, Pfeffer, Essig, Salzgurken und eingesalzenes Kraut, Pflaumen und saure Milch auf den Tisch. All das wurde mit Saucen angerichtet. Zum Fleisch gab es Zwiebeln und Knoblauch.

Die Bojaren speisten zu Hause einfach, aber reichlich. Für ihre Gäste jedoch wurden 40 bis 100 verschiedene Gerichte vorbereitet.

Beim Zaren Boris Godunow wurden am Ende eines Mittagsmahls kleine, mit vergoldeten Piroggen behängte Bäume aufgetragen: ein Baum für den Zaren, einer für den Gesandten und einer für die Bojaren.

Das Hors d'œuvre der Zaren war immer gebratener Schwan. Wenn die Köche bei Hof Fisch zubereiteten, gaben sie ihm oft die Form eines Hahns, einer Henne, einer Gans oder einer Ente (sie entfernten die Gräten, zerstießen das Fleisch im Mörser und formten es entsprechend). Die Diener wechselten während des Mahls dreimal das Gewand. Ein Festessen dauerte bis in die späte Nacht. Und beim Weggehen bekam jeder Gast eine Schüssel Piroggen mit auf den Weg.

In vornehmen wie in einfachen Häusern ging es stets recht gastfreundlich zu. Der Hausherr empfing die Gäste voller Freude und ließ alles auf den Tisch stellen, was das Haus zu bieten hatte.

Dennoch zeichnete sich die russische Küche durch Einfachheit und sogar Einförmigkeit aus. Es gab zwar vielerlei Gerichte, die meisten unterschieden sich aber nur wenig voneinander. Wohlhabende Leute stellten sich einen Speisezettel für das ganze Jahr auf, der sich, entsprechend den kirchlichen Feiertagen, aus Fleisch- und Fastenspeisen zusammensetzte. Nach allgemeiner Sitte mußte die Fastenzeit befolgt werden. Bei den Fleisch- und Fastenspeisen spielten die Piroggen eine große Rolle; neben Hefepiroggen gab es auch ungesäuerte. Zu allen Gerichten verwendeten die Russen in alter Zeit gern kräftige Gewürze, besonders Zwiebeln, Knoblauch und Safran.

Im 16. und 17. Jahrhundert waren Zwiebeln und Knoblauch sozusagen Grundnahrungsmittel; sie gehörten zu den Speisen, die die Bürger den Schreibern zu geben hatten.

Bei der Zubereitung der Speisen verwendete man früher in der Regel kein Salz. jeder salzte sein Essen erst, wenn es auf dem Tisch stand.

Seit dem 18. Jahrhundert wirkten Einflüsse der westeuropäischen Kochkunst auf die russische Küche ein. Von der Zeit an ist sie vielfältiger. Rußlands Kontakte mit anderen Ländern bewirkten eine Bereicherung der russischen Küche durch französische Saucen, deutsche Suppen, englisches Roastbeef und so weiter. Es muß aber gesagt werden, daß die russische Küche die ausländischen Gerichte nicht einfach kopiert, sondern nach ihrem Geschmack variiert hat. Russische Köche vervollkommneten Fleisch- und andere

Bouillons, Saucen, Fleisch- und Wildgerichte. Dennoch blieb die russische Küche (ebenso wie die ukrainische) im Prinzip dieselbe, die sie seit Jahrhunderten gewesen war.
Nicht umsonst heißt es: »Versucht so zu essen wie Eure Vorfahren — das ist gut für die Gesundheit.« Deshalb erscheint auf dem Tisch des Russen so häufig Schtschi und auf dem des Ukrainers Borschtsch. Und natürlich gibt es bei beiden als zweites Gericht Kascha (mit Butter, Milch oder Fleisch); desgleichen Piroggen oder Piroschki. Ganz zu schweigen von allen möglichen gesalzenen, geräucherten und marinierten Imbissen zum unvermeidlichen Wodka und zu starken Likören. Unter den leichten nichtalkoholischen Getränken sind vor allem Kwas und Tee beliebt. Und der russische Tee ist natürlich unvorstellbar ohne Konfitüre, Osterkuchen und süße Piroggen oder Piroschki.
Wenn im Hause eines Russen oder Ukrainers Gäste ankommen, werden sie in erster Linie mit diesen alten Gerichten bewirtet.
»Und wo sind denn nun die berühmten Bliny mit Kaviar?« werden Sie fragen. »Ist das etwa keine russische Lieblingsspeise?« Doch! Aber Bliny sind im Unterschied zu Schtschi oder Kascha kein Alltagsgericht (obgleich man sie durchaus jeden Tag essen könnte). Die Bliny werden in der Regel in der Fastnachts- oder Butterwoche gebacken; an dem alten russischen Feiertag, der auf heidnische Bräuche zurückgeht. Die Fastnachtswoche wird auch die »fleischlose« genannt, das heißt, man darf als Vorbereitung auf das große Fasten, das bis Ostern dauert, kein Fleisch essen. Sie ist sozusagen der Beginn der Enthaltsamkeit.
Die Fastnachtswoche wird, je nach Kalender, Ende Februar eine ganze Woche lang gefeiert. Im Volksmund heißt sie »die lange«. Wie der westeuropäische Karneval ist die russische Fastnachswoche, wie gesagt, ein Erbe aus heidnischer Zeit, ein Feiertag, der mit dem Sonnenkult in Zusammenhang steht. Der Vorabend der Fastnachtswoche war der ökumenische oder große Elternsamstag, an dem man seiner Eltern gedachte und, versehen mit Wein und einem Imbiß, mit der ganzen Familie zum Friedhof ging. Diese Sitte erinnert auch an den heidnischen Leichenschmaus, einen

Brauch, den auch die Römer kannten. Sie begingen vor den Iden des März die Elterntage, gedachten also der Toten.
Bliny, das Spezialgericht der Fastnachtswoche, gehörten zum Leichenschmaus: Die erste Bliny der Fastnachtswoche wurde früher den Bettelmönchen zum Gedenken an die Toten gegeben. Andererseits war die Fastnachtswoche auch der feierliche Beginn eines neuen Lebens, ein Feiertag der Jungvermählten.
Nicht umsonst werden auch heute noch in der Fastnachtswoche so viele Hochzeiten gefeiert. Die Zeit vom 6. Januar bis zur Fastnachtswoche gilt bei uns als die große Heiratszeit. Die Leute machen sich oft über diejenigen lustig, die im Heiratsalter sind, es aber nicht geschafft haben, in dieser Zeit einen Partner zu finden. In Weißrußland und Kleinrußland gibt es da den Brauch mit dem sogenannten »Bremsklotz«. Ein in Leinwand gewickeltes Holzscheit wird am Sonntag vor der großen Fastenzeit in der Nacht Mädchen und jungen Burschen an die Beine gebunden, sozusagen als Strafe dafür, daß sie es nicht geschafft haben, in der Fastnachtswoche zu heiraten. Ähnliche Bräuche findet man auch bei den Deutschen und Engländern. Zur russischen Fastnachtswoche gehören auch die Spazierfahrten und Ausflüge mit Troikas durch die herrliche Winterlandschaft. Dann werden alle Speisen — Bliny, Piroggen, Vorspeisen, Wodka und Tee im Samowar — auch auf Straßen und Plätze hinausgebracht. Auf den Plätzen in der Stadt werden Jahrmärkte aufgebaut. Früher fanden in der Fastnachtswoche auch Faust- und Ringkämpfe statt, kamen Gaukler und Tierbändiger mit dressierten Bären oder einer Ziege oder ein Kasperletheater.
Zu den Volksbelustigungen während der Butterwoche gehörten auch die Schaukeln und Eisberge. Früher eröffnete der Zar persönlich die Feierlichkeiten, indem er am Montag mit seinen Offizieren die Schaukeln bestieg. Und in Sibirien wurden in der Fastnachtswoche an den Flüssen richtige kleine Städtchen aus Schnee gebaut, mit Türmen, zwei Toren und einem Eisloch. Die jungen Burschen teilten sich in zwei Parteien — die Verteidiger der Stadt und die Angreifer.

Sie kämpften mit Besen gegeneinander. Nach langem Kampf durchfuhren die Belagerer die Tore, dann galt die Stadt als erobert. Die Eroberer tauchten ihren Anführer in das Eisloch, danach zerstörten alle zusammen das Eis-Städtchen und gingen singend nach Hause. Dieses Spiel hat symbolischen Charakter: Die Schneestadt stellte den Winter dar, der von den Kräften des Frühlings vertrieben und vernichtet wird.

Im Kaukasus, bei den Grusiniern, feiern fahrende Sänger und Musikanten die Butterwoche mit; sie musizieren auf Instrumenten, die an russische Sackpfeifen erinnern. Am ersten Tag der Fastnachtswoche putzen sich die jungen Grusinier heraus und ziehen tanzend und singend durch die Straßen.

In unserer Zeit hat die Fastnachtswoche ihren religiösen Sinn und den Zusammenhang mit dem Fasten verloren — kaum jemand fastet mehr. Aber die Fastnachtswoche wird noch immer gefeiert; sie ist jetzt ein allgemeiner Volksfeiertag zur Sonnenwende und zum Frühlingsanfang. In diesem Sinne, würde ich sagen, sind die Russen gewissermaßen zum Heidentum zurückgekehrt. Immer noch ißt man zur Fastnachtswoche Bliny mit Kaviar, Sahne und Butter, gesalzenen und geräucherten Fisch und trinkt dazu viel Wodka. Es gibt auch heute noch auf Straßen und Plätzen Volksfeste, mit Fastengerichten und Getränken unter freiem Himmel, mit Troikas, Schaukeln und Eisbergen.

Von den anderen auch heute noch in vielen Landesteilen begangenen alten Feiertagen nenne ich Neujahr, Ostern und Pfingsten. Zu Ostern bewirtet man sich mit speziellen Gerichten: mit süßen Osterkuchen und süßen Quarkkuchen, mit gefärbten Eiern. Aber man kann zu Ostern auch jedes beliebige andere Essen zubereiten: gefülltes Spanferkel, Hammel mit Kascha, Hasen — also alles, was man mag und sich leisten kann. Ebenso ist es auch zu Neujahr: An diesem bei den Russen sehr beliebten Feiertag wird kein spezielles Neujahrsgericht zubereitet, jeder bemüht sich aber, irgend etwas Besonderes zu kochen. Zu Neujahr gibt es Wodka, verschiedene Weine, und auf jeden Fall Sekt. Auch zu Neujahr werden auf Straßen und Plätzen rund um

einen Tannenbaum, der wie zu Hause mit Spielzeug geschmückt ist, Volksfeste veranstaltet.
Zu Pfingsten, 50 Tage nach Ostern, gibt es ebenfalls keine besonderen Festtagsgerichte. Dafür werden die Häuser innen und außen mit grünen Birkenreisern geschmückt.
Von den alten Feiertagen wird noch das Weihnachtsfest gefeiert; allerdings meist nur von Gläubigen. Weihnachten wird auch im heutigen Rußland noch nach altem Stil begangen, und nach dem heute gültigen Kalender fällt es auf den 7. Januar. Der 13. Januar ist das alte Neujahr, das auch fast nur von Gläubigen gefeiert wird. Viele Russen feiern zweimal Neujahr, am 1. und am 13. Januar. Nach dem Motto: Man muß die Feste feiern, wie sie fallen.
Von den neuen Feiertagen, zu denen ebenfalls viel gegessen und getrunken wird, nenne ich den 1. Mai, den internationalen Tag der Arbeit und der Werktätigen; den 7. November als Tag der Großen Sozialistischen Oktoberrevolution und den 8. März, den Internationalen Frauentag. Von allen Feiertagen ist er der farbigste und blumenreichste, weil jeder Mann seiner Frau soviel Blumen wie möglich schenken möchte. Besondere Gerichte für diese drei Feiertage gibt es nicht, jeder kocht, was ihm oder den Seinen schmeckt — Piroggen, Piroschki, Osterkuchen, Fleisch. Wodka wird wie immer nach russischer Sitte viel getrunken.
Es gibt auch noch kleinere Feiertage im heutigen Rußland, zum Beispiel den Tag der Verfassung, den Tag des Fischers oder Verkäufers (und anderer Berufe) — diese Feiertage werden, auch was das Essen und Trinken angeht, bescheidener begangen. Spezielle Speisen gibt es für diese Tage auch nicht.
An allen Feiertagen sind fast in jedem Haus Gäste eingeladen, und sie werden herzlich und gastfreundlich empfangen. Nur Neujahr feiern viele Familien für sich zu Hause, im engsten Kreis. Ausnahmen gibt es bei der Jugend, die sich gern auf einem der großen Neujahrsbälle vergnügt.
Es muß noch hinzugefügt werden, daß die Russen heute vor Festtagen gern auf den Kolchosmärkten einkaufen, denn da gibt es zu solchen Zeiten besonders viel frische

Lebensmittel — Frischfleisch, Spanferkel, frisch geschlachtete Enten, Hühner, Gänse usw. All das ist natürlich viel frischer und von höherer Qualität als in den Geschäften, wo Fleisch zum Beispiel meist tiefgefroren angeboten wird. Aber natürlich sind auch die Preise auf dem Markt von »höherer Qualität«, nicht jeder kann sie bezahlen ...

Ich habe oben schon gesagt, daß frische Lebensmittel unbedingt den Konserven oder tiefgekühlten Waren vorzuziehen sind. Man sollte hier lieber nicht mit dem Geld knausern, vorausgesetzt natürlich, man hat welches.

Das ist alles, was ich meinen Rezepten aus der russischen Küche voranstellen wollte. Im Text findet der Leser zwischen den Rezepten Anekdoten und Geschichten, zuweilen Erläuterungen zu den russischen und anderen Gerichten.

Ausländischen Touristen — Feinschmeckern und allen, die gern essen — rate ich, unser Land möglichst an Feiertagen zu besuchen, zum Beispiel in der Fastnachtswoche, wenn es in fast jedem Restaurant und in jedem Wirtshaus Bliny gibt. Besonderes Glück hat der Tourist, der an Feiertagen zu einer gastfreundlichen Familie kommt — da kann er sich so richtig verwöhnen lassen.

Wenn jemand mit dem Flugzeug von einem Ende unseres Landes bis zum anderen fliegen möchte, kann er in Leningrad oder Moskau russisch frühstücken, in Tbilisi grusinisch oder in Jerewan armenisch mittagessen und irgendwo am Bajkal in der Taiga sibirisch abendessen ... obwohl man das alles auch in Moskau tun kann — in den Nationalitäten-Restaurants.

Mit Hilfe meines Buches können Sie aber auch eine kulinarische Rußland-Reise machen, ohne die Strapazen einer weiten Fahrt auf sich zu nehmen. Die hier aufgeschriebenen Rezepte sind das beste, was seit alters her bis heute die russischen und die nationalen Küchen der UdSSR zu bieten haben (natürlich bei weitem nicht alles).

Ich betone: Wenn Sie etwas zubereiten, versuchen Sie sich an die empfohlenen Mengen zu halten. Man sagt, der Russe nimmt für alle Fälle immer einen Löffel mehr von allem, und der Deutsche immer einen Löffel weniger ... Am sinn-

vollsten ist es, genau zu sein und wo nötig die goldene Mitte zu wählen! Die verschiedenen Gewürze — Pfeffer, Meerrettich, Kräuter und Grünzeug — sollten Sie nach eigenem Geschmack den Speisen beigeben.
Also: Probieren Sie doch einmal die alte russische Küche und die nationalen Spezialitäten der Völker der UdSSR. Guten Appetit!

Russische und ukrainische Vorspeisen

In diesem Teil finden Sie Rezepte für russische und ukrainische Vorspeisen, ohne die fast kein russisches Mittagessen auskommt. Die Vorspeisen werden zum größten Teil kalt serviert. Die wichtigsten sind Sülze, gesalzene und marinierte Pilze, Salzgurken und frische Gurken sowie Tomaten; gesalzener und geräucherter Fisch, Krebse, hartgekochte Eier usw. Zu den Vorspeisen gehören auch Sauerkraut, kalte gekochte Kartoffeln mit Hering, Butter, verschiedene Käsesorten und Pasteten. Zu den Vorspeisen reicht man Schwarz- oder Weißbrot, Piroschki mit verschiedenen Füllungen und frisches Grünzeug — Petersilie, Dill, Koriander. Dazu kommen Pfeffer, Salz und Zitronenscheiben auf den Tisch (wer mag, kann den gesalzenen Lachs mit Zitronensaft beträufeln). Zu Sülze und gekochtem Sternhausen oder Stör werden verschiedene Meerrettich-Saucen gereicht (siehe unter »Saucen«) oder auch Senf und Rettich (mit Sahne vermischt oder mit Öl und Salz).

Zu all diesen Vorspeisen gibt es Wodka und verschiedene andere starke Getränke. Mir ist aufgefallen, daß zum Beispiel bei den Deutschen meist während und nach dem Essen getrunken wird. Bei den Russen ist das nicht üblich. Das heißt, man kann natürlich auch während des Essens trinken, aber ein Russe muß in jedem Fall zuerst auf nüchternen Magen etwas trinken, von den erwähnten Vorspeisen ein bißchen essen und dann erst mittagessen — zuerst die Suppe, dann das Hauptgericht und als drittes ein Dessert.

1.

Sülze

4—5 Portionen

2,5 kg Füße, Köpfe, Ohren, Rüssel oder Maul (vom Schwein oder Rind)
0,5 kg Rindfleischreste
4 l Wasser
1 große Möhre
50 g Petersilie
50 g Sellerie
50 g Zwiebeln
10 g Knoblauch
1 Lorbeerblatt
5 g Pfefferkörner
Salz

Die Füße, Köpfe, Ohren, Rüssel absengen, säubern und auswaschen. In einen Topf geben, mit kaltem Wasser bedecken und über Nacht stehen lassen. Am Morgen alles herausnehmen, in kleine Stücke schneiden und wieder in einen sauberen Topf legen, zuerst die Knochen, dann das Fleisch. 4 Liter Wasser zugießen. Zuerst auf großer Flamme kochen, dann die Flamme klein stellen und langsam etwa 6—8 Stunden kochen lassen, bis das Fleisch ganz weich ist. Eine Stunde vor dem Garwerden Möhre, Petersilie und Sellerie (mit Blättern), Zwiebeln, Knoblauch, Lorbeerblätter, Pfeffer und Salz hineingeben.

Nach dem Garwerden vom Feuer nehmen, etwas abkühlen lassen und die Brühe, nachdem sie durchgeseiht ist, in einen extra Topf gießen. Das Fleisch von den Knochen lösen und in feine Streifen schneiden (oder durch den Fleischwolf drehen). Die Knochen werden weggeworfen. Danach das kleingeschnittene oder durchgedrehte Fleisch nochmals mit der durchgeseihten Brühe übergießen, mit Pfeffer und Salz abschmecken, wiederum aufkochen und dann in etwa 5—6 Zentimeter hohen Metallgefäßen an einem kühlen Ort für einige Stunden erkalten lassen (es darf nicht gefrieren). Wenn die Masse geleeartig wird, ist die Sülze fertig.

Die Sülze wird kalt als Vorspeise mit Meerrettich oder Senf gegessen (Rez. 148—152).

2. Salzgurken nach Filatow-Art

Feste frische Gurken
Blätter von schwarzen Johannisbeeren
Kirschblätter
Dill
Meerrettichblätter
geriebener Meerrettich

Salzlake:
auf einen Liter Wasser
33 g Salz
Sud aus gedämpfter Eichenrinde
100 g Butter

Man nimmt ganz frisch geerntete feste Gurken und wäscht sie sorgfältig in kaltem Wasser. Auf den Boden eines Einmachglases werden die Meerrettichblätter und der geriebene Meerrettich gelegt, danach die Gurken, zwischen jede Gurkenschicht kommen Johannisbeer- und Kirschblätter sowie Dill. Dann wird das Gefäß mit den Gurken für zwei Tage in den Kühlschrank gestellt, damit die Gurken dort kalt stehen, aber nicht gefrieren.
Mittlerweile muß eine Salzlake vorbereitet werden: Auf einen Liter kochendes Wasser kommen 33 g Salz. Außerdem muß ein Sud aus gedämpfter Eichenrinde zubereitet werden; dazu wird Eichenrinde 2 Stunden auf kleiner Flamme gekocht und dann der Sud durchgesiebt. Für einen Liter Wasser nimmt man 200 g Eichenrinde.
Nach 2 Tagen wird das Gefäß mit den Gurken aus dem Kühlschrank genommen und mit einer Mischung aus Salzlake und Eichenrindensud übergossen, dabei werden Salzlake und Sud im Verhältnis 1 : 1 gemischt. Obenauf kommt eine Schicht russische (braune) Butter.
Danach muß das Gefäß mit den Salzgurken unbedingt in den Kühlschrank gestellt werden. Nach 30 Tagen sind die Gurken fertig.
Die auf diese Weise zubereiteten Gurken müssen fest sein und unter den Zähnen knirschen. Sie müssen die ganze Zeit im Kühlschrank aufbewahrt werden.

3. Eingesalzene Reizker

Reizkerköpfe
Salz
100 g braune Butter (wenn sie obenauf gegossen werden soll)

Die Reizker werden nach alter Sitte ohne Gewürze eingesalzen, da sie selbst einen ausreichend starken und eigenwilligen Geschmack und ein Aroma haben, das durch Gewürze nur verfälscht werden könnte.
Von den Reizkern werden die Stiele abgeschnitten und weggeworfen, die Köpfe in kaltem Wasser gewaschen. Auf den Boden eines Einmachglases kommt eine dünne Schicht Salz, darauf legt man die Pilze flach mit der glatten Seite nach oben und überstreut sie mit Salz, darüber kommt die nächste Schicht Pilze, bis das Glas gefüllt ist. Auf die Pilze kann man ein in starker Salzlake getränktes Tuch legen und dann mit einem Deckel verschließen. Man muß darauf achten, daß die Pilze nicht faulen. Wenn sie an der Oberfläche angeschimmelt sind, kann das Tuch abgenommen werden und ausgewaschen, nochmals in Salzlake getränkt und wieder aufgelegt werden. Man kann die Oberfläche auch mit brauner Butter begießen. Sind die Pilze unten angeschimmelt, werden sie herausgenommen und abgewaschen, das Gefäß mit Salzlake ausgewaschen und die Pilze wieder hineingelegt. Besser läßt man es aber gar nicht soweit kommen. Deshalb muß das Einmachgefäß vor dem Einsalzen gut ausgewaschen und mit kochendem Salzwasser übergossen werden. Die eingesalzenen Pilze werden kühl gelagert.

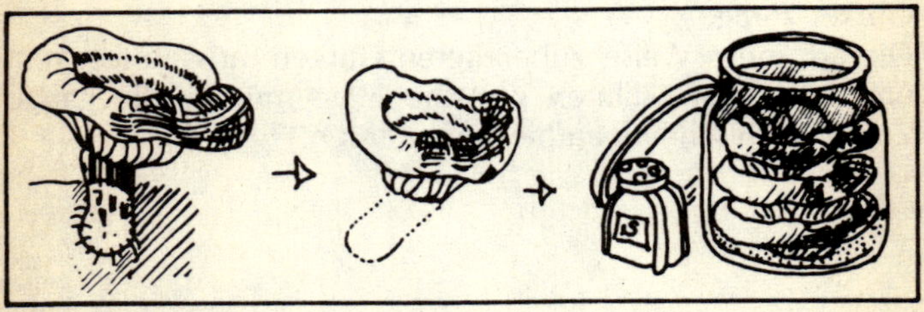

Manche mögen *leicht gesalzene frische Reizker,* sie sind recht würzig und als Vorspeise bestens geeignet. Dafür braucht man schöne frische Exemplare, von denen man die Stiele abschneidet. Sie werden mit der glatten Seite nach oben auf einen Teller gelegt, mit einigen Prisen Salz obenauf gewürzt, mit einem flachen Teller bedeckt und leicht gepreßt. Nach einer Stunde sondern die Reizker einen gelblich-orangefarbenen Saft ab; dann können sie gegessen werden. Sie haben ein reiches Bukett von Waldgerüchen und sind von aufregend scharfem Geschmack. Diese Vorspeise ist mit Schwarzbrot einmalig!

4. Eingesalzene Pfeffermilchlinge

Feste, nicht wurmstichige Milchpilze (Grünender Pfeffermilchling) werden über Nacht in kaltes Wasser gelegt, herausgenommen, gereinigt, gewaschen und gesalzen wie die Reizker, und jede Schicht mit Salz, Pfefferkörnern und einem Lorbeerblatt belegt. Oben werden sie mit brauner Butter übergossen und kühl gestellt. Sie sind nach 30 Tagen fertig.

5. Eingesalzene Steinpilze

Die Stiele abschneiden und anderweitig verwenden, die Pilzköpfe in kaltem Wasser waschen, dann in kochendes Wasser geben; nach zweimaligem Aufkochen auf ein Sieb legen, abtropfen und abtrocknen lassen. Die Gefäße zum Einsalzen sorgfältig auswaschen und mit kochendem Salzwasser übergießen. Auf den Boden des Gefäßes eine dünne Schicht Salz streuen, darauf die abgetrockneten Pilze legen und jede Schicht salzen. Ratsam ist es, das Ganze mit einem Gegenstand aus Glas oder Porzellan zu beschweren. Wenn sich die Pilze gesetzt haben, können noch welche dazugelegt und die Oberfläche mit brauner Butter begossen werden. Die Pilze müssen kühl aufbewahrt werden. Sie sind nach einem Monat fertig.

6. Marinierte Pilze

Für die Marinade:
1 l Wasser
1 EL Essigessenz
1 EL Salz
2 TL Zucker
15 schwarze Pfefferkörner
7 Nelken
1 Zimtstäbchen (1 cm)

Die Pilze (egal welche eßbare Art) müssen geputzt, gewaschen und in der oben erwähnten Marinade gekocht werden. Sie sind fertig, wenn sie sinken. Dann werden die heißen Pilze in ein sterilisiertes Einmachgefäß gegeben, mit heißer Marinade übergossen und sorgfältig verschlossen. Danach legt man das Gefäß unter irgend etwas Warmes (beispielsweise eine Bettdecke) und hüllt es ein, damit es möglichst langsam abkühlt. Wenn es abgekühlt ist, wird es kaltgestellt. So können sich die Pilze lange halten.
Die auf diese Weise zubereiteten Pilze liegen in einer sehr dickflüssigen zähen Sauce. Wer einen dünnen, flüssigeren Saft möchte, muß die Pilze nach Rezept 7 marinieren.

7. Marinierte Pilze auf andere Art

Die Pilze zuerst putzen, waschen und in leicht gesalzenem Wasser kochen, in einem Durchschlag abtropfen lassen; die Pilze in ein sterilisiertes Gefäß legen und mit einer Marinade übergießen. Sie können mit heißer oder kalter Marinade übergossen werden. Der Saft so marinierter Pilze ist flüssiger als der in Rezept 6 beschriebene.
Den Pilzsud kann man zur Zubereitung einer Pilzsuppe verwenden (Rez. 24).

8. Eingelegte Tomaten und Gurken

Eine Marinade wie in Rezept 6 zubereiten. Die Tomaten oder reifen Gurken waschen, trocknen und mit der kalten oder heißen Marinade übergießen. Die Schale der Tomaten muß an einigen Stellen mit einer Nadel angestochen werden. Die übergossenen Früchte werden kalt gestellt.

Wenn sie mit kalter Marinade übergossen worden sind, sind sie nach einem Monat fertig, bei heißer Marinade geht es schneller.

9. Eingelegte reife Tomaten

Für die Lake:
1 l Wasser
80—100 g Salz
Dill
Meerrettichblätter
Pfefferkraut
Estragon
Knoblauch
scharfer Paprika

Man sollte reife, aber noch nicht ganz rote Fleischtomaten verwenden. Sie werden in kaltem Wasser gewaschen und abgetrocknet. Jede Tomate wird an mehreren Stellen mit einer Nadel durchstochen.
Man erhitzt einen Liter Salzwasser und läßt es abkühlen.
Die Einmachgläser werden ausgewaschen und überbrüht.
In die Gläser kommen die Tomaten; jede Schicht wird mit Dill, Meerrettichblättern, Pfefferkraut und Estragon, Paprika und geschälten Knoblauchzehen bedeckt; das Ganze mit der abgekühlten Lake übergossen und für einen Monat in den Kühlschrank gestellt.
Es ist zu empfehlen, die Tomaten mit warmer brauner Butter zu übergießen, das bewahrt sie vor dem Verderben.

Wie ein gesalzener Lachs noch wächst

Vor zehn Jahren war ich mit einem Freund an der Küste des Weißen Meeres von Archangelsk nach Onega unterwegs. Diese Reise ist mir bis heute in Erinnerung geblieben, nicht nur wegen der großartigen Landschaft und der interessanten Menschen. Dort passierte eine seltsame Sache: Wir erlebten, wie ein gesalzener Lachs wächst ..., nein, kein lebendiger, sondern ein gesalzener, also toter Lachs.
Einen ganzen Monat lang gingen wir zu Fuß von Ost nach West, immer direkt am Wasser entlang und bei Ebbe auf dem festen, feuchten Sand. Unser Weg führte am sogenannten »Sommerufer« entlang; die Taiga reicht hier bis ans Meer, und es geht sich schwer an den Windbrüchen der Taiga. Im Sand aber geht man bei Ebbe wie auf Asphalt.
Es war Juli, zur Zeit der weißen Nächte. Rechter Hand dehnte sich das in allen Farben schimmernde Nordmeer aus, links von uns lag die stille dichte Taiga, und am blauen Himmel begleitete uns eine niemals untergehende Sonne. Zuweilen sahen wir im Sand Fangnetze, mit denen die Fischer die Lachse aus dem Wasser holen. Wir gingen ohne Eile, unterhielten uns, sammelten im entblößten Tang orangefarbene Seesterne und Muscheln und atmeten tief die salzige Luft ein.
Manchmal machten wir unter einem Steilhang am Ufer ein Feuer aus trockenen Wacholder- und Kiefernzweigen und plauderten miteinander. Im Schein des Feuers malte ich Aquarelle.
Alles war fröhlich und leicht, trotz des langen Weges und der schweren Rucksäcke. Zu Mittag kochten wir am offenen Feuer Kascha, die wir mit Fleischkonserven anrichteten, Fischsuppe aus frischen Fischen und heißen Tee.
Unser Zelt brauchten wir nur selten. Meist übernachteten wir in den Fischereikolchosen, in großen geräumigen Hütten mit kleinen Fenstern, durch die man den Himmel sah. Die Fenster waren fast immer mit roten, rosafarbenen und weißen Geranien vollgestellt. Es war angenehm, dahinter

Tee aus dem Samowar zu trinken. Besonders abends und in der Nacht, wenn die Sonne immer noch durchs Fenster schien — nur niedrig und rot — und die Luft silbern zu schimmern begann, und rundum alles in Traum gehüllt war. In solchen Hütten blieben wir oft einige Tage.

Die gastfreundlichen Pomoren bewirteten uns mit ihren exotischen Speisen: Hefeteigpiroggen mit einem darin gebackenen ganzen Fisch; Piroggen mit Hasenfleisch, Pilzen, Fisch oder Beeren; mit der berühmten vierfachen Fischsuppe aus verschiedenen Meeresfischen; mit gebratenem und gekochtem Fisch; mit gesalzenem Kraut und verschiedenen gesalzenen Pilzen; mit Konfitüre aus Moosbeeren, Brombeeren und Preiselbeeren; mit Punsch (das heißt Tee mit Wodka); und natürlich mit gesalzenem, geräuchertem und gesäuertem Lachs! All das ist sehr schmackhaft, und es ist reichlich schwer, von der Bewirtung der Pomoren loszukommen. Ich muß sagen, daß ich nie im Leben so viel Fisch gegessen habe; das ist auch verständlich, denn der Fisch ist hier Grundnahrungsmittel.

Natürlich gibt es bei den Pomoren auch Bären- und Elchfleisch, Wild, Milch, Quark und Eier, aber Fisch ist das Allergewöhnlichste und gleichzeitig Allerbemerkenswerteste in dieser zauberhaften Gegend. Und der schmackhafteste aller Fische ist natürlich der Lachs — der König aller Fische. Er schmeckt frisch — gekocht oder gebraten — außerordentlich gut; am liebsten aber mochte ich leicht gesalzenen Lachs, der nicht länger als eine Woche in Salzlake gelegen hat. Er zergeht buchstäblich auf der Zunge. Also, im ersten Kolchos, in dem wir Halt machten, gab uns der gastfreundliche Hausherr zwei kleine leichtgesalzene Lachse mit auf den Weg, jeder wog etwa acht Kilo. Wir wickelten die Fische in Sackleinen und dann noch in eine Plastikfolie, legten sie in die Rucksäcke und machten uns, nachdem die Ebbe gekommen war, auf den Weg. Im nächsten Kolchos, wo wir Halt machten, beschlossen wir, unsere Lachse im Kühlschrank zu deponieren. Wir hatten noch einen weiten Weg vor uns — etwa noch einen Monat — und fürchteten, daß unsere Fische bis Moskau verderben könnten.

Das Kühlhaus war ein großer hölzener Speicher, in dem es

halbdunkel und kühl war. Hier lagen Lachse verschiedener Größe auf Eis oder in großen Fässern in Salzlake. Die Leiterin des Lagers, eine sympathische junge Frau, legte unsere Lachse auf Eis, und wir gingen in die uns zugewiesene Hütte. Einige Tage angelten wir in aller Ruhe Forellen, zeichneten, fotografierten und erholten uns einfach, in dem Bewußtsein, daß unser Lachs auf Eis sich ebenfalls von der Hitze erholt. Im Norden können es nämlich im Sommer, besonders im Juli, bis zu 30 Grad über Null werden!
Nach einigen Tagen wollten wir weiter und gingen unterwegs noch am Kühlhaus wegen unserer Lachse vorbei. Die Leiterin des Speichers gab uns unsere Fische heraus und sagte: »Irgendwie ist euer Lachs schon sehr klein geraten! Wenn ihr wollt, tausche ich ihn um und gebe euch zwei größere?« Verwirrt erklärten wir uns einverstanden. So »wuchsen« unsere Lachse zum ersten Mal um einige Kilo.
Als wir unseren Weg am Ufer des Weißen Meeres fortsetzten, fühlten wir voller Freude, daß die Fische im Rucksack zugenommen haben.
Im nächsten Kolchos lieferten wir sie wieder im Kühlschrank ab, und als wir gingen und sie mitnahmen, sagten wir schon von uns aus zu dem Verwalter, diesmal einem alten Pomoren: »Irgendwie sind unsere Lachse schon sehr klein, man schämt sich ja fast, sie mit nach Moskau zu nehmen …« »Gebt her, ich tausche sie um«, schlug der Alte liebenswürdig vor, »ich gebe euch zwei größere!«
Und unsere Lachse waren wieder »gewachsen«!
Das wiederholte sich noch in einigen Kolchosen. Als wir dann in Onega das Flugzeug nach Moskau bestiegen, waren unsere zwei Lachse schon ganz schöne Brocken. Jeder an die dreißig Kilo, und die Schwänze ragten weit aus den Rucksäcken heraus … So also kann auch ein gesalzener Lachs unter günstigen Bedingungen noch wachsen.

Tips zum Einsalzen von Fischen

Am besten schmeckt ein eingesalzener Fisch, wenn er unmittelbar nach dem Fang eingesalzen wurde. Zu den aller-

besten Salzfischen gehören Lachs, Äsche, Felchen, Renke und sibirischer Weißlachs.
Wenn man ihn zu Hause einsalzt, wird ein großer Fisch ausgenommen, der Kopf abgetrennt, das Rückgrat herausgeschnitten und ein tiefer Schnitt entlang des Rückens gezogen. Manchmal schuppt man ihn auch noch ab. Dann werden die Fische innen, in den Einschnitten und außen mit grobem Salz eingerieben und nebeneinander in ein Faß gelegt oder — wenn Sie nur einen oder zwei Fische haben — in einen Plastikbeutel und mit Sackleinen umwickelt. Für ein Kilo Fisch nimmt man 80 g Salz. Ein kleinerer Fisch wird einfach mit Salz überstreut.
Sehr schmackhaft ist *leicht gesalzener Fisch.* Er wird wie oben beschrieben zubereitet, dann in den Einschnitten, innen und außen mit grobkörnigem Salz eingerieben und ein, zwei Tage in Plastik verpackt liegengelassen. So ein frischgefangener leicht gesalzener Fisch ist ein wundervoller Imbiß zu Wodka.
Bei der industriellen Einsalzung von Fisch für längere Zeiträume wird sehr viel mehr Salz verwendet — zwischen zehn und 40 kg auf 100 kg Fisch.

Der leichtgesalzene Lachs

(Aus »Dort, weit hinter dem Fluß«)

... Das war derselbe Lachs, den der Onkel und Porfiri in der Nacht gefangen hatten. Nachdem er ausgeweidet war, hatten sie Schnitte über den ganzen Fischkörper gemacht und Salz hineingestreut, und so lag er fast den ganzen nächsten Tag auf der Erde, in einem Wachstuchbeutel, damit der Saft nicht verlorenging. Tags lag der Lachs sogar in der Sonne, damit er schneller vom Salz durchdrungen wurde. Er schwamm in seinem eigenen Saft, und nun wollte ihn der Onkel probieren.
Natürlich hatte ich schon Lachs gegessen, nicht nur einmal,

denn der Onkel hatte uns öfter schon Lachs mitgebracht — in einem Kasten, und auch Kaviar. Und dann waren monatelang Gäste gekommen, um Kaviar und Lachs bei uns zu essen: Sairio und Susslin und Wlasow und Mamas Freunde und die Freunde von Papa und meine Freunde, und immer war es wunderbarer Lachs gewesen, zart und saftig, und gar nicht so, wie man ihn im Laden bekommt. Aber dieser Lachs, der da vor mir lag auf dem Stein neben dem Lagerfeuer, war noch viel besser. Einen solchen Lachs konnte man nur hier am Fluß probieren, vierundzwanzig Stunden nach dem Fang, und nirgendwo sonst. Der Onkel nahm den Lachs aus dem Wachstuchbeutel, bei dem die Wachsseite innen war und dessen raffinierte Naht keine Feuchtigkeit durchließ, und nun lag der Lachs auf unserem steinernen Tisch, blausilbern schillernd in der Farbe des Stahls, bestreut mit gelblichem groben Salz. Er bleckte seinen Raubtierrachen, den Unterkiefer nach oben gebogen, und sah mich mit verschleiertem, taubenfarbenem Blick an. Am Rücken waren kleine schwarze Tupfen auf den Schuppen, die Bauchseite war silbern. Der Bauch war aufgeschlitzt, und aus ihm floß bernsteinfarbenes Fett. Der Schnitt, der vom Kopf bis an den Schwanz reichte, hatte helles Fleisch freigelegt. In den Schnitten am Rücken war das Fleisch rosa.

Kopf und Schwanz hingen über den Tischrand. Der Lachs war mehr als einen Meter lang und wog ein Pud, das sind vierzig Pfund. Der Onkel hatte ihn auf der Behelfswaage gewogen. War das ein Lachs! Mir tat es leid, daß er gegessen werden sollte.

Um den Lachs herum lag, in Scheiben aufgeschnitten, dunkelbraunes Roggenbrot. Bunte Krüge standen herum, gelb und blau und weiß, und da lagen orangefarbene Knollenzwiebeln, mit kleinen grünen Federchen geschmückt, Porfiris großer Dolch mit dem Holzgriff und das finnische Messer mit dem Griff aus Achat, das dem Onkel gehörte. Auch mein Messer mit dem Griff aus Bein lag da, und unter all dem ein graues Wachstuch. Das war ein Stilleben, sage ich euch! Ein Stilleben in den edelsten Tönen. »Das sollte man malen«, sagte ich.

»Beim nächsten Lachs!« vertröstete mich der Onkel. »Den da werden wir gleich probieren!«
Und Porfiri sagte: »Mal lieber Blumen!«
Der Onkel hatte mit seinem Finnenmesser schon ein großes Stück Lachs abgeschnitten — von der Schwanzhälfte. Nun schnitt er es in Stücke und häufte sie auf der Tischmitte auf. Der Onkel schnitt den Lachs nicht in dünnen Scheiben, wie man ihn in Restaurants und Läden aufschneidet; er schnitt den Lachs wie Brot, in dicken Stücken. »Bitte, nehmt euch!« sagte der Onkel feierlich, und unsere Hände streckten sich sofort nach diesem Häufchen aus: die riesige, schwielige Hand Porfiris mit der weißen Narbe auf dem Handrücken, die kräftige, gebräunte Hand des Onkels und meine.
Ich schluckte einmal und steckte dann ein großes Stück Lachs in den Mund, hielt das Fleisch mit den Zähnen fest und riß es von der Haut, die sich leicht löste ... und plötzlich schwiegen wir, wir vergaßen einander und alles auf der Welt. Es gab nur den Lachs. Er duftete nach dem Meer, war fast noch roh, geschmeidig, fett, vom Salz kaum berührt — wie soll ich das beschreiben! Das müßt ihr selbst probieren, sonst könntet ihr sterben, ohne je so etwas gekostet zu haben, und das wäre todtraurig.
»Na?« muhte der Onkel mit vollem Mund.
»M-m«, antwortete Porfiri und klapperte mit den Wimpern.
Und auch ich sagte:
»M-m!«
»Mit Brot«, sagte der Onkel. »Und mit -wiebel!«
Ich mußte lachen. Dann nahm ich eine Zwiebel, wischte sie sauber, biß ein Stück ab, das scharf und fest war, darauf ein Stück salzigsüßen Lachs, dann Brot, dann wieder Lachs — und kaute, kaute ...
Alle kauten, versunken in die Welt der Lachsesser, bis alle Lachsschnitten weggeputzt waren. Fast der ganze Lachs lag noch unberührt da, doch wir konnten nicht mehr. Porfiri und ich ließen uns auf den Rücken fallen, der Onkel aber begann, Tee aufzubrühen. Nach einem solchen Lachs muß man Tee trinken, da ist nichts zu machen. Ich sah wieder in den Himmel hinauf und war auf dem Gipfel der Seligkeit.

Die Wangen waren fettig, im Munde schwebte Lachsgeschmack, in den Lippen zwickte es ein wenig, denn sie waren von der Sonne aufgeplatzt, und nun war Salz in die Risse gedrungen — aber was tat das schon auf dem Gipfel des Glücks! Und da sang ich einfach los, laut, aus vollem Hals.

10. Sibirische Stroganina

Sibirische Stroganina ist eine typische alte russische Vorspeise. Sie ist sehr einfach und zugleich sehr schmackhaft.
Man macht sie folgendermaßen: Ein Stück Störfleisch wird eingefroren, es muß fest wie Eis sein. Kurz bevor es auf den Tisch kommt, wird das Störfleisch mit einem scharfen dikken Messer (am besten mit einem Dolch) fein abgehobelt, sofort auf den Teller gelegt, mit sehr kaltem Essig übergossen, mit Pfeffer und Salz gewürzt und gegessen.

11. Champagnerbutter

4 Portionen

1 Haselhuhn
1 Pfund frische Butter
2 Eigelb
2 geschlagene Eiweiß
1 Glas Champagner

Das ganze Haselhuhn braten (aber nicht zu lange, es muß gerade gar und schön saftig sein). Das Fleisch von den Knochen lösen, mit einem Mörser oder dem Mixgerät pürieren, dann nochmals durch ein feines rostfreies Stahlsieb rühren. Die Knochen und Innereien werden extra zerkleinert, in ein Handtuch gelegt, der Saft herausgepreßt und mit dem passierten Fleisch vermischt. Dazu gibt man ein Pfund ganz frische Butter, zwei Eigelb und unter ständigem Rühren ein Glas Champagner, das mit dem geschlagenen Eiweiß vermengt ist.
Danach wird alles nochmals durch ein Sieb gerührt. Dann kommt es auf einen Teller, wird geglättet und geebnet und

mit einer dünnen Butterschicht bestrichen, sonst leidet der Geschmack des Gemisches, so zart ist es.
Diese Champagnerbutter kann man einfach mit Brot als Vorspeise oder zum Tee essen, man kann sie auch zu Bliny reichen. Das ist etwas im Geschmack Unvergleichliches — für mich ein Traum, der vergängliche Duft einer Blume!

12.

Leberkäse

4—5 Portionen

2 große Zwiebeln
1 Möhre
4 EL Butter
130 g Speck
Pfeffer
Salz
1 Kalbsleber
10 Hühnerlebern

Die Zwiebeln und die Möhre feinhacken. In eine tiefe Pfanne 2 Eßlöffel Butter, den feingewürfelten Speck, die Zwiebeln und die Möhre geben, nach Belieben salzen und pfeffern. Aufs Feuer stellen. Wenn der Speck anfängt braun zu werden, die in Stücke geschnittene Kalbsleber und die ebenfalls zerkleinerte Hühnerleber dazugeben (die Leber muß enthäutet und sorgfältig gewaschen werden). Die Leber soll gut in Speck und Butter durch- aber nicht braungebraten werden. Dann wird alles zweimal fein durch den Fleischwolf gedreht, anschließend durch ein feines Sieb gedrückt, noch 2 Löffel Butter hinzugefügt und gut vermischt.
Danach alles in einen Topf geben und auf Eis mit einem Rührlöffel schlagen (oder zuerst in den sehr kalten Kühlschrank stellen, abkühlen lassen und dann schlagen). Wenn der Leberkäse gut durchgeschlagen ist, in eine eingefettete Form geben, nochmals abkühlen lassen und dann als Vorspeise servieren.

13. Wie man Hexen erkennt

Ein altes Käserezept!

Am Sonntag vor dem großen Fasten — am 5. März also — muß man ein Stück Käse in Leinwand wickeln und es drei aufeinanderfolgende Nächte während des Schlafens an die Lippen halten. Dann wird der Käse in den Hemdsaum gewickelt (die Russen trugen früher sehr weite Hemden) und während der ganzen Fastenzeit mit sich getragen.
Am Ostersamstag werden alle weiblichen Hexen in Ihrer Bekanntschaft erscheinen und Sie um den Käse bitten. Sie dürfen ihnen den Käse in gar keinem Fall geben, sonst verfallen Sie dem Teufel. Aber auf diese Weise können Sie erfahren, wer von Ihren Bekannten eine Hexe ist!

14. Haselhuhn-Käse

4 Portionen

Von zwei Haselhühnern die Filets nehmen, in Butter anbraten. Durch den Fleischwolf drehen und die Butter, in der sie gebraten wurden, dazugießen. Durch ein Sieb rühren, 130 g geriebenen Käse dazugeben und gut vermengen. Auf einen Teller geben und abkühlen lassen. Wird als Vorspeise gereicht.

15. Hasen-Käse

5 Portionen

1 Hase
2 EL Butter (zum Braten)
225 g Butter (für die Füllung)
130 g Schweizer Käse
1 Omelett aus 5 Eiern
¼ l Madeira oder Sherry
150 g Champignon
1 EL Mehl
60 g Paniermehl

Den Hasen wie in Rezept 85 vorbereiten. In 2 Eßlöffeln Butter weich braten. Dann das Fleisch, das von den Knochen gelöst wurde, mit der Butter, dem Schweizer Käse

und dem Omelett durch den Fleischwolf drehen. Dazu ein Glas Madeira oder Sherry geben. Gut durchrühren und durch ein Sieb passieren. In die glatte Masse die sehr fein gehackten, leicht in Butter angebratenen Champignons geben.
Dann eine Pfanne mit Butter einfetten, mit Paniermehl und feingeriebenem Käse bestreuen, die durchgerührte Masse hineingeben und im Backofen backen. Wenn sie braun wird, herausnehmen, die Form stürzen und die Masse vorsichtig auf einen Teller geben, abkühlen lassen und dann in den Kühlschrank stellen.
Der Hasen-Käse wird als kalte Vorspeise serviert.

16.

Pilzkaviar

4 Portionen

2 Tassen gekochte feingehackte Pilze (am besten Steinpilze)
2 EL Olivenöl
½ EL Weinessig (oder Zitronensaft)
1 TL Salz
½ TL gemahlener schwarzer Pfeffer
½ EL gehackter Zwiebellauch

Die weichen Pilze von der Pilzbouillon (Rez. 24) kann man auch für Pilz-Kaviar verwenden. Dieser Kaviar ist eine delikate Sache zu verschiedenen Vorspeisen, besonders nach einem Glas Wodka. Er wird folgendermaßen zubereitet:
Weich gekochte getrocknete Steinpilze werden so klein wie möglich gehackt, damit sie wie körniger Kaviar aussehen. Dann werden Butter, Pfeffer, der feingehackte Zwiebellauch, je nach Geschmack Essig (oder Zitronensaft) und Salz hinzugegeben und gut verrührt.
Pilzkaviar wird kalt gereicht.

17. **Pilzpulver**

Gut getrocknete Steinpilze (sie müssen so trocken sein, daß sie rascheln) mit einem Mörser zu Pulver zerstoßen und in einem Einmachglas aufbewahren. Es gibt eine delikate Mischung, wenn man Pulver aus getrockneten Champignons und Hallimasch zu dem Steinpilzpulver gibt. Das Pulver wird für Saucen und als Ergänzung zu verschiedenen Gerichten verwendet.

18. **Einfache Krebse**

Die Krebse so sauber wie möglich mehrmals in Wasser waschen. Lebend in stark gesalzenes Wasser werfen, auf starker Flamme aufkochen lassen und dann klein stellen. Wenn die Krebse richtig rot sind, werden sie auf ein Sieb gegeben, zum Abkühlen stehengelassen, dann auf einen Teller gelegt und serviert.
Wenn man die Krebse vor dem Kochen 6—8 Stunden lebend in Milch legt, ist ihr Fleisch noch schmackhafter.

19. **Krebse in Milch**

Die gewaschenen lebenden Krebse werden lebend in leicht gesalzene frische Milch gelegt und bleiben darin eine Stunde liegen. Dann werden sie herausgenommen, und die Milch wird aufgekocht. Die Krebse werden in die heiße Milch geworfen und etwa 15 bis 20 Minuten darin gelassen, bis sie rot werden.

20. Krebse in Wein

4 Portionen

110 g Butter
1 l Fleischbrühe
Salz
Verschiedene Gewürze, Zwiebeln
1 Schalotte
100 ccm Madeira
15—25 Krebse (je nach Größe)

Butter in einen Topf geben, die Brühe daraufgießen, die feingehackten Gewürze und ein paar kleine Zwiebeln dazugeben und aufkochen lassen. Dann die Gewürze herausnehmen und beiseite legen. In diesen Sud die sauber gewaschenen lebenden Krebse legen, nochmals salzen, aufs Feuer stellen und unterm Deckel kochen lassen, dabei öfter den Topf schütteln. Wenn die Krebse rot werden, den Madeira dazugießen, die Gewürze wieder hineinlegen und den Topf erneut schütteln. Auf kleinem Feuer weiterkochen lassen. Wenn die Krebse ganz rot sind, werden sie herausgenommen und in einen gut erhitzten Topf gegeben, mit einem Deckel zugedeckt und noch 10 Minuten bis zum Servieren stehengelassen.

21. Ukrainische Taratuta

3—4 Portionen

3 große rote Rüben
2 Salzgurken
1 Messerspitze geriebener Meerrettich
2 Zwiebeln
100 g Pflanzenfett
1 l Gurkenlake
1 l Rübensaft

Die Rüben putzen, in Scheiben schneiden und kurz weich kochen. Wenn sie fertig sind, in ein emailliertes Gefäß legen. Die Salzgurken in Scheiben schneiden und den Meerrettich reiben. Meerrettich und die geschnittenen Gurken zu den Rüben geben, mit Pflanzenfett begießen und vermischen. Die Gurkenlake mit dem Rübensaft mischen und

Gurken, Meerrettich und Rüben damit begießen. Für 24 Stunden in den Kühlschrank stellen.
Taratuta wird als kalte Vorspeise oder zu Fleisch, Schmalz (Rez. 71) und zu anderen Fleischgerichten gereicht.

22. Gekochtes Elephantenei

In Gogols Roman »Die toten Seelen« wird von dem Provinzphilosophen Kifa Mokijewitsch erzählt, der »in einem entfernten Winkel Rußlands lebte. Ein Mann von bescheidenen Sitten, der sein Leben im Schlafrock verbrachte. (Das heißt, er lief die ganze Zeit im Schlafrock herum!) Mit seiner Familie gab er sich nicht viel ab; sein Dasein war mehr der transzendentalen Seite des Lebens geweiht, und er beschäftigte sich mit philosophischen Fragen, wie er sie nannte. ›Zum Beispiel ein Tier‹, sagte er, im Zimmer auf- und abgehend, ›ein Tier wird nackt geboren. Warum denn aber nackt? Warum kriecht es nicht wie ein Vogel aus dem Ei? Wie wahr ist der Satz: Je mehr du dich in die Natur versenkst, desto weniger begreifst du sie!‹«
Er fragte sich auch: »Wenn nun ein Elephant in einem Ei zur Welt käme, die Schale wäre ja so dick, daß man sie mit einer Kanone nicht sprengen könnte; man müßte ein neues Schießgewehr erfinden.«
Wenn wir heute diesem großen Denker begegnen würden, dann könnten wir ihm, wenn auch nicht die Schale eines Elephanteneis, so doch wenigstens das Ei zeigen ...
Über die Zubereitung gewöhnlicher hartgekochter Eier lohnt es nicht zu reden: sie werden in kochendes Wasser gelegt, und damit ist die Sache erledigt. Nehmen Sie sie nur nicht früher als nach 15 Minuten aus dem kochenden Wasser heraus. Auch wenn sie dort ein oder zwei Stunden, oder sogar drei Tage liegen — haben Sie keine Angst, sie werden nicht zerkochen! Komplizierter ist die Sache mit einem Elephantenei, das folgendermaßen zubereitet wird:

Nehmen Sie 2 Blasen, eine größere und eine kleinere, etwa eine von einer Kuh und eine von einem Kalb.

Waschen Sie die Blasen etliche Male aus und lassen Sie sie dann trocknen. Diese Operation vollziehen Sie einige Male, die Blasen müssen geruchfrei sein. In die kleinere Blase legen Sie Eidotter. Wie viele hineingehen, ist vorher schwierig zu sagen, das hängt von der Größe der Blase ab. Ist die Blase gefüllt, binden Sie sie mit einem Faden zu und legen sie in kochendes Wasser.
Wenn die Eidotter hart geworden sind, schneiden Sie die Blase auf, und Sie haben das Eidotter eines Elephanteneies.
Inzwischen füllen Sie die größere Blase mit dem Eiweiß, legen in die Mitte das gekochte Eigelb und binden beide Enden (die Öffnung, durch die Sie das Eiweiß hineingegeben haben, und das andere Ende) fest zu. So kann während des Kochens die Blase bequem gedreht werden, und das Eidotter bleibt in ihrer Mitte; andernfalls fällt es herunter oder an ein Ende, was nicht schön ist, obwohl es das bei natürlichen Eiern auch manchmal gibt.
In diesem Hinundherdrehen liegt auch die größte Kunst der Zubereitung des Rieseneis. Alles andere ist ganz einfach. Wenn das Eiweiß ganz fest ist, nehmen Sie die Blase weg, schneiden das Ei in zwei gleiche Hälften, legen diese auf einen großen Teller und garnieren sie mit Grünzeug, mit Gartenkresse, Zwiebellauch und Petersilie. Ein solches Ei ist natürlich nicht mehr als eine Dekoration, eine Verschönerung der Vorspeisen bei einem Diner. Aber es macht einen unübertrefflichen Eindruck und liefert unerschöpflichen Gesprächsstoff.

Ein Menü und 40 Gänge

Natürlich kann man in Moskau und in anderen Großstädten der UdSSR immer gut in den Intourist-Restaurants und anderen Spezialitäten-Restaurants essen.
Ich empfehle besonders in Moskau Restaurants mit rein russischer Küche: Den »Slawischen Basar«, das »Zentralrestaurant«, das »Sowjetische Restaurant«. Es gibt auch noch an-

dere Restaurants mit vorwiegend russischer Küche, wo man auch gut ißt — das »Prag«, »Metropol«, »National«. Dann gibt es noch ganz exotische Restaurants im ländlichen Stil außerhalb der Stadt, auch mit russischer Küche — das »Skaska« (das Märchen) und die »Russkaja isba« (die Russische Hütte). Ich empfehle auch Nationalitäten-Restaurants — das grusinische »Aragwi«, das aserbajdschanische »Baku«, das usbekische »Usbekistan«. Es hat keinen Sinn, hier alle aufzuzählen — wenn Sie nach Moskau kommen, kaufen Sie sich an einem Zeitungskiosk ein Telefonbüchlein, darin finden Sie alle Restaurants, und der Reiseführer wird Ihnen sagen, in welche sich die Fahrt lohnt. Ich habe hier nur die besten genannt (nach meinem eigenen Geschmack), aber vielleicht entdecken Sie für sich selbst noch irgendein anderes Restaurant, das Ihnen besonders gefällt.
Die Moskauer gehen gern ins Restaurant, nicht nur an Feiertagen oder anläßlich irgendwelcher Familien- und Jubiläumsfeiern, nur einfach so. Ich gehe mit meiner Familie auch oft in ein Restaurant, besonders oft natürlich in den Schriftstellerklub ... aber am liebsten esse ich gut zu Hause, im Kreise der Familie — wenn ich selbst koche. Da kann man irgend etwas ganz Besonderes aus ganz frischen Lebensmitteln zubereiten — in keinem Restaurant finden Sie so etwas! Zum Beispiel das gefüllte Spanferkel auf alte Art (siehe Rez. 65) oder Hammel mit Kascha (Rez. 61) oder gebackene Piroschki mit Schtschi — alles das finden Sie in meinem Buch. Leider kann man das nicht sehr oft machen, es ist zu teuer und dauert zu lange. Und eine Köchin habe ich nicht. Eine Köchin ist in unserer Zeit irgendwie etwas Überirdisches, man muß sie heutzutage mit der Lupe suchen. Wenn ich mir zu Hause irgendein nicht alltägliches Essen ausdenke, wende ich für die Vorbereitung zwei oder zuweilen auch drei Tage auf. Nach derartigen Mühen ist man sehr müde, da kommt man schon nicht mehr mit dem klassischen russischen Mittagsschlaf aus — nach einem solchen Essen schläft man mindestens zwei Tage!
Aber wenn liebe Gäste da sind, besonders welche, die man selten trifft, kommt man ohne ein solches Essen nicht aus. Und hier möchte ich Ihnen eine Geschichte erzählen ...

Einmal kam mein guter Freund, der bekannte deutsche Dichter und Schriftsteller James Krüss, von den Kanarischen Inseln (er lebt dort) nach Moskau. Natürlich überlegte ich mir für ihn ein Essen. Es war im Herbst. Kurz zuvor war ich von einer weiten und erfolgreichen Angeltour zurückgekommen; wie jedes Jahr hatte ich im Hohen Norden im europäischen Rußland, im Polarural, geangelt. Ich hatte wunderbare frisch gesalzene Forellen und Lachse mitgebracht ... Solche Fische findet man in Moskau nicht — ich glaube sogar, nirgendwo auf der Welt außer bei uns im Norden. Dieser Fisch schmilzt buchstäblich auf der Zunge, und er ist ungewöhnlich schmackhaft ... was soll man da noch reden! Also: ich habe ein göttliches Essen vorbereitet! Zwei Tage von morgen bis abends habe ich gearbeitet. Zum Essen gab es: als Vorspeise zu verschiedenen Wodkasorten und Fruchtlikören leicht gesalzenen Lachs, Forelle und schwarzen Kaviar; gesalzene Reizker und Pfeffermilchlinge, Salzgurken nach Filatow-Art mit Eichenrinde; gesalzene reife Tomaten; Leberkäs mit Butter; Champagnerbutter, Saziwi aus Hühnerfleisch, Kraut auf grusinische Art; natürlich Schwarzbrot; dann Schtschi und dazu Piroggen mit Sauerkraut und frischem Kraut; als zweites gab es gefülltes Ferkel mit Meerrettich; Fleischklößchen in Sahne; zum zweiten Gang gab es außer Wodka und Obstlikör noch einen trokkenen grusinischen Wein; als drittes gab es ukrainischen Napfkuchen, dazu starken Tee; und schließlich Sahneeis mit Erdbeerkonfitüre.
Zu fünft — meine Frau, Krüss, meine Kinder und ich — aßen wir, aßen und aßen ... Schließlich, es war schon Mitternacht, brachte ich Krüss ins Hotel »Rossija« auf sein Zimmer. Er wohnte da mit einem Gast aus der Bundesrepublik zusammen, dem Dichter Dedecius. Als wir in das Zimmer kamen, schlief Dedecius schon und wir mußten ihn wekken. Krüss und ich waren natürlich angeheitert ...
Aber wie groß war mein Erstaunen, als Krüss im Beisein von Dedecius plötzlich erklärte: »Ach, Kinder (er sagt zu allen »Kinder«), ach, Kinder! Jetzt was zu essen — ich bin nämlich schrecklich hungrig!« Ich fiel fast in Ohnmacht ... Sich vor Dedecius zu rechtfertigen und ihm von dem Essen

zu erzählen, wäre dumm gewesen. Dedecius aber erklärte plötzlich: »Dort auf dem Tisch liegt ein Stück trockenes Schwarzbrot — soll er es essen und Wasser dazu trinken!« Ich zog mich verwirrt zurück ...

Ich wußte natürlich, daß Krüss ein schrecklicher Phantast ist, das weiß jeder, der seine herrlichen Bücher gelesen hat, aber daß seine Phantasie so seltsame Formen annimmt ... ich gestehe, ich war ein wenig verärgert.

Einige Tage später fuhr Krüss nach Hause. Ich kam ins »Rossija«, um ihn zu verabschieden. Wieder waren Dedecius und andere Schriftsteller anwesend. Schon auf dem Weg zum Flughafen zog Krüss plötzlich sein Notizbuch aus der Tasche. »Entschuldige, Juri«, sagte er, »ich habe vergessen: Als ich bei dir zum Essen war, wie viele Gänge gab es da? Wie's scheint, vierzig?« Ich wunderte mich wieder; die anderen auch. Nur Dedecius lächelte vielsagend: Er kannte Krüss' phantastische Fähigkeiten sehr gut.

»Was redest du«, antwortete ich verwirrt, »es waren fünfzehn Gänge, nicht mehr ...«.

»Nein«, entgegnete Krüss überzeugt, »sei nicht so bescheiden: Ich erinnere mich genau, daß es bei deinem Essen vierzig Gänge gab!« Und er schrieb diese Zahl in sein Büchlein: »Dann kann ich es mir besser merken.«

»Erinnerst du dich nicht mehr«, fragte ich, »wie du mir erklärt hast, als wir nachts ins Hotel zurückkamen, daß du schrecklich hungrig bist, weil es nichts zu essen gab? Und wie du dich auf ein Stück Schwarzbrot gestürzt hast?«

»Habe ich das wirklich gesagt?« wunderte sich Krüss.

»Ja, ja«, bestätigte Dedecius.

»Ach, Kinder!« meinte Krüss philosophisch, »was der Wodka so alles mit dem Menschen anstellt!«

Russische und ukrainische Suppen und andere Vorgerichte

Keine Küche in der Welt ist so reich an flüssigen warmen Mahlzeiten wie die russische und ukrainische. Unsere Küche kann man mit Recht als »gemischte« bezeichnen, denn sie hat ihre Gerichte bei fast allen Völkern entlehnt und — was lobenswert ist — viele vervollkommnet, was insbesondere von den Suppen gesagt werden kann.
In England ißt man größtenteils »trocken«. Französische Suppen sind meist irgendein Mittelding zwischen heißem Wasser und Bouillon. Die deutschen Suppen braucht man gar nicht erst zu erwähnen, es gibt zu wenige, und heutzutage essen die Deutschen nach amerikanischem und englischem Vorbild auch größtenteils »trocken« ... Die wichtigsten russischen Hors d'œuvres sind Schtschi, ukrainischer Borschtsch, Fleisch- und Fischsoljanka und Fischsuppe. Ich habe hier die besten und schmackhaftesten dieser Rezepte zusammengestellt. Die Russen essen auch Nudeln mit Huhn, Hühnerbrühe mit Reis, Erbsensuppe mit Schweinefleisch oder Kassler und Kartoffelsuppe — aber diese bringe ich hier nicht, da sie ohnehin allen bekannt sind, besonders den Deutschen, die sie ja erfunden haben.
Man mag in Rußland auch gern eine kräftige Fleischbrühe, zu der man Piroschki mit einer Fleischfüllung reicht. Und zur Fischsuppe gibt es Piroschki mit einer Fischfüllung. Zu

den Hors d'œuvres wird in Rußland viel Schwarz- oder Weißbrot gegessen, und natürlich Piroggen und Piroschki. Zum Schtschi essen die Russen gern auch Grießkascha (zur Zubereitung dieses Breis siehe Kapitel »Hauptmahlzeiten«).

23. Grundrezept für Fleischbrühe

für vier Personen, reicht zwei bis drei Tage

1,2 kg Rindfleisch
1 kg Kalbfleisch
1 Huhn
6,5 l Wasser
1 EL Salz

Suppengemüse:
2 große Zwiebeln
1 große Möhre
2 Speiserüben
Petersilie
Sellerie
5 Pfefferkörner
2 Lorbeerblätter

Eine gute Bouillon ist die Grundlage jedes Essens. Wer sie zubereiten kann, dem machen alle anderen Suppen keine Schwierigkeiten. Die beste Brühe kocht man aus Rind- und Kalbfleisch mit Huhn. Man kann sie aber auch nur aus Kalbfleisch kochen, obwohl eine solche Brühe dann schlechter ist. Die besten Stücke für eine Bouillon sind Rinder- und Kalbsrücken. Es ist immer gut, Markknochen mitzukochen.
Waschen Sie das Fleisch und das Huhn in kaltem Wasser. Legen Sie zuerst die Knochen in den Topf, obendrauf das Fleisch und das Huhn. Gießen Sie Wasser hinzu und fügen Sie Salz bei. Dann lassen Sie es stark kochen. Sobald es anfängt zu schäumen, frischen Sie die Brühe auf — gießen Sie ein Glas kaltes Wasser zu und schöpfen Sie den Schaum ab. Auf diese Weise lassen Sie es dreimal aufkochen und schöpfen jedesmal den Schaum ab. Danach ist die Brühe völlig klar. Wenn Sie die Brühe zum dritten Mal aufgefrischt haben, wischen Sie mit einem sauberen Handtuch den Schaum vom Topfrand und geben das Gemüse hinein. Nach nochmaligem Aufkochen stellen Sie die Flamme klein und schließen den Deckel bis auf etwa einen Fingerbreit.

Nun lassen Sie das Fleisch auf kleiner Flamme gar werden. Das Suppengemüse nehmen Sie etwas früher als das Fleisch kurz nach dem Garwerden heraus. Nachdem das Fleisch und das Huhn gar sind, nehmen Sie sie heraus und spülen sie mit kaltem Wasser ab, bis sie fast kalt sind.

Das kalte Fleisch und das Huhn werden in Würfel geschnitten und in eine Schüssel gegeben. Die Knochen werden weggeworfen. Kosten Sie die Brühe und salzen Sie eventuell nach. Gießen Sie die Brühe durch ein Sieb (oder besser noch durch ein feines Tuch) in eine Suppenterrine, fügen Sie in entsprechender Menge das geschnittene Fleisch hinzu und servieren Sie die Bouillon. Die restliche Bouillon bewahren Sie im Kühlschrank auf. Sie kann als Hors d'œuvre für die nächsten beiden Tage oder auch zur Zubereitung anderer Gerichte und Saucen verwendet werden.

Das Fleisch muß mit etwas Bouillon in einer Terrine im Kühlschrank aufbewahrt werden, damit es nicht austrocknet.

Die Kochzeit einer solchen Brühe beträgt etwa 2—3 Stunden. Man muß darauf achten, daß ständig auf kleiner Flamme gekocht wird. Die Kochzeit ist entsprechend dem Alter des Tieres etwas unterschiedlich.

24. Pilzbrühe

4—5 Portionen

120 g getrocknete Pilze
6 tiefe Teller Wasser
2 Zwiebeln
getrocknetes Suppengemüse
Salz
Pfefferkörner

Die Pilze in kaltem Wasser waschen und abspülen, in einen Topf geben, etwas kochendes Wasser darübergießen und zugedeckt eine Stunde stehen lassen. Dann Petersilie, Sellerie, Zwiebeln, Pfefferkörner dazugeben, die entsprechende Menge kaltes Wasser nachfüllen und auf kleiner Flamme weichkochen. Je nach Geschmack salzen. Die fertige Brühe gießen Sie durch ein feines Tuch. Die Pilze werden in feine

Streifen geschnitten und zurück in die Brühe gegeben und aufgekocht.
Diese fleischlose Brühe kann man mit kleingehackter frischer Petersilie und Dill mit Sahne essen. Man kann noch in Butter geröstete und im Backofen getrocknete Weißbrotschnitten dazu reichen.
Nachdem die Bouillon wie oben beschrieben gekocht ist, kann man noch eine in Butter gebratene, kleingehackte Zwiebel dazugeben und mitkochen.
Außerdem kann man auch eine feingeschnittene Kartoffel in dieser Brühe mitkochen, das wird dann Pilzsuppe mit Kartoffeln. Auch Perlgraupen sind sehr schmackhaft dazu. Man kann aber auch alles hier aufgeführte hinzugeben — Kartoffeln, Graupen und die in Butter gebratene Zwiebel — und bei Tisch dann Sahne, Grünzeug und Weißbrotschnitten.
Mit klarer Pilzbouillon werden Pilzsaucen (Rez. 145) und Fastenborschtsch zubereitet (Rez. 35).

Über die Vierfache Fischsuppe

(Aus »Dort, weit hinter dem Fluß«)

Für eine Vierfache Fischsuppe braucht man viele Fische. Wir haben ja genug. Der Wasserkessel wird über dem Feuer aufgestellt, ins Wasser kommen Zwiebeln und Lorbeerblatt, Salz und Pfeffer. Dann kleine Fische. Die kochen wir so lange, bis die Fische auseinanderfallen. Ist der Fisch zerkocht, wird die Suppe durchpassiert. Das Fischfleisch fällt für Fang und Tschang ab. In die kochende Suppe kommen nun größere Fische. Und wieder wird gesiebt. Beim dritten Mal werden Köpfe und Schwänze ausgekocht, solche von großen Fischen, und zum Schluß kommen Kartoffeln in die Suppe und besonders ausgesuchte Stücke großer Fische, auch der Rogen und die Leber. Beim vierten Mal darf die Suppe höchstens dreimal sprudeln. Dann wird sie vom Feuer genommen. Nun muß sie noch ungefähr zwanzig Minu-

ten ziehen — fertig ist die Vierfache, die umwerfende Fischsuppe. Man muß sie unbedingt mit großen Löffeln essen, solchen aus Holz, sonst verbrennt man sich den Schnabel. Wir saßen auf der Erde um den Scheiterhaufen und löffelten die Fischsuppe, bis wir alle tropften. Mir kamen sogar die Tränen, so sehr schmeckte es mir. »Krokodilstränen« nannte das mein Onkel.
Die Vierfache Fischsuppe war vollkommen durchsichtig, bernsteinfarben, und sie sah mich mit hundert Fettaugen an. Auch ein paar Kohlestückchen schwammen in der Suppe. Sie duftete nach Rauch, nach Lorbeerblatt und Pfeffer. Unmöglich, zu beschreiben, wie sie schmeckte. Ihr müßt schon selbst probieren. Man fängt am besten nur mit Suppe an — später dann die Stücke, die man beißen muß.
Das Fleisch der Brachse war vollkommen weiß, das von anderen Fischen gelblich oder rosa, und alles schmolz im Munde. Fang und Tschang sahen uns gelangweilt zu, sie waren längst schon satt. Auch wir konnten bald nicht mehr. Ich gab als erster auf. Dann Mama und dann Papa. Der Onkel hielt am längsten durch, weil er sehr ruhig aß. Zuletzt nahm er immer die Fischköpfe auseinander und bearbeitete sie so gründlich, daß man sie »im Museum ausstellen konnte«, so drückte er sich aus.
Ich lag auf dem Rücken und blickte in den Himmel. Dort segelten die Wolken. Ich schaute ihnen zu und fand es wunderbar zu leben, wenn man einen Onkel hat, der ein so fabelhafter Fischer ist und es so gut versteht, die Vierfache Fischsuppe zu kochen, und für den es überhaupt nichts gibt, was er nicht kann.
Auf einmal fingen die Hunde an zu knurren.

25. **Vierfache Fischsuppe**

4—5 Portionen

3 kg frische kleine Fische	*4 Zwiebeln*
(Barsch, Kaulbarsch)	*2 Lorbeerblätter*
1 kg frische große Fische	*Salz*
(Sterlet, Stör, Lachs, Zander)	*5 Pfefferkörner*
5 l Wasser	*50 g Kaviar*

Die schmackhafteste Fischsuppe erhält man von frischem Fisch, man kann aber auch tiefgefrorenen nehmen. Ihren Namen hat die Vierfache Fischsuppe daher, daß der Fisch in 4 Stufen gekocht wird; die ersten drei Portionen des gekochten Fischs werden weggeworfen. Eine Vierfache Fischsuppe wird folgendermaßen gekocht:

Man nimmt ein Kilo kleine Fische, putzt sie, wobei man außer den Innereien auch die Kiemen wegnimmt. Dafür braucht man sie nicht abzuschuppen. Die erste Portion — ein Kilo kleine Fische — wird in 5 bis 6 l Wasser gekocht, bis die Fische völlig zerkocht sind. Dann wird die Brühe durchgesiebt und der zerkochte Fisch weggeworfen.

In die gleiche Brühe wird noch ein Kilo Fisch gegeben und gekocht, durchgesiebt und weggeworfen.

So verfährt man auch ein drittes Mal.

Beim vierten Mal nimmt man große Fische besserer Qualität — Sterlet, Stör, Lachs, Zander —, schuppt sie ab, putzt sie, wäscht sie sorgfältig und schneidet sie in kleine Portionen. Dieser Fisch kommt in die dreifache Bouillon, dazu die Zwiebeln, Lorbeerblätter, Pfefferkörner und Salz. Auf großer Flamme läßt man den Fisch aufkochen, dann wird die Flamme abgedreht und der Fisch 10 Minuten stehengelassen. Das gleiche wiederholt man noch einmal. Wenn die Fischsuppe zum zweiten Mal aufkocht, muß sie »gestreckt« werden, damit die Brühe kalt wird. Dafür nimmt man 50 g Kaviar (schwarzen oder roten), zerstößt ihn in einem Mörser und gibt eßlöffelweise Wasser hinzu, bis eine teigähnliche Masse entsteht. Der zerstoßene Kaviar wird zuerst in einem Glas kaltem Wasser aufgelöst, dann mit 2 Tassen heißer Fischbrühe vermischt, zur Hälfte in die hei-

ße Fischsuppe gegeben, die anschließend aufkochen muß. Die andere Hälfte des Kaviars wird dann hinzugegossen, der Deckel vom Topf genommen und — nachdem die Fischsuppe nochmals aufgekocht ist — auf kleine Flamme gestellt, auf der sie noch 15 Minuten sehr schwach kochen muß. Jetzt wird der Topf vom Feuer genommen, die Fischstücke werden herausgenommen und nach 10 Minuten, wenn der Satz sich auf dem Topfboden abgesetzt hat, die Brühe vorsichtig in einen sauberen Topf gegossen und die Fischstücke wieder hineingelegt. Nachdem die Fischsuppe abgekühlt ist, kann man sie noch einmal aufwärmen, aber nicht kochen ... Die Vierfache Fischsuppe ist fertig! Natürlich macht eine solche Fischsuppe viel Arbeit und sie ist auch ziemlich teuer, aber Sie werden sehen, es lohnt sich.
Wichtig: Wenn beim vierten Kochen die großen Fische hineingelegt werden, muß man aufpassen, daß sie nicht zerkochen. Zur Vierfachen Fischsuppe reicht man Pasteten (Rez. 165 oder 166).

Schtschi

Im Westen denken viele, die bekannteste russische Suppe sei Borschtsch. Das ist nicht so. Borschtsch ist eine herrliche Suppe, und wir werden noch darüber sprechen; aber er ist ein rein ukrainisches Gericht. Das klassische Hors d'œuvre bei den Russen ist der Schtschi. Viele Russen essen nahezu jeden Tag Schtschi, besonders auf dem Land. Ich habe viele Jahre auf einem Kolchos gearbeitet und kann mich gut an den Schtschi erinnern, mit dem ich täglich bewirtet wurde. Ein Essen auf dem Land besteht oft nur aus Schtschi. Und das ist nicht erstaunlich: Schtschi ist eine sehr sättigende Mahlzeit, und der Russe hat ihn nie — wie Brot und Kartoffeln — über. Auch jetzt noch koche ich zu Hause in Moskau sehr oft Schtschi, besonders im Winter. Ich esse ihn eine ganze Woche lang mit Vergnügen, denn Schtschi ist nach zwei, drei oder vier Tagen noch schmackhafter als frisch gekocht! Wenn ich lange keinen gekocht habe, erin-

nern mich Frau und Kinder daran, daß es an der Zeit wäre ... Der Russe langweilt sich ohne Schtschi. Anstatt Brot gibt man besser Piroggen oder Piroschki dazu (so wie beim Borschtsch).
Also: Schtschi. Es gibt drei Arten: frischen, sauren und aufgewärmten.

26.
Frischer Schtschi
für mehrere Tage

2 frische Weißkohlköpfe
(etwa 2—2,5 kg)
1 Zwiebel
1 Porree
2 Möhren
Petersilie
2 EL Butter
1 EL Mehl
6 l Brühe (Rez. 23)

Den frischen Kohl putzen, in 4 Teile schneiden und mit kaltem Wasser zum Kochen aufsetzen. Inzwischen die Kräuter kleinschneiden. Wenn der Kohl weich wird, legt man ihn auf einen Durchschlag und läßt das Wasser ablaufen. Jedes Stück wird in kleinere Teile geschnitten und mit den kleingeschnittenen Kräutern wieder in den Topf gelegt. 2 Löffel Butter und ein gehäufter Löffel Mehl werden erhitzt, mit Brühe verquirlt und aufgekocht. Je nach Geschmack kann noch ein Löffel Tomatenmark zugefügt werden.
All das wird im Topf vermischt und zusammen mit Fleischstücken gut aufgekocht.
Zum Schtschi kann man gut Butterpiroggen (Rez. 153) und auf jeden Teller noch ein bis zwei Löffel saure Sahne geben.

27. Saurer Schtschi

für mehrere Tage

1 kg Sauerkraut
1 Zwiebel
1 EL Butter
2 EL Mehl
6 l Brühe (Rez. 23)

Das Kraut mit kaltem Wasser zum Kochen aufsetzen, bis es ganz weich ist (ist das Kraut sehr sauer, kocht man es länger). Auf ein Sieb schütten, das Wasser abfließen lassen, das Kraut mit den Händen gut ausdrücken und in eine tiefe Pfanne geben. Dazu kommt auch die in einem Löffel Butter angebratene gehackte Zwiebel. Jetzt wird noch ein Löffel Butter zugefügt und das Kraut ein zweites Mal aufgekocht. Zuletzt werden die 2 Löffel Mehl dazugegeben. Nachdem das alles auf großer Flamme verrührt und mit Brühe verdünnt worden ist, wird es zusammen mit geschnittenem Fleisch aufgekocht.
Zu diesem Schtschi reicht man saure Sahne, Piroggen aus Sauerteig, Buchweizenbrei.
Über die Bouillon zum Schtschi ist zu sagen, daß sie wie in Rezept 23 gekocht wird, nur nimmt man anstatt Kalb-Schweinefleisch, das heißt, die Bouillon wird aus Rindfleisch, Schweinefleisch und Huhn gekocht. Man kann auch nur Rindfleisch nehmen — das hängt vom persönlichen Geschmack ab. Ich bevorzuge Schtschi mit Rind-, Schweinefleisch und Huhn.

28. Aufgewärmter Schtschi

Er wird wie saurer Schtschi gemacht, nur kommt zu dem bereits fertigen Schtschi noch eine geriebene rohe Möhre (300 g). Sie wird mitgekocht, damit der Schtschi eine gelbe Farbe bekommt. Solcher Schtschi schmeckt besonders am zweiten Tag, wenn er eine Nacht im Kühlschrank gestanden hat. Die erforderliche Portion wird dann in einen kleinen Topf gegossen und warm gemacht.

29. **Fauler Schtschi**

für mehrere Tage

Dieser Schtschi heißt offensichtlich fauler Schtschi, weil ihn sich ein fauler Mensch ausgedacht hat; einer, der sich nicht viel Mühe machen wollte. In jedem Fall schmeckt er trotz allem ausgesprochen gut.

1 kg Rinderbrust
1 kg Rinderfilet oder -rücken
4 l Wasser
Salz
2 Speiserüben
1 kleiner frischer Weißkohl
400 ccm saure Sahne

Das Fleisch in kaltes Wasser geben und etwa eine Stunde kochen. Danach herausnehmen und in kaltem Wasser abwaschen. Die Brühe durch ein Sieb seihen. Das Fleisch wieder in die Brühe legen, nachdem es in Stücke geschnitten ist. Den geschnittenen Kohl und die beiden Rüben dazugeben. Nochmals 3 Stunden auf ganz schwacher Flamme kochen. Salzen. Eine halbe Stunde bevor es fertig gekocht ist, werden das Mehl und eine Tasse saure Sahne mit einem Viertelliter abgekühlter Brühe gut verquirlt und unter ständigem Rühren in den Schtschi gegeben. Noch einmal aufkochen lassen und servieren.
Bei Tisch kann man mit dem Schtschi noch je einen Löffel Sahne in den Teller geben. Das Fleisch kann im Schtschi gegessen, aber auch extra auf einem zweiten Teller mit einer Sahnemeerrettich-Sauce (Rez. 151) und gekochten Kartoffeln gereicht werden.
Anmerkung: Wenn Sie eine fertige einfache Fleischbrühe haben (Rez. 23), können Sie den Schtschi auch schneller machen. Sie nehmen dann die fertige Brühe, legen das geschnittene Kraut und die Rüben hinein und kochen es gar. 30 Minuten zuvor fügen Sie Mehl und Sahne hinzu, wie oben beschrieben. Sie können auch das gekochte Fleisch noch einmal mit aufkochen. Das Fleisch kann ebenfalls im Schtschi oder extra mit einer Sauce (Rez. 151) und gekochten Kartoffeln gegessen werden.

30. Schtschi mit Fischkopf

für mehrere Tage

½ kg geschnittenes Sauerkraut
1 Zwiebel
1 EL Senföl
1 EL Butter
1 frischer Störkopf
2,5 l Wasser
Salz
2 EL Mehl
1 Lorbeerblatt

Das Kraut ausdrücken, fein schneiden und mit der Zwiebel in Senföl anbräunen. Aus dem Störkopf Kiemen und Augen herausschneiden, der Rest wässern, in 3 Teile schneiden und unter Zugabe von Salz in 2,5 l Wasser zum Kochen bringen. Wenn der Fisch halb gar ist, herausnehmen und die Brühe durchsieben, das Kraut hineingeben und weich kochen. Einen Löffel Butter mit 2 Löffeln Mehl verrühren und in den Schtschi geben. Den Kopf in kleinere Stücke schneiden, hineingeben und auf kleiner Flamme gar kochen. Wer mag, kann ein Lorbeerblatt und Pfeffer beigeben.

31. Grüner Schtschi aus Brennesseln

für mehrere Tage

1 kg junge Brennesseln (ohne Stengel)
4 l Bouillon (Rez. 23)
1 kg gekochtes Fleisch von der Bouillon
½ kg fein geschnittene Kartoffeln
2 EL Weizenmehl
2 EL Essig oder Zitronensaft

Diesen Schtschi kann man gut im Frühjahr aus jungen Brennesseln zubereiten.

Die Brennesselblätter werden in kochendes Wasser gegeben und nicht öfter als zweimal aufgekocht, sonst verlieren sie die Farbe. Auf einem Durchschlag mit kaltem Wasser übergießen, fest ausdrücken und abtropfen lassen. In einem Topf mit etwas Brühe begießen, damit sie nicht austrock-

nen. Eine halbe Stunde vor dem Essen werden die Brennesseln mit der restlichen Brühe (und den darin gekochten Kartoffeln) aufgefüllt und das Fleisch aus der Brühe hinzugegeben.
Dazu folgende zusätzliche Würze: Mehl mit Essig (oder Zitronensaft) vermischen und damit aufkochen lassen. Wenn sich an der Oberfläche Schaum bildet, mit dem Schaumlöffel abnehmen, salzen und servieren.
Zu diesem Schtschi gibt es saure Sahne, kleingehackte, gekochte, in Semmelbröseln geröstete Eier oder Piroggen (Rez. 159—163).

32. Grüner Schtschi mit Sauerampfer

für mehrere Tage

0,6 kg Sauerampfer (ohne Stengel)
4 l einfache Fleischbrühe
1 kg gekochtes Fleisch aus der Brühe
½ kg kleingeschnittene Kartoffeln
2 EL saure Sahne
1 Eigelb

Vom Sauerampfer die Stengel abschneiden, mit kochendem Wasser überbrühen, abgießen, mit kaltem Wasser übergießen und abtropfen lassen. Mit der Brühe und dem darin gekochten Fleisch sowie den darin gekochten kleingeschnittenen Kartoffeln 10 Minuten vor dem Servieren nochmals aufkochen lassen. 2 Löffel saure Sahne und ein Eigelb in eine Terrine geben und vermischen, den Sauerampfer und etwas heiße Brühe mit Kartoffeln unter ständigem Rühren beifügen. Nach Geschmack salzen.
Zu diesem Schtschi gibt man saure Sahne, feingeschnittene gekochte Eier, Piroggen aus Sauerteig mit Rindfleisch (Rez. 160—163).

33. Gewöhnlicher ukrainischer Borschtsch

für 4 Personen, reicht 2—3 Tage

1,5 kg rote Rüben
1 EL Weinessig (oder besser 2 EL Zitronensaft)
1,5 kg frisches Weißkraut
1 große Möhre
2 EL braune Butter
2 EL Mehl
1 kg Gans, Ente, Schinken
5—6 l einfache Fleischbrühe
Salz, Petersilie, Dill

Einen Teil der Rüben (300 g) in streichholzschmale Streifen schneiden, mit Zitronensaft oder Essig beträufeln und stehen lassen, bis alles aufgesaugt ist.
Das ganze Kraut und die Möhre zerkleinern. In einem runden großen Kessel die Butter auslassen, das Kraut und die Möhre daraufgeben, zuoberst die 300 g kleingeschnittenen Rüben. Unterm Deckel gar werden lassen. Schließlich das Mehl dazugeben, verrühren und etwas mitkochen lassen.
Zwischendurch aus den restlichen Rüben (1,2 kg) den Saft herauspressen, aufs Feuer stellen, zum Kochen bringen und stehen lassen.
Gans, Ente und Schinken anbraten und in Stücke schneiden.
Wenn Kraut, Möhre und Rüben weich sind, die Bouillon aufgießen, die angebratenen Geflügel- und Schinkenstücke dazugeben, nach Bedarf salzen und weich kochen lassen. Dann ein Glas Rote-Rüben-Saft in den Borschtsch geben und auftragen.
Extra gereicht werden saure Sahne, Rübensaft, feingehackte Petersilie und Dill. Jeder nimmt selbst ein bis zwei Löffel Sahne und ein bis zwei Löffel Rübensaft auf den Teller und bestreut den Borschtsch mit Kräutern.
Zum Borschtsch reicht man Sauerteigpiroggen (Rez. 160), Buchweizenbrei (Rez. 102, 103) oder Quarkkuchen (Rez. 171).
Der restliche Rübensaft wird in den Kühlschrank gestellt; er wird dem Borschtsch am zweiten und dritten Tag beigemischt (man muß darauf achten, daß der Borschtsch immer dunkelrot ist).
Dieser Borschtsch kann auch nur mit Rindfleisch gekocht

werden, in dem Fall gibt man zum Schluß das geschnittene Rindfleisch aus der Brühe dazu.
Man kann dem Borschtsch je nach Geschmack Kwas beifügen.

34. Ukrainischer Sommer-Borschtsch

Man nimmt frisches Grünzeug — Petersilie, Dill, Pastinak, Sellerie, Zwiebel, Möhren, Speiserüben, rote Rüben, frisches Weißkraut — je zu gleichen Teilen, wäscht und zerkleinert es, gießt Brühe zu, gibt in kleine Stücke geschnittenes mageres Hammel-, Rind-, Kalbfleisch und Schinken hinein, pfeffert nach Geschmack und kocht das Ganze zugedeckt auf kleiner Flamme. Wenn das Fleisch weich ist, gibt man je nach Geschmack einen oder anderthalb Löffel Weinessig oder Zitronensaft und Salz hinzu — und fertig ist der Borschtsch.
Der Rübensaft kann extra ausgepreßt und bei Tisch zur Farbgebung auf die Teller gegeben werden. Außerdem gehört zum Borschtsch noch saure Sahne, von der sich jeder nach Belieben ein oder zwei Löffel auf den Teller nimmt.

35. Ukrainischer Fastenborschtsch

4—5 Portionen

2 l Pilzbouillon (Rez. 24)
2 mittelgroße rote Rüben
1 EL Butter
1 EL Mehl
die gekochten Pilze aus der Brühe
200 g gekochte Kartoffeln
Salz
Essig

Die Rüben putzen, waschen und zerschneiden. In einer tiefen Pfanne Butter erhitzen, das Mehl hinzugeben, dann mit Bouillon verdünnen, schließlich kommen die Pilze und gekochten Kartoffeln dazu. Nach Belieben salzen und etwas Essig hinzugießen. Alles aufkochen lassen und servieren.

36. Soljanka aus Rind- oder Kalbfleisch

4 Portionen

Bouillon aus Rind- oder Kalbfleisch (300 g auf 1 l Wasser) wird zusammen mit 0,5 kg Suppenknochen, einer halben Rinderzunge und einer Niere (vgl. Rez. 23) gekocht
0,3 kg Schinken oder Würstchen
2 Zwiebeln
½ EL Tomatenmark
1 EL Butter
1 Salzgurke
1 Bund frische Petersilie
schwarze Oliven
1 Zitrone
saure Sahne
Salz
schwarzer Pfeffer

Die fertige Brühe durch ein Sieb gießen. Das Fleisch, die Zunge und die Niere aus der Bouillon in Scheiben schneiden. Desgleichen den Schinken oder die Würstchen. Die durchgesiebte Brühe aufs Feuer stellen und nacheinander Zwiebeln, Tomatenmark, die feingehackte, in Butter angebratene Gurke, Fleisch, Niere, Schinken, Würstchen und die Zunge hineingeben. Zehn Minuten kochen lassen und vom Feuer nehmen. Nach Bedarf salzen, mit gemahlenem schwarzen Pfeffer und feingehackter Petersilie würzen.
Vor dem Servieren werden in jeden Teller 3—4 schwarze Oliven, 1—2 Zitronenscheiben und 1—2 Eßlöffel saure Sahne gegeben.

37. Fischsoljanka mit Rinderbouillon

für mehrere Tage

Bouillon aus 1,2 kg magerem Rindfleisch und 5 l Wasser (wird wie in Rez. 23 gekocht)
3 Zwiebeln
1 EL Butter
1 EL Mehl
4—5 Salzgurken
1,5 kg frischer Stör
1 TL Kapern
1 TL grüne Oliven
6—10 gekochte Krebsschwänze

Eine Brühe (wie in Rez. 23) kochen. Die gehackte Zwiebel in Butter leicht anbräunen, das Mehl einrühren und mit der Brühe ablöschen. Die geschälten und kleingeschnittenen Gurken hinzugeben. Den Stör abbrühen, entschuppen, in kleine Stücke schneiden, ebenfalls in die Bouillon legen (das Fleisch wird für ein anderes Gericht aufgehoben) und etwa eine Stunde kochen lassen. Dann stehen lassen und vor dem Essen in die Terrine Kapern, grüne Oliven und — soweit vorhanden — die gekochten Krebsschwänze legen.

38. Soljanka aus verschiedenen Fischen mit Fischbouillon

für mehrere Tage

1,5 kg Sterlet
0,7 kg Stör
0,7 kg bis 1 kg Zander
6 l Wasser
Salz
2 Petersilienwurzeln
1 große Möhre
4—5 Salzgurken
2 Lorbeerblätter
5 Pfefferkörner
1 EL Mehl
1 EL Oliven
1 EL Kapern
1 Zitronenscheibe

Die Fische putzen, Köpfe und Schwänze abschneiden und das Fleisch von den Gräten lösen. Gräten, Köpfe und Schwänze mit kaltem Wasser zum Kochen bringen, salzen und nach dem Kochen die Brühe durch ein Sieb gießen. Einen Teil dieser Brühe auf den in kleine Stücke geschnittenen Fisch gießen und wieder zum Kochen bringen. Petersilie, Möhre und Salzgurken zerschneiden und mit der restlichen Brühe sowie Lorbeerblättern und Pfefferkörnern in einem anderen Topf kochen. Man muß aufpasen, daß der Fisch nicht zerkocht. Ist er fertig, wird alles zusammengegossen und mit dem mit etwas Brühe angerührten Mehl nochmals aufgekocht. In die kochende Suppe kommen Oliven und Kapern, sie werden mit aufgekocht. Jetzt wird noch eine dünne Zitronenscheibe hinzugegeben (nicht mitkochen lassen!) und serviert.

39. Fleischsuppe aus Rind- oder Hühnerfleisch

Fleischbrühe Rezept 23
Suppengrün (je eine Möhre, Zwiebel, Petersilienwurzel, Sellerie, Porree, Speiserübe)
5—6 Salzgurken
1 EL Mehl
1 EL Butter

Das rohe Gemüse zerkleinern, in einen Topf mit ½ l Wasser geben und kochen lassen, bis es halbgar ist. Dann auf einen Durchschlag geben und, wenn es abgekühlt ist, in kaltes Wasser legen. Die Gurken ebenfalls zerschneiden und extra kochen. Das Wasser abschütten, Gurken und Grünzeug mit Brühe übergießen, damit sie nicht austrocknen. Das Mehl leicht in Butter anbräunen, mit etwas Bouillon verdünnen, in die restliche klare Brühe geben und dreimal aufkochen lassen (d. h. jedesmal nach dem Aufkochen vom Feuer nehmen und dann wieder zum Kochen bringen). Das Grünzeug, die Gurken und das in Würfel geschnittene Fleisch aus der Bouillon in einen sauberen Topf geben und durch ein Sieb die Mehlschwitze hinzurühren. Ist die Farbe noch nicht schön gelblich, wird ein frisches Eigelb mit etwas Brühe verquirlt und in die fertige Fleischsuppe gegeben.

40. Fleischsuppe mit Nieren

1½ l Fleischsuppe wie in Rezept 39 (aber ohne das Fleisch hineinzugeben)
1 Rinderniere

Eine Fleischsuppe wie im vorangegangenen Rezept zubereiten (das Fleisch jedoch nicht hineingeben). Die Niere wird extra zubereitet: Sie wird im kalten Wasser gewaschen, in einen Topf gelegt, mit Salzwasser begossen und einmal aufgekocht; wenn sie halbgar und abgekühlt ist, wird sie ein zweites Mal gewaschen; sodann in runde Scheiben geschnitten, in einen Topf gelegt und mit etwas Brühe übergossen. Eine Viertelstunde vor dem Essen wird nochmals Brühe hinzugegeben und die Suppe fertig gekocht. Dann wird sie mit Gemüse und Gurken in eine Terrine gegeben, mit der restlichen durchgesiebten Bouillon übergossen und serviert. (Wer mag, kann auch das gewürfelte Fleisch aus der Brühe mit hineingeben.)

41. Fleischsuppe mit Nieren auf andere Art

500 g Rinderniere
2 l Wasser
300 ccm Gurkenlake
2—3 Salzgurken
2 Petersilienwurzeln
1 Selleriestengel
1 Zwiebel
4 Kartoffeln
2 EL Butter
100 g grüner Salat oder Sauerampfer

Das Fett und die Haut von den Nieren entfernen, jede Niere in 3—4 Teile schneiden, waschen, in einen Topf geben, kaltes Wasser aufgießen und zum Kochen bringen. Dann das Wasser abgießen, die Nieren wieder waschen und mit kaltem Wasser nochmals für eine bis anderthalb Stunden zum Kochen bringen. Das geputzte Grünzeug und die Zwiebel in dünne Streifen schneiden und in einem Aluminiumtopf mit Butter anbraten.

Den Topf vom Feuer nehmen, die gewaschenen, in Scheiben geschnittenen Salzgurken und die in Würfel geschnittenen Kartoffeln hineingeben, mit der durchgeseihten Nierenbouillon für 25—30 Minuten kochen lassen. 5—10 Minuten bevor die Suppe fertig ist, etwas durchgeseihte Gurkenlake und den kleingeschnittenen Sauerampfer (oder Salat) in die Suppe geben und nach Geschmack salzen.
Vor dem Servieren werden die in Scheiben geschnittenen Nieren, saure Sahne, die feingehackte Petersilie und Dill in die Suppe gegeben.
Diese Suppe kann man auch mit Fleischbouillon zubereiten und mit einem Stück gekochten Zander oder Stör reichen.

42. Botwinja I, kalt

16 EL pürierter Spinat, Sauerampfer oder Brennessel
2 l Kwas (Rez. 195)
Senf
Zucker
2 frische Gurken
0,5 kg leichtgesalzener Stör, Sternhausen oder Weißlachs
Zwiebellauch
geriebener Meerrettich

Spinat, Sauerampfer oder Brennesseln von den Stengeln befreien, dreimal aufkochen, abstellen und mit kaltem Wasser übergießen. Pürieren und mit kaltem Kwas verrühren. Etwas Senf mit Zucker vermischen (je nach Geschmack in die Botwinja geben), die frischen Gurken in feine Stücke schneiden, in den Kwas geben und alles gut durchmischen. Die Botwinja wird kalt gegessen.
Dazu wird leichtgesalzener Fisch gereicht. Wenn der Fisch frisch ist, wird er in Salzwasser gekocht. Ist er zu salzig, wird er in klarem Wasser gekocht. Man läßt ihn abkühlen und schneidet ihn dann in fingerdicke Scheiben, ohne seine Form zu zerstören (er muß quer zur Faser geschnitten werden). Man reicht zum Fisch feingehackten Zwiebellauch und geriebenen Meerrettich.

43. Botwinja II, kalt

400 g Stör oder Sternhausen
140 g Krabben
1,5 l Brotkwas (Rez. 195)
280 g Spinat
160 g Sauerampfer
80 g Zwiebellauch
100 g grüner Spinat
250 g frische Gurken
60 g geriebener Meerrettich (siehe Rez. 151 — mit oder ohne saure Sahne)
4 Krebse
die Schale einer halben Zitrone
20 g Zucker
gehackter Dill und Petersilie
Salz

Die Botwinja kann mit Stör, Sternhausen oder auch mit Fischkonserven zubereitet werden. Den Fisch kochen und abkühlen lassen. Spinat und Sauerampfer werden extra gekocht und dann püriert. Die Gurken schneidet man in kurze Streifen, der Meerrettich wird gerieben und die Zwiebel gehackt. Das Püree aus Spinat und Sauerampfer wird unter Beigabe von Salz, Zucker und Zitronenschale vermengt und mit Kwas verrührt. Vor dem Servieren gießt man die Botwinja in eine Terrine oder in Teller. Der Fisch wird in Portionen zerteilt und mit frischen Gurken, Zwiebellauch, Meerrettich und Dill angerichtet. Auf den Fisch kommen die Krabben und zur Garnierung der Salat. In einer Salatschüssel wird extra Speiseeis gereicht.

44. Okroschka, kalt

2 gekochte Eidotter
2 EL Senf
je nach Geschmack feiner Zucker und Salz
2 l Kwas (Rez. 192 oder 195)
150 g Schinken
200 g kaltes gekochtes Rindfleisch
150 g kalte gekochte Rinderzunge
100 g Dill
2 frische Gurken
100 g Zwiebellauch
100—200 g saure Sahne (je nach Geschmack)

Okroschka wird kalt gegessen.
Das Eigelb mit Senf verrühren, nach Belieben Zucker und

Salz hinzugeben; langsam Kwas hineinrühren. Den in kleine Würfel geschnittenen Schinken, das Fleisch und die Zunge hinzufügen, zehn Eiswürfel dazugeben und alles mit dem feingehackten Dill bestreuen.
Dazu werden feingehackte gekochte Eier, frische grüne Gurken und Zwiebellauch gereicht. Saure Sahne nimmt sich jeder nach Geschmack selbst auf den Teller.

45. Rübensuppe, kalt

0,5 kg rote Rüben
Rote-Rüben-Blätter
3 grüne Gurken
100 g Zwiebellauch
2 l Brotkwas (Rez. 192 oder 195)
je ein TL Salz und Zucker

Die Rübensuppe wird wie Okroschka kalt zubereitet und schmeckt besonders im Sommer, wenn es heiß ist.
Die jungen Rüben werden gewaschen, danach geputzt und in einen Topf gelegt. Soviel Wasser aufgießen, daß sie gerade bedeckt sind. Man kocht sie 20 Minuten und gibt am Ende die in Streifen geschnittenen Blätter dazu. Rüben und Blätter werden auf einen Durchschlag geschüttet, die Brühe läßt man in einer Terrine abkühlen. Dann schneidet man die Rüben in kleine Würfel und gibt sie zusammen mit den Blättern in die mittlerweile abgekühlte Brühe. Man fügt noch die zerteilten grünen Gurken und den Zwiebellauch hinzu, gießt mit kaltem Kwas auf, salzt und zuckert nach Belieben und legt obenauf ein paar Eiswürfel. Um das Ganze noch würziger zu machen, kann auch etwas Senf zugegeben werden.
Vor dem Auffüllen kommen auf jeden Teller ein kleingehacktes halbes gekochtes Ei und ein Löffel saure Sahne, das Ganze mit feingehacktem Dill oder Petersilie bestreuen.

46. **Tjurja**

0,5 kg Schwarzbrot (Roggenbrot)
100 g Sonnenblumen- oder Olivenöl
2 EL geriebener Meerrettich
1 große Zwiebel oder 100 g Zwiebellauch
Salz
gemahlener Pfeffer
1,5 l Kwas (Rez. 192 oder 195)

Das Brot samt Rinde in kleine Würfel schneiden und in eine Terrine legen. Darauf das Öl, den geriebenen Meerrettich, die feingehackte Zwiebel und Salz und Pfeffer geben und alles mit Kwas verrühren. Wer mag, kann geriebenen Rettich dazunehmen.

Über die Tjurja

Ich habe in einem deutschen Kochbuch gelesen, daß die russische Tjurja ein erlesenes fürstliches Gericht sei ... das ist, glauben Sie mir, äußerst lachhaft! Natürlich haben die russischen Aristokraten gelegentlich auch Tjurja gegessen, aber nur, weil sie, wie man so schön sagt, der Hafer stach; denn die Aristokraten aßen teuer und raffiniert, hauptsächlich Fleisch und Wild. Die Tjurja aber erfanden arme Leute, Bettler, die nichts Besseres kaufen konnten. Denn Tjurja ist im wesentlichen Wasser und Salz (im besten Falle Kwas), in das Schwarzbrot gebrockt wird.
Das von mir angeführte Tjurja-Rezept ist schon ein bißchen angereichert durch ein paar weitere Zutaten, außer Brot kommen noch Pflanzenöl, geriebener Meerrettich, Zwiebeln und Senf hinein. Diese Tjurja kann man gut nach viel Alkohol und großer Völlerei essen — genau das taten auch die vollgefressenen russischen Aristokraten.

Russische und ukrainische Hauptgerichte

Ich habe bereits im Vorwort davon gesprochen, daß in Rußland schon immer viel gegessen und getrunken wurde. Hier zum Beispiel ein kleiner historischer Exkurs:
Während seines England-Aufenthalts wohnte Peter der Große mit seiner Suite, insgesamt 21 Leuten, im Hotel Ming. Zum Frühstück wurden von ihnen verzehrt: ein halber Hammel, ein viertel Lamm, 10 Hühner, 12 Küken, 7 Dutzend Eier; es wurden 3 Quart* Cognac und 6 Quart Glühwein getrunken. Zu Mittag aßen sie ein und ein Viertel Pud** Rindfleisch, einen ganzen Hammel (von anderthalb Pud), ein Dreiviertel Lamm, Kalbsschulter und -filet, 8 Hühner, 8 Kaninchen und tranken 54 Flaschen Tisch- und 12 Flaschen Rotwein.
Die russischen (wie auch die ukrainischen) Hauptmahlzeiten werden hauptsächlich aus Fleisch und Fisch zubereitet (obwohl es auch viele Mehlspeisen gibt). Sie sind in aller Regel sehr fett. Zur Hauptmahlzeit essen Russen und Ukrainer fast immer Brot — was im Westen beispielsweise nicht üblich ist.
Man ißt auch Piroggen und Piroschki zum Hauptgericht.
Ich habe hier nur die charakteristischsten russischen und ukrainischen Gerichte aufgeschrieben, aber es gibt viel

* Quart = 1,4 Liter
** 1 Pud = 16,38 kg (Anm. d. Übers.)

mehr (manche davon sind im Westen recht populär und für Rußland gar nicht typisch).

47. Gekochtes Rindfleisch in Ochsenblase

4—5 Portionen

Rinderfilet
1 frische Ochsenblase
Salz
Petersilie
Sellerie
1 Lorbeerblatt
Pfefferkörner
4 Zwiebeln
60 g Butter
gekochte Kartoffeln

Man nimmt ein schönes Stück Rinderfilet, wäscht und befreit es von Haut und Fett; nach dem Salzen rollt man es zu einer Roulade und umwickelt es mit einem Faden. Die Ochsenblase (sie muß frisch sein) wird sorgfältig in warmem Wasser ausgewaschen, naß auf den Tisch gelegt, abgetrocknet und gedehnt. Man schneidet eine Öffnung hinein, durch die das vorbereitete Rindfleisch paßt, und salzt die Blase innen. Mit dem Rindfleisch kommen feingehackte Petersilie und Sellerie, sowie ein Lorbeerblatt, Pfefferkörner, Zwiebeln und ein Stück Butter in die Blase. Jetzt wird die Öffnung mit einem dünnen Faden gut verschlossen, damit kein Wasser hineinkommt; die Blase mit dem Rindfleisch kommt in kochendes Wasser; nicht länger als 55 Minuten auf großer Flamme kochen. Dann wird die Blase herausgenommen, über einem Gefäß aufgeschnitten und das Rindfleisch herausgenommen.
Man nimmt den Faden ab und schneidet das Fleisch schräg zu den Fasern. Auf die eine Seite des Filets werden die Gemüse (viel Petersilie, Sellerie, Zwiebeln) gelegt, mit denen es gekocht wurde, auf die andere Seite kommen die vorher zubereiteten gekochten Kartoffeln. Mit einer heißen Sauce aus Meerrettich übergießen (Rez. 148) und sofort sehr heiß servieren.

48. Gekochtes Ochsenhirn

4—5 Portionen

1 kg Hirn
5 EL Essig
1 Möhre
1 Speiserübe
1 Petersilienzweig
Sellerie
Salz
Pfefferkörner
Lorbeerblatt
Sauce Rezept 140

Das Hirn in warmes Wasser legen, das Blut herauswaschen, die dünne Haut abschneiden. Für 2 Stunden in kaltes Wasser geben; herausnehmen, in einen Topf legen und mit Wasser auffüllen, bis es bedeckt ist. Essig zugießen, die Möhre, Rübe, Petersilie, Sellerie, Salz, Pfeffer und das Lorbeerblatt dazugeben. 45 Minuten kochen lassen. Das Hirn herausnehmen, auf eine Platte legen, mit der Sauce Rezept 140 servieren.

49. Gebratenes Ochsenhirn

4—5 Portionen

Das Hirn wie oben beschrieben zubereiten, in Salzwasser kochen, abkühlen lassen, in Stücke schneiden, in Mehl wälzen, durch Eigelb ziehen, in Paniermehl wälzen und in Butter braten. Zum Essen mit Zitronensaft beträufeln.

50. Ochsenschwanz auf russische Art

4—5 Portionen

2 kg Ochsenschwanz
Eigelb, Paniermehl
600 g braune Butter (zum Fritieren)

Man nehme den dicken Teil vom Schwanz, der dem Rükken am nächsten ist. Das Fleisch wird gewaschen und in gleichgroße Stücke zerteilt. Danach 20 Minuten in Salzwasser kochen. Herausnehmen, mit kaltem Wasser übergießen und eine Stunde darin stehen lassen. Herausnehmen, ab-

trocknen, die Stücke mit Eigelb bestreichen, in Paniermehl wälzen und in ausgelassener heißer Butter braten, bis sie anfangen braun zu werden. Mit Tomatensauce Rezept 142 servieren.
Dieses Gericht ißt man nur zum Frühstück.

51.

Kalbskopf

4—5 Portionen

1 Kalbskopf
Für die Bouillon:
230 g Ochsennierenfett
115 g Weizenmehl
5 EL Weinessig
verschiedene Kräuter
Salz
Pfeffer nach Belieben

Für die Sauce:
5 gehackte Schalotten
5 EL Essig
die Bouillon, in der der Kopf gekocht wurde
1 EL gehackte grüne Petersilie

Man nimmt den Kopf von einem großen Kalb, überbrüht ihn mit kochendem Wasser, säubert ihn sorgfältig von Haaren, übergießt ihn mit kaltem Wasser und läßt ihn darin 2 Stunden liegen. Danach nimmt man ihn heraus, bürstet ihn gut ab, spült ihn ab und schneidet das Fleisch an der Stirn ein; dann zerteilt man den Stirnknochen und entnimmt Hirn, Zunge und Gaumen. Das Fleisch wird von den Knochen gelöst und in schöne Stücke geschnitten. Beim Abtrennen der Ohren läßt man ringsum ein wenig Fleisch stehen, so daß sie wie Kerzenhalter auf einem Ständer stehen, wenn sie auf den Teller kommen.
Man bereitet eine Bouillon: Das Ochsennierenfett wird ausgelassen, Weizenmehl hineingestreut, Essig zugegossen, Kräuter, Salz und Pfeffer zugefügt; dann wird soviel Wasser aufgegossen, daß die Kopfstücke bedeckt sind. Sie werden in die Bouillon gelegt, nachdem sie in Leinwand oder eine Serviette gewickelt worden sind. Dazu kommt die Zunge. Das Ganze wird langsam in zwei bis zweieinhalb Stunden weich gekocht. Nun nimmt man die Haut von der Zunge, schneidet die Zunge der Länge nach ein, zerschneidet sie

aber nicht. Auf eine mit einer Serviette bedeckte Platte werden alle gekochten Teile des Kopfes folgendermaßen ausgelegt: die Stücke mit den Ohren am Rand, die Zunge in der Mitte und in ihrem Einschnitt das Hirn, an die äußere Seite die restlichen Stücke. Ein solcher Kalbskopf, wenn er gut zubereitet und wie beschrieben arrangiert wird, ist eine Zierde jeder festlichen Tafel und wird von Kennern hochgeschätzt.
Das Hirn wird folgendermaßen zubereitet: Das Häutchen mit den Blutkörpern wird abgezogen, das Hirn eine Stunde lang in Wasser gelegt und dann in Salzwasser unter Zugabe von Essig gekocht. Zu dem gekochten Kopf kann Essig mit Olivenöl gegeben werden oder aber auch folgende Sauce: Die Schalotten fein hacken, in kaltem Wasser waschen und ausdrücken. Auf die ausgedrückten Schalotten 5 Eßlöffel Essig gießen, aufs Feuer stellen und, wenn der Essig ganz verkocht ist, einen halben Liter Bouillon, in der der Kopf gekocht wurde, auf die Schalotten gießen; einen Eßlöffel feingehackte grüne Petersilie hinzufügen, aufkochen und extra in einer Sauciere reichen.
Diesen Kopf ißt man auch mit gekochten Trockenpflaumen, von denen man ungefähr 1 Kilo braucht.

52.

Gekochtes Kalbshirn

4—5 Portionen

Das Hirn kann auch als Einzelgericht aufgetragen werden. Es wird wie in Rezept 48 gekocht. Danach läßt man es in warmem Salzwasser liegen, um ihm den Essiggeschmack zu nehmen. Es wird mit Tomatensauce Rezept 142 serviert.

53.

Gebackenes Kalbshirn

4—5 Portionen

Nachdem das Hirn wie in Rezept 48 gewässert und gesäubert ist, läßt man es trocknen und wälzt es zuerst in Mehl, dann bestreicht man es mit Ei und wälzt es schließlich in feinem Paniermehl. In heißer Pfanne wird es auf beiden Seiten in Butter gebraten. Es kommt auf eine Platte, wird mit der restlichen Butter begossen und mit extra zubereiteten Bratkartoffeln oder Kartoffelpüree serviert.

54. **Kalbsleber**

4—5 Portionen

Die Leber über Nacht in Milch legen. Am Morgen herausnehmen, in kaltem Wasser waschen, in gleichmäßige halbfingerdicke Stücke schneiden und in Mehl wälzen. In eine Pfanne mit heißem Fett legen, von beiden Seiten braten, herausnehmen und auf einen Teller geben. In die Pfanne einen Löffel Mehl streuen, anbräunen und mit etwas Brühe verdünnen. Nachdem alles gut aufgekocht ist, durch ein Sieb rühren und die Leber auf dem Teller damit übergießen.
Man kann zu dieser Leber auch Pilzsauce Rezept 145 oder einfach kleingehackte gebratene Champignons geben (Champignons in Fett braten, etwas Mehl darüber stäuben und Fleischbrühe zugeben).

55. **Kalbsfüße mit Sauce**

4—5 Portionen

Die Kalbsfüße überbrühen, absengen, Haare entfernen, 2 Stunden in kaltes Wasser legen. Das Fleisch der Länge nach am Fuß einschneiden, den dicken Knochen in zwei Hälften brechen und herausziehen. Fleisch und Knochen in der gleichen Bouillon wie für den Kalbskopf (Rez. 51) kochen. Die Knochen wegwerfen, das Fleisch auf eine Platte legen und mit Sauce Rezept 144 übergießen.

56. **Festlicher Kalbsbraten**

5—7 Portionen

Die Kalbskeule mit einer Rippe und Niere abschneiden, waschen, abtrocknen, mit Mehl bestreuen und darin wälzen. Auf eine Backpfanne legen, mit ausgelassener Butter, mit Wasser oder fetter Bouillon begießen und salzen. In dem nicht zu heißen Rohr auf gleichmäßiger Flamme braten, alle 15 Minuten mit dem Bratensaft begießen und jedesmal einen Eßlöffel kochendes Wasser hinzugeben. Wenn die Keule 6—7 Pfund wiegt, brät sie eineinhalb Stunden, wiegt sie weniger, so braucht sie ein und eine viertel Stunde. Ist die Keule größer, kann sie 2 Stunden im Backofen bleiben. Mit einer großen Nadel wird geprüft, ob sie schon gar ist — der heraustretende Saft muß klar sein (ist er blutig, ist der Braten noch nicht fertig). Kalbfleisch muß durchgebraten sein, sonst ist es schwer verdaulich und ungesund.

Die fertige Keule wird aus der Pfanne genommen, auf eine Platte gelegt und in die nötige Anzahl Scheiben geschnitten. Vom Bratensaft wird das Fett abgeschöpft, der Rest wird durch ein Sieb auf das Fleisch gegeben oder extra in einer Sauciere gereicht.

Es ist immer besser, die Keule im ganzen zu braten, denn so wird der Braten saftiger.

57. **Fleischklößchen aus Rinderhack**

4—5 Portionen

1,125 kg Rinderhack (wenn das Fleisch mager ist, nimmt man Rinderfett oder Speck dazu — 100 g Fett auf 1 kg Fleisch)
225 g Weißbrot ohne Rinde
Salz
frisch gemahlener Pfeffer
2 Tassen Milch oder Wasser
ein halbes Ei
Eigelb mit Wasser — auf 1 Eigelb 1 TL Wasser
Paniermehl
3 EL braune Butter
2 EL Rindfleischbouillon
1 Prise Mehl

Das Rindfleisch waschen, von den Knochen lösen, Haut und Sehnen entfernen, zweimal mit dem in Milch eingeweichten und ausgedrückten Brot durch den Fleischwolf drehen. Nach Belieben salzen und pfeffern, nicht mehr als ein halbes Ei dazugeben (sonst werden die Fleischklößchen trocken). Man kann das Ei auch weglassen, wenn das Rindfleisch gut saftig ist.

Das Brett, auf dem die Klößchen zubereitet werden, und das Messer mit Wasser anfeuchten, damit die Masse nicht anklebt. Flache, 2—2,5 cm dicke Klößchen formen. Die fertigen Fleischklößchen werden mit Eigelb und Wasser bestrichen und in Paniermehl gewälzt. Die braune Butter wird in einer Pfanne ausgelassen und erhitzt, bis sie nicht mehr zischt und leicht blau raucht. Dann werden die Fleischklößchen hineingelegt und von allen Seiten gebraten. Anschließend werden sie zugedeckt auf sehr kleiner Flamme 4—5 Minuten weitergebraten, dann auf eine Platte gelegt. In die in der Pfanne verbliebene Butter werden 1—2 Eßlöffel Rindfleischbrühe gegossen (wenn man keine parat hat, nimmt man Wasser) und mit einer Prise Mehl gut aufgekocht. Diese Sauce wird durch ein Sieb gegossen und auf die Fleischklößchen gegeben. Sie müssen sofort serviert werden.

Man kann diese Klößchen auch mit jeder beliebigen Sauce und jeder beliebigen Zutat reichen (meistens mit Kascha oder Kartoffeln). Sie schmecken besser, wenn sie sofort gebraten werden, wenn also das Hackfleisch nicht längere

Zeit liegt. Die Fleischklößchen können sonst trocken werden.

58. **Poscharski-Fleischklößchen**

4—5 Portionen

Es heißt, diese Fleischklößchen habe Frau Poscharski, eine Bekannte des großen Dichters Alexander Sergejewitsch Puschkin, die Gattin eines Gastwirts in der Stadt Torschok, erfunden. Puschkin hat über diese Klößchen folgende Zeilen hinterlassen:

> Steht nach Klopsen Dir der Sinn,
> geh zu Poscharski doch mal hin.
> Genieße dort den leckren Schmaus
> und geh beschwingten Schritts nach Haus.

1 Huhn	*geriebener Käse*
100 g Sahne	*Paniermehl*
100 g Weißbrot ohne Rinde	*Salz*
100 g Butter (zum Braten)	*gemahlener schwarzer Pfeffer*
2 Tassen Milch	Für die Sauce:
Eigelb mit Wasser (1 TL Wasser auf ein Eigelb)	*1—2 Tassen Fleischbrühe*

Vom Huhn das Filet, d.h. die weichen Stücke, mit Haut nehmen und durch den Fleischwolf drehen. Eine Tasse (also 100 g) Sahne hinzugeben und verrühren. Das Brot in Milch einweichen, gut ausdrücken, zum Fleisch geben und mit der restlichen Sahne begießen. Noch mal mit dem Brot durch den Fleischwolf drehen, salzen. Einen Eßlöffel Butter dazugeben und vermengen. Aus dieser Masse ovale Klopse formen, mit Eigelb und Wasser bestreichen, erst in geriebenem Käse wälzen, dann pfeffern, schließlich in Paniermehl wälzen. Die Butter in der Pfanne auslassen und die Klopse auf nicht allzu starker Flamme von beiden Seiten 4—5 Minuten braten. Sie müssen langsam durchgebraten und braun werden. Die Fleischklößchen müssen beim Braten

bis zur Hälfte in Fett liegen. Wenn sie fertig sind, bleiben sie noch 5 Minuten zugedeckt im warmen Backofen stehen.
Die fertigen Klößchen werden auf einen Teller gelegt und mit der ausgelassenen Butter übergossen (einen Teil der Butter nimmt man vom Bratensatz, gibt ihn durch ein Sieb und fügt noch etwas Butter hinzu). Als Beilage kann man inzwischen gekochte grüne mit Butter begossene Erbsen, Bohnen, Blumenkohl sowie Bratkartoffeln reichen.
Man kann die Fleischklößchen auch mit einer Sauce aus Bratensaft und Bouillon übergießen (etwas Brühe in die Pfanne geben, aufkochen lassen und durch ein Sieb gießen).

59. Bitotschki in saurer Sahne

4—5 Portionen

1,125 kg Rinderhack
200 g altbackenes Weißbrot ohne Rinde
Salz, gemahlener Pfeffer
3 EL braune Butter
2 Tassen saure Sahne

Für die Bitotschki wird das Hackfleisch wie für die obengenannten Fleischklößchen zubereitet, nur mit weniger Brot und ohne Eier. Die Bitotschki werden zu runden Fladen von 2—2½ cm Dicke geformt, in die ausgelassene Butter in eine Pfanne gelegt und von beiden Seiten gar gebraten (beim Hineinstechen muß klarer Saft austreten). Dann legt man sie auf eine andere, trockene aber erwärmte Pfanne. In das vom Braten übriggebliebene Fett wird ein Löffel Mehl gerührt, aufgekocht und dann die saure Sahne dazugegeben. Wird die Sauce zu dick, verdünnt man sie mit Bouillon, läßt sie nochmals aufkochen und übergießt damit die Bitotschki.

60. Bitotschki mit Pilzfüllung

4—5 Portionen

Bitotschki (Rez. 59)
Pilzfüllung (Rez. 130)
Rote Sauce (Rez. 138)

Eine Füllung aus Pilzen zubereiten, kleinhacken, damit die Bitotschki füllen, braten und zu Roter Sauce servieren.

61. Hammelbraten mit Kascha

5—7 Portionen

1 Hammelseite (das Rippenstück mit einer Rippe und einer Niere und dem vorderen Schulterblatt, aus dem die Knochen ausgelöst sein müssen)
1 kg Füllung aus Buchweizenkascha (Rez. 131)
1 Ei
1 l fette Hammelbrühe

Das ganze Rippenstück einschließlich Rippe und Niere und das vordere Schulterblatt (ohne Knochen) aus dem Hammel herauslösen. Das Fleisch von den Rippen lösen und in die entstandene Tasche den Buchweizenbrei (Rez. 131) geben; damit die Füllung nicht auseinanderfällt, gibt man auch noch ein Ei dazu. Die Tasche zunähen, die Hammelseite mit der Kascha auf einem Backblech ins Rohr geben, mit fetter Brühe begießen und braten. Während des Bratens alle 10 Minuten nachsehen und mit Brühe begießen. Wenn das Fleisch schön braun ist, ist es fertig. Auf eine Platte geben und längs der Rippen in Stücke schneiden. Vom Bratensatz das Fett abschöpfen, ihn mit der Brühe aufkochen, durchsieben und extra in einer Sauciere reichen, damit sich jeder bei Tisch selbst davon nehmen kann.
Man kann die Hammelseite auch ohne Füllung im Backrohr braten und mit Brühe begießen. Die Buchweizenkascha wird dann extra gekocht. Wenn das Hammelfleisch gar ist, wird es in Stücke geschnitten, mit der fertigen Kascha vermengt, kurze Zeit in die Backröhre gestellt, nochmals vermengt und serviert.

62. **Beef Stroganow**

4—5 Portionen

Graf Grigorij Alexandrowitsch Stroganow (1770—1857) gehörte einer vornehmen reichen Familie an und bekleidete hohe diplomatische Ämter. Er aß gern und gut. Für ihn kreierte ein Koch auch dieses Gericht aus geschabtem Fleisch. Böse Zungen behaupten, dies sei aus Altersgründen geschehen, als der Graf alle Zähne verloren hatte und kein gewöhnliches Beefsteak mehr kauen konnte.

1 kg geschnittenes Rindfleisch
1 kg Kartoffeln
3—4 EL Mehl
3—4 gehäufte EL braune Butter
200—300 g saure Sahne
2 Zwiebeln
Salz

Man nimmt mageres Rindfleisch, wäscht es, entfernt Haut und Sehnen, schneidet es in 3 cm lange schmale Streifen. Auch die Kartoffeln werden in solche Streifen geschnitten.
Die Kartoffeln werden nach Belieben gesalzen, mit Mehl bestäubt und gleichmäßig darin gewälzt. In einer heißen Pfanne wird ein gehäufter Löffel braune Butter ausgelassen, die Kartoffeln dazugegeben (dabei wird die Pfanne für einen Moment vom Feuer genommen) und unter ständigem Drehen von allen Seiten gebraten und gegart. Dann werden sie zugedeckt und vom Feuer genommen.
Zur gleichen Zeit werden in einer anderen Pfanne ein gehäufter Eßlöffel Butter und 2 Eßlöffel Mehl erhitzt und unter ständigem Rühren mit saurer Sahne verrührt, bis sich eine dicke Sauce bildet.
Nun werden die Zwiebeln kleingehackt und in einer dritten Pfanne in einem Löffel Butter angebraten, darauf kommt das Rindfleisch und wird unter ständigem Umrühren von allen Seiten durchgebraten. Das Fleisch wird in die dicke Sahnesauce gelegt und gut damit vermengt.
Serviert wird das Fleisch in der Sauce, ringsum mit den Kartoffeln garniert.

63. Beef Stroganow aus Hammelfleisch

4—5 Portionen

Es wird wie das aus Rindfleisch zubereitet. Man muß weiches Hammelfleisch dazu verwenden.

64. Schmorbraten

4—5 Portionen

1 kg Hammel- oder Kalbfleisch
3 Zwiebeln
4 EL braune Butter
½ EL Tomatenpüree
400 g Bouillon
Salz
200 g Möhren
1,5 EL Mehl
5 Eier
¾ l dicke saure Milch
100 g Zwiebellauch

Das in kleine Stücke geschnittene Fleisch wird mit der gehackten Zwiebel in Butter angebraten und das Tomatenmark dazu gegeben. Sobald das Fleisch von allen Seiten angebraten ist, gießt man die Bouillon dazu, salzt nach Belieben, schüttet das Ganze in einen Tontopf, gibt noch die kleingeschnittene Möhre obenauf und stellt es ins Backrohr.

Wenn das Fleisch gar und die Brühe herausgekocht ist, wird alles mit folgender Mischung übergossen: Mehl, Eier und dicke saure Milch werden gut verrührt und geschlagen. Damit begießt man das Fleisch und die Möhre, gibt den feingehackten Zwiebellauch dazu und schmort das Ganze nochmals 15 Minuten im Backofen. Serviert wird im Tontopf.

Jeder kann nach Belieben salzen oder mit gemahlenem roten Pfeffer würzen.

65. **Gefülltes Spanferkel**

5—7 Portionen

1 Ferkel
Füllung aus Kalbfleisch mit Leber (Rez. 123)
etwa 300 g Schinken } *je nach Größe d. Ferkels*
etwa 300 g Speck } *je nach Größe d. Ferkels*
Spinatomelett (Rez. 101)
grüne Petersilie und Dill

Das Spanferkel darf nicht älter als 24 Tage sein. Es muß abgestochen und bevor es kalt ist, abgebrüht werden (man nimmt dazu heißes, aber kein kochendes Wasser). Zuerst wird der Kopf in das heiße Wasser getaucht und enthaart, danach das restliche Ferkel. Alle Borsten müssen leicht abzunehmen sein. Ist das Ferkel von den Borsten gesäubert, wird es zum Trocknen aufgehängt; die verbliebenen Härchen sengt man ab; danach wird das abgetrocknete Ferkel zerteilt und bis auf die Nieren ausgenommen.
Das Rückgrat muß so entfernt werden, daß das Ferkel ganz bleibt. Alle Knochen löst man vorsichtig ab, das Fleisch darf nicht beschädigt, die Haut nicht geritzt und der Kopf nicht abgeschnitten werden.
Nachdem das Spanferkel auf den Rücken gedreht worden ist, gibt man zuerst eine Schicht Fleischfüllung hinein, dann folgt eine Schicht Schinken, eine dünne Speckschicht, wieder eine Schicht Fleischfüllung, Schinken usw. bis nach oben. Man muß darauf achten, daß das Ferkel nicht zu fest gestopft wird, da sonst beim Braten die Haut platzt. Ist das Ferkel ganz gefüllt, wird es mit ungebleichtem Zwirn vernäht.
Nun wird es in ein Tuch gewickelt und wie ein Paket verschnürt (siehe Zeichnung oben).
Letzteres tut man, damit die Haut des Ferkels sich nicht dehnt und platzt. Das eingewickelte Spanferkel kommt jetzt in eine so große ovale Pfanne oder in einen Bräter, daß es genug Platz hat. Man legt alle Knochen dazu, gießt kaltes Wasser auf, bis das Ferkel bedeckt ist, salzt und bringt es zum Kochen. Die Kochzeit beträgt ein bis anderthalb Stunden. Wenn es fertig ist, beginnt der Bindfaden zu erschlaf-

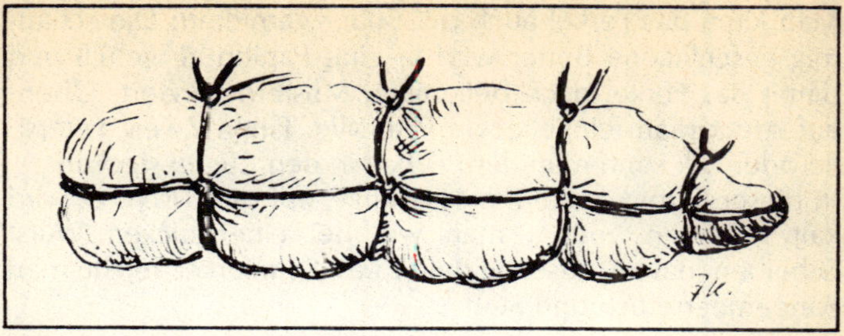

fen. Dann kann es herausgenommen und kaltgestellt werden. Zuvor wird die Schnur abgenommen, das Ferkel aus dem Tuch gewickelt und auf eine Platte gelegt. Es muß einen möglichst »lebendigen« Ausdruck behalten, als würde es mit erhobenem Kopf und hochstehenden Ohren ausruhen. Damit die Ohren stehen, werden sie von innen mit angespitzten Streichhölzern abgestützt. Der geöffnete Rüssel wird ebenfalls mit Streichhölzern gestützt, damit er halb offen steht, als lächele das Ferkel. Desgleichen wird der Schwanz abgestützt, so daß er als Ringelschwanz absteht. Die Füße legt man in natürlicher Stellung zu beiden Seiten. Tun Sie das alles, während das Ferkel noch weich ist; ist es in dieser Lage endgültig abgekühlt, können die Streichhölzer herausgenommen werden. Die Augen und Augenbrauen können mit Lebensmittelfarbe ganz leicht nachgezeichnet werden. Siehe das fertige Ferkel auf der Zeichnung unten.

Man kann das Ferkel auch mit Butter garnieren: Die schaumig geschlagene Butter wird in eine Papiertüte gefüllt und damit das Ferkel nach beliebigen Mustern verziert. Obenauf streut man feingehackte Petersilie. Einen Zweig Petersilie oder Dill kann man dem Ferkel in den Rüssel stecken.
In dieser Form kommt das Spanferkel auf den Tisch; es wird kalt gegessen, indem man wie bei einer dicken Wurst Scheiben davon abschneidet. Zum Spanferkel reicht man Sahnemeerrettich und Senf.

66. Gekochtes Spanferkel mit Erbsen

5—7 Portionen

Das abgebrühte und gesäuberte Ferkel in kleine Stücke zerteilen, mit fetter Brühe übergießen und kochen.
Mittlerweile die Erbsen extra in Brühe kochen und, sobald sie weich sind, in einem Sieb abtropfen lassen. Wenn das Ferkel fertig ist, die Erbsen mit der dickflüssigen Bouillon vermischen. Nach Belieben salzen und würzen.

67. Gebratenes Spanferkel

5—7 Portionen

Das eingeweichte Spanferkel ausnehmen, waschen und mit Mehl bestäuben. Ganz abtrocknen. In eine Bratpfanne legen, mit 2 Löffeln brauner Butter begießen und in den heißen Backofen stellen. Nach 10 Minuten herausnehmen und mit Butter bestreichen (mit Hilfe einer Gänsefeder), aber nicht mit dem Bratensaft begießen, sonst wird die Haut nicht knusprig. Wieder ins Rohr stellen und etwa eine Stunde braten lassen. Das Spanferkel muß heiß gegessen werden, sonst wird die Haut feucht — und sie ist die ganze Herrlichkeit. Zum Zerteilen sollte man ein sehr scharfes Messer benützen.
Man kann dazu Buchweizenkascha (Rez. 102) reichen. In diesem Falle wird die gekochte Kascha extra in Butter warm gemacht, mit Bratensaft vom Ferkel begossen, auf eine Plat-

te gegeben und darauf das in Stücke geschnittene Spanferkel gelegt.

Wie die reichen Moskauer ein gelehrtes Schwein auffraßen

(Aus den Erinnerungen von N. Teleschow, »Notizen eines Schriftstellers«)

Im Moskauer Zirkus gab es den Clown Tanti, einen bekannten Dompteur. Dieser hatte ein »gelehrtes Schwein«, das auf Befehl des Publikums mit der Nase Buchstaben, die auf dem Boden der Arena verstreut waren, herausfinden konnte, um daraus ein gewünschtes Wort zusammenzusetzen (natürlich ein kurzes). Eines Tages beschloß ein eigenwilliger Moskauer Fabrikant namens Stepan Iwanowitsch (den Familiennamen habe ich vergessen) mit seinen Zechkumpanen, Tanti dieses Schwein abzukaufen, um es zu braten und aufzuessen, ganz gleich, wieviel Geld das kosten würde. Das Geschäft kam, wie es damals hieß, für 2000 Goldrubel zustande, und die fünf Banausen brieten und fraßen dieses Schwein anläßlich eines Saufgelages.
Aber damit war die Sache noch nicht zu Ende. Eine Zeitung machte diesen skandalösen Vorfall publik, und der bekannte Operettensänger Rodon, ein Liebling der Moskauer, sang aus aktuellem Anlaß im Theater selbstverfaßte Verse etwa folgender Art:

Die reichen Herrn im Hopfenrausch
wollten ins Gespräch sich bringen
und beschlossen, Tantis Schwein
zu braten und dann zu verschlingen.
Und tatsächlich haben sie
ganz verspeist das kluge Vieh ...

Später hieß es, Tanti habe sein gelehrtes Schwein in die Provinz schaffen können und den ungebildeten Flegeln ein gewöhnliches Schwein angedreht, das besser zu ihnen paßte ...

Von einer anderen Unsitte eines reichen Moskauers berichtet folgende Geschichte. In der Stadt Pjatigorsk hatte ein wohlhabender Mensch aus Moskau seinen Urlaub verbracht. Für die Heimfahrt mietete er sich, um Aufsehen zu erregen, sämtliche Droschken der Stadt. Auf dem ersten Wagen saß das städtische Orchester, in den hinteren war das Gepäck verstaut, in der besten Droschke thronte der »Herr« mit seinen Freunden um eine Kiste Champagner herum. Die übrigen Droschken mußten leer folgen. Trompeten erklangen, Trommeln dröhnten bei diesem Geleitzug der Dummheit für diesen bornierten Reichen.

68. Leber im Schlafrock

4—5 Portionen

Auf ein Backblech gibt man Hackfleisch (Rez. 124), darauf Leber, darauf wieder Hackfleisch, obenauf legt man dünne Speckscheiben und läßt alles im Backofen backen. Vorher alles nach Belieben salzen.

69. Rinder- oder Kalbszungen im Schlafrock

5 Portionen

3—4 Zungen werden jeweils geteilt. Auf frisches Rinderhack (Rez. 124) gibt man die Zungen, dann wieder Gehacktes, bedeckt es mit dünnen Speckstreifen, übergießt es mit weißer Sauce (Rez. 137); jetzt bestreut man die Oberfläche mit feingehacktem Zwiebellauch und feingehackter grüner Petersilie, gibt 3 leicht geschlagene Eier darüber und stellt das Ganze zum Backen in den Ofen. Vorher nach Belieben salzen.

70. Ochsen-Pansen

Altes russisches Gericht
4—5 Portionen

Den Pansen gut waschen, abbrühen, reinigen, bis er ganz weiß ist. Dicke und fette Stellen herausschneiden und den Pansen für 2 Tage in Milch legen, die 3—4mal gewechselt werden muß. Dann herausnehmen, in kaltem Wasser ausspülen und in Rinderbouillon 6—7 Stunden weich kochen. Mit weißer Sauce (Rez. 137) und mit leicht in Butter angebratenen Champignons mit Knoblauch servieren. Man kann dazu auch noch in Salzwasser gekochte Hahnenkämme reichen.

71. Ukrainischer Salnik

4—5 Portionen

Schweineleber
Buchweizenkascha (Rez. 102)
Salz
Pfeffer
ausgelassener Schweinespeck
dünne Scheiben Schweinespeck
Schweineschmer

Die Schweineleber durch den Fleischwolf drehen. Buchweizenkascha kochen und mit der Leber vermengen. Nach Belieben mit gemahlenem Pfeffer würzen und salzen, alles gut vermischen. Den ausgelassenen Schweinespeck dazugeben.

Einen Topf mit dünnen Speckscheiben auslegen, die Kascha mit der Leber hineingeben und obenauf dünne Scheiben Schweineschmer legen. Im Backofen backen. Das Gericht wird heiß verzehrt. Man ißt Salnik zu Kwas (Rez. 192), Salzgurken oder Sauerkraut.

72. Gebratene Hühnchen

4—5 Portionen

2 Hühnchen
4 EL Butter
1 EL Mehl

Die Hühnchen schlachten, in kaltes Wasser legen, dann herausnehmen, mit heißem, aber nicht kochendem Wasser überbrühen. Sauber rupfen und ausnehmen. Waschen. Köpfe und Füße abtrennen. Die Sehnen an den Knien durchschneiden, damit sie gekrümmt werden können. In einen Bräter legen.
Nun die 4 Löffel Butter in einem Topf erhitzen, einen Löffel Mehl darüberstreuen und wenn Mehl und Butter heiß sind, sofort die in der Pfanne (oder in zwei Pfannen) liegenden Hühnchen damit begießen. Die Hühnchen ins heiße Backrohr schieben, öfter nachsehen und mit dem eigenen Saft übergießen (die Zugabe von Wasser ist nicht nötig). Wenn sie braun sind, können sie serviert werden.

73. Hühnchen mit Champignonsauce

4—5 Portionen

2 Hühnchen
200 g braune Butter (zum Braten der Petersilie)
Petersilie

Für die Sauce:
130 g Butter
2 EL Mehl
2 Tassen kräftige Fleischbrühe
1 Tasse feingehackte Champignons

Die Hühnchen wie im vorangegangenen Rezept zubereiten. Dann teilen und mit der Schnittseite nach oben auf eine Platte legen. Grüne Petersilie waschen und abtrocknen. In einer tiefen Pfanne braune Butter erhitzen, die Petersilie löffelweise hineingeben. Ist sie in der heißen Butter fritiert, wird sie mit einem Schaumlöffel herausgenommen und auf ein Sieb gegeben. Wenn die Butter abgekühlt ist, wird die

gebackene Petersilie inmitten der Hühnchen auf die Platte gelegt.
Für die Sauce werden 130 g Butter in eine Pfanne gegeben und mit 2 Löffeln Mehl angebräunt. Dazu gießt man 2 Tassen gute kräftige Fleischbrühe, gibt eine Tasse feingehackte Champignons dazu und läßt alles kochen, bis es dickflüssig wird.
Mit dieser Sauce werden die Hühnchen übergossen. Die Sauce und die gebackene Petersilie müssen vorher zubereitet werden, damit die Hühnchen nicht kalt werden. Sie müssen heiß gegessen werden.

74. Gedünstete Ente mit Steinpilzen

2—3 Portionen

1 Ente
1 EL Butter
1 kg Steinpilze
Salz
1 EL Weizenmehl
1 Tasse Fleischbrühe

Die ausgenommene und gewaschene Ente auf ein Stück Butter in einen Topf legen. Die Pilze putzen, waschen, in Stücke schneiden; auf der Ente schön verteilen. Salzen, mit einem Deckel zudecken und auf kleine Flamme stellen. Bald sondern die Pilze viel Saft ab, mit diesem wird die Ente häufig begossen. Wenn ist fertig ist (das kann mit einer Nadel kontrolliert werden), wird sie herausgenommen. In den Pilzsud einen Löffel Mehl geben und aufkochen lassen (ist zu wenig Sud da, gießt man eine Tasse Fleischbrühe oder wenn nötig auch mehr dazu).
Die Ente in Stücke schneiden, auf eine Platte legen und die Pilze mit der Sauce darübergießen. *Getrocknete Pilze* müssen zuerst eingeweicht und dann gekocht und geschnitten werden, bevor man sie auf die Ente legt. Die Brühe kann man für die Sauce benutzen. Da getrocknete Pilze wenig Saft abgeben, wird ihnen so viel Flüssigkeit wie nötig und 1—2 Löffel Butter zugesetzt.

75. **Gebratene Schnepfen**

1—2 Schnepfen = 1 Portion

Schnepfen müssen nur gerupft, aber nicht ausgenommen werden, da ihre Innereien sehr schmackhaft sind. Nur die Füße, aber nicht den Kopf abtrennen. In einer Pfanne Butter erhitzen (pro Schnepfe einen Eßlöffel Butter). Die vorbereiteten Schnepfen in die Pfanne geben, salzen und zugedeckt auf mittlerer Flamme braten. Nach einiger Zeit 2 Löffel Wasser dazugießen und die Schnepfen wenden.
Schnepfen und Doppelschnepfen braten 15 Minuten, Waldschnepfen 20 Minuten. Man muß sie sehr vorsichtig braten, damit sie nicht trocken werden, dann schmecken sie nicht.
Für die Sauce braucht man viel Butter. Wieviel Butter und Wasser benötigt wird, muß jeder selbst probieren. Wenn die Schnepfen fertig sind (nicht zu lange braten), werden sie herausgenommen und die Tunke (nachdem sie aufgekocht wurde) darübergegossen. Schnepfen gut zu braten, ist eine Kunst, die viel Erfahrung verlangt. Sie müssen frisch zubereitet gegessen werden; länger aufbewahrte Schnepfen schmecken nicht.

76. **Gebratenes Haselhuhn**

1—2 Haselhühner = 1 Portion

Das gerupfte und ausgenommene Haselhuhn waschen. Den Hals abschneiden. Dabei ein Stück Haut stehen lassen, damit die Schnittstelle geschlossen werden kann. Die Füße quer mit einem Holzspießchen (aber nicht mit einem Kiefernspan!) zusammenhalten. Mit einem weiteren Spießchen die Haut über dem Hals zusammenstecken. Das Haselhuhn für eine Minute in kochende Bouillon (oder kochendes Wasser) geben. In eine tiefe Pfanne legen, mit Butter übergießen (pro Haselhuhn 2 Eßlöffel Butter). Die Pfanne muß etwa so groß sein wie das Haselhuhn, ist sie größer, zerfließt die Butter und brennt an, und das Huhn bleibt trokken. Es wird im heißen Backofen gebraten und öfters mit

Bratensaft begossen. Die Bratzeit beträgt 15 Minuten. Vor dem Servieren wird es längs in zwei Hälften geteilt.

77. Gefüllte Schnepfen

1—2 Schnepfen = 1 Portion

Die Innereien entfernen, das Wild innen und außen abwaschen. Die Innereien durch den Fleischwolf drehen, mit Butter anbraten und mit Semmelbröseln vermengen. Mit dieser Masse die Schnepfen füllen und wie im Rezept 75 in der Pfanne braten.

78. Gebratenes Haselhuhn in saurer Sauce

1—2 Haselhühner = 1 Portion

Das Haselhuhn in Butter halbgar braten, dann mit saurer Sahne begießen (ein Eßlöffel Sahne pro Huhn), in den Ofen stellen und unter ständigem Begießen braten. Das fertige Haselhuhn auf eine Platte geben, vom Bratensaft das Fett abschöpfen, zu dem Satz noch einen halben Eßlöffel saure Sahne geben, unter ständigem Rühren gut aufkochen lassen und damit das Huhn begießen.

79. Gebratenes Rebhuhn

1—2 Rebhühner = 1 Portion

Rupfen, absengen, ausnehmen und wie ein Haselhuhn braten (Rez. 78).

80. Gebratenes gefülltes Rebhuhn

1—2 Rebhühner = 1 Portion

2 Rebhühner

Aus einem Rebhuhn wird die *Füllung* zubereitet: Die weichen Teile durch den Fleischwolf drehen. 100 g Weißbrot in Milch einweichen, gut ausdrücken und das Fleisch nochmals zusammen mit dem ausgedrückten Brot durchdrehen; dazu 130 g warme Butter geben und auch noch ein rohes Eiweiß und Salz. Alles gut vermischen und durch ein Sieb drücken. Die durchgesiebte Masse in eine Pfanne geben, am besten mit einem Holzlöffel umrühren und dabei eine halbe Tasse süße Sahne zugießen. (Einen kleinen Teil der Füllung in kochendes Salzwasser legen — wenn die Füllung zerfällt, noch ein Eiweiß zufügen, ist sie zu fest, gibt man etwas Sahne dazu. Die Füllung darf im kochenden Wasser nicht zerfallen, aber auch nicht zu hart sein.'
Das *zweite Rebhuhn* ausnehmen, am Rücken entlang bis kurz vor dem Bürzel einschneiden, das Fleisch einritzen und vorsichtig den Knochen entfernen. Ins Innere die Füllung geben, und die Enden des Rückens zusammenziehen, aber nicht zunähen; jetzt das Rebhuhn fest in eingefettetes Pergamentpapier wickeln, in einen Bräter legen und mit fetter Brühe oder je zur Hälfte mit Butter und Wasser übergießen. So kommt es in den heißen Backofen. Nach 30 Minuten ist es fertig. Es wird aus dem Ofen genommen, das Papier abgewickelt und das Rebhuhn wieder in den Ofen gestellt, damit es braun wird. Danach wird es zerteilt und vor dem Servieren mit dem durch ein Sieb geschütteten eigenen Saft übergossen.

81. Junge gebratene Birkhähne

2—3 Portionen

Den Birkhahn rupfen, rundherum absengen, die Haut am Hals seitlich einritzen und den Kopf herausziehen, den Hals abschneiden und dabei ein Stück Haut stehen lassen, um die Schnittstelle wieder verschließen zu können. Ausnehmen. Zweimal gut waschen. Die Füße mit einem Holzspießchen unter den Flügeln festmachen, so daß sie nicht auseinandergehen (der Spieß darf nicht aus Kiefernholz sein). Mit 2 weiteren Spießchen die Haut am Bürzel und am Hals zustecken. Eine Minute in kochendes Wasser oder besser in kochende Brühe legen, damit sich die Haut zusammenzieht; dann in eine tiefe Pfanne legen, mit fetter Brühe oder einem Löffel ausgelassener Butter begießen. Stehenlassen. Erst 30 Minuten vor dem Servieren in den heißen Backofen stellen und ständig mit dem Bratensaft begießen (ist zu wenig Saft da, Wasser zugießen). 25 bis 30 Minuten braten lassen. Im eigenen Saft auf den Tisch bringen und in 2 oder 4 Teile schneiden.

82. Gebratener Birkhahn in saurer Sahne

2—3 Portionen

Wie im vorangegangenen Rezept vorbereiten. Eine Minute in kochendes Wasser oder kochende Brühe legen. Die weichen Teile mit Speck spicken, in eine Pfanne legen, mit fetter Brühe oder ausgelassener Butter begießen. Halbgar braten. Dann eine Tasse saure Sahne dazugießen und unter mehrmaligem Begießen weiterbraten. Der Birkhuhn muß insgesamt 45 Minuten braten. Den fertigen Braten aus der Pfanne nehmen und auf eine Platte legen. Dem Bratensaft noch einen Löffel saure Sahne zufügen, unter ständigem Rühren aufkochen und danach den Birkhahn mit dieser Sauce übergießen.

Ein Moskauer Vielfraß

(Aus Moskaus Vergangenheit)

Es war vor langer Zeit. Damals hatte der Wirt des bekannten Moskauer Restaurants »Jar«, Iwan Iwanowitsch Jar, noch ein Hotel und ein Speiselokal auf der Kusnetzki-Brücke.
Eines Tages platzte ein Herr von unbeschreiblichem Umfang ins Restaurant, er sah einem Walroß von vierzig Pud sehr ähnlich.
»Was kosten bei euch die Mittagsmenus, mein Freund?«
»Drei Rubel, fünf Rubel, zehn Rubel, und auf Bestellung gibt es auch noch teurere«, antwortete der Ober und reichte dem Gast die Speisekarte.
»So. Na, dann bring mir ein Essen für drei Rubel.«
Man brachte ihm ein Essen für drei Rubel. Es bestand aus fünf Gängen, die einen gewöhnlichen Sterblichen bestens gesättigt hätten. Die Gänge verschwanden im Handumdrehen im Rachen des Fettwanstes.
»Bring mir doch, mein Freund«, sagte der Gast und leckte sich die Lippen, »bring mir doch jetzt ein Essen für fünf Rubel.«
Man brachte es ihm und er kostete — nicht ein Krümel blieb übrig. Den gleichen Weg nahm das Essen für zehn Rubel. Der Gast aß ein Weilchen, aß zwei Portionen Eis und bestellte sich sauren Schtschi, den es zwar in diesem Lokal nicht gab, den man aber irgendwo auftrieb, um dem Gast seinen Wunsch zu erfüllen. Er saß da, schlürfte den sauren Schtschi — »russische Limonade« —, und alle Besucher starrten ihn bereits wie ein Wunder an. Auch der Chefkoch kam aus der Küche, um ihn zu sehen.
»Das ist ja ein Fettwanst!« sagte der Koch.
»Ist das euer Koch?« fragte der Dicke.
»So ist es, das ist der Chefkoch Kusma, Herr.«
Der Gast rief den Koch zu sich: »Führ mich doch mal in die Küche, mein Lieber; ich liebe es, solche Institutionen zu besichtigen.«
Der Gast wurde in die Küche gebracht, wo Kusma Iwanowitsch gerade einen Kapaun am Spieß briet. Auf dem Ka-

paun hatte sich schon eine Kruste gebildet, er blähte sich und wurde braun. Es gab einen Duft, daß dem Gast, wie man so sagt, das Wasser im Mund zusammenlief. Er konnte kein Auge von dem prächtigen Vogel wenden.
»Hör mal, lieber Freund«, sagte er zu dem Koch, »kannst du mir einen solchen Burschen auf genau die gleiche Weise zubereiten?«
»Mit Vergnügen«, antwortete der Kochkünstler, »möchten Sie nicht diesen? Ich habe ihn auf Bestellung gemacht, ich schaff's noch, einen anderen zu braten. Gehen Sie in den Speisesaal, er wird Ihnen gleich gebracht.«
»Nein, nein«, unterbrach ihn der Gast. »Bringt mir ein Gedeck hierher, in die Küche. Wenn Ihr den Kapaun über den Flur tragt, wird er kalt und fällt zusammen, und dann ist es nicht mehr das Wahre ... Ich esse zu Hause die Bliny auch immer in der Küche, am Ort ihres Entstehens. Denn wenn die Bliny erst ins Zimmer getragen werden, werden sie feucht, und das Ganze taugt dann nichts mehr ...«
Und ob Sie es glauben oder nicht — nach den drei Menus vertilgte der Gast auch den Kapaun bis zum letzten Knöchelchen!

83. Gebratener Auerhahn

1 Auerhahn = 1 Portion

Einen Auerhahn rupfen, absengen, ausnehmen und waschen, wie in Rezept 81. Dann für 24 Stunden in eine *Marinade* legen, die folgendermaßen zubereitet wird:
Eine Flasche scharfen Essig mit einer Flasche Wasser mischen. Alle möglichen Kräuter hineinlegen, dazu 10 schwarze Pfefferkörner, 10 Nelken, 5 Lorbeerblätter, eine Prise Salz und eine Prise gemahlenen schwarzen Pfeffer geben, aufkochen und zugedeckt abkühlen lassen.
Wenn der Auerhahn in dieser Marinade 24 Stunden gelegen hat, wird er herausgenommen, gespickt, auf eine Pfanne gelegt, mit einigen Eßlöffeln ausgelassener Butter begossen und unter mehrmaligem Begießen im Ofen gebraten. Bei Bedarf dem Bratensaft Wasser zusetzen. Bratzeit 45 Minuten.

84. Gebackenes Wildgeflügel in Lehm

Ein beliebiges ungerupftes Wildgeflügel wird seitlich eingeschnitten, ausgenommen und innen eingesalzen. Dann schmiert man es — direkt in die Federn — mit flüssigem Lehm ein, entzündet ein Feuer und legt das Wild, wenn das Feuer heruntergebrannt ist, in die heiße Asche, so daß es damit bedeckt ist. Sobald die Asche erkaltet ist, nimmt man das Wild heraus und entfernt die Federn mitsamt dem getrockneten Lehm.

85. Hasenbraten auf alte Art

3—4 Portionen

Den Hasen abziehen und eine Stunde in kaltes Wasser legen. Dann herausnehmen, den vorderen Teil bis zu den Nieren abtrennen und nur den hinteren Teil mit den Nieren verwenden (der vordere Teil wurde früher immer weggeworfen oder das Fleisch abgeschnitten, feingeschabt und für Bitotschki verwendet). Vom hinteren Teil wird die Haut abgezogen, dann wird der Hase gespickt, gesalzen und auf ein Backblech oder in eine tiefe Pfanne gelegt — je nach Größe.

1—2 Löffel Butter erhitzen, den Hasen damit übergießen und in den Backofen stellen. Wiederholt mit Bratensaft übergießen und bei Bedarf nachsalzen. Mit einer Nadel probieren, ob der Hase gar ist (wenn blutiger Saft austritt, ist er noch nicht fertig).

Den fertigen Hasen in Stücke zerlegen, auf eine Platte legen, das Fett vom Bratensaft abschöpfen, Bouillon zum Bratensaft geben, aufkochen lassen, die Sauce durchsieben und damit den Hasen auf der Platte begießen.

86. Bitotschki aus Hasenfleisch in saurer Sahne

3—4 Portionen

Sie werden ebenso zubereitet wie Bitotschki aus Rindfleisch in saurer Sahne (Rez. 59).

87. Hase in saurer Sahne

3—4 Portionen

1 Hase von etwa 3 kg
60 g Speck
je 2 Möhren und Petersilienwurzeln
2 Zwiebeln
2 Tassen Essig
1 l Wasser
½ l saure Sahne
2 EL Weizenmehl
3 EL Butter
2 Tassen Bouillon
Petersilie oder Dill

Den Hasen abziehen, zerteilen (Nieren, Keulen, Schulterblätter), die dünne Haut vom Fleisch entfernen, die Teile waschen, in eine Terrine legen und mit kaltem Wasser und Essig (2 Tassen Essig auf 1 l Wasser) begießen. 3 Stunden so stehen lassen.

Danach die Hasenstücke aus der Marinade nehmen, in eine tiefe Pfanne legen, salzen, das geputzte Gemüse und die Zwiebeln sowie Butter dazugeben und solange im heißen Ofen braten lassen, bis sich eine braune Kruste bildet. Während des Bratens regelmäßig mit Bratensaft begießen. Die Stücke in Portionen zerteilen, in eine flache Pfanne legen, mit Sauce aus Bratensaft und saurer Sahne begießen. Zudecken und 25 bis 30 Minuten im Ofen dünsten.

Für die *Sauce* saure Sahne und Bratensaft in einen Topf gießen, salzen und aufkochen lassen. Dann 2 Eßlöffel Mehl, die vorher mit Butter und 2 Tassen Brühe oder Wasser angerührt wurden, unter ständigem Rühren dazugeben und 4 Minuten kochen lassen. Danach die Sauce durch ein Sieb in die Pfanne mit dem Hasen geben.

Vor dem Servieren die Platte mit dem Fleisch mit feingehackter Petersilie oder Dill bestreuen.

Der Hase schmeckt besonders gut, wenn man ihn vor dem Braten spickt. Zu diesem Zweck wird Schweinespeck in Streifen von 4 bis 5 cm Länge und ½ cm Dicke geschnitten und in das Hasenfleisch gesteckt, in das vorher mit spitzen Holzstäbchen Öffnungen gemacht worden sind.

88. Gebackene Pellkartoffeln

Die Kartoffeln so sauber wie möglich waschen, stark salzen und auf einem Blech im Ofen backen. Bei Tisch aufschneiden und mit einem Teelöffel das Innere herausnehmen und mit Butter essen.

89. Weichgekochte Kartoffeln mit saurer Sahne

Die Kartoffeln schälen und in leicht gesalzenem Wasser kochen. Abgießen, kurz auf kleiner Flamme austrocknen lassen und mit einem Handtuch zudecken. Dann vom Feuer nehmen (darauf achten, daß sie nicht anbrennen), gut durchkneten und mit Sahne übergießen. Man kann sie beim Auftragen mit feingehacktem Dill bestreuen.

90. Gefüllte Kartoffeln

4—5 Portionen

10 große feste Kartoffeln
3 normale Kartoffeln
1 Zwiebel
Butter (ein Stück von der Größe eines Hühnereis)
30 g Speck
1 Prise Petersilie
1 kleiner Hering
Salz
Pfeffer

Zehn große rohe Kartoffeln waschen, schälen und in der Mitte längs auseinanderschneiden. So aushöhlen, daß die Wände nicht dicker als einen halben Fingerbreit sind.

Man nimmt dann 2 oder 3 kleinere gekochte Kartoffeln, 1 Zwiebel, Butter, Speck, Petersilie, den Hering, Salz und Pfeffer, zerkleinert die Zutaten und vermischt sie zu einem festen Teig.
Die innen mit Butter eingefetteten ausgehöhlten Kartoffeln werden mit dem vorbereiteten Teig bis knapp über den Rand gefüllt. Auf einem eingefetteten Blech bäckt man die Kartoffeln dann bei mittlerer Hitze im Backofen. Backzeit etwa 30 Minuten.

91. Gefüllte Kartoffeln auf andere Art

4—5 Portionen

10 bis 15 große rohe Kartoffeln
500 g frische oder 250 g getrocknete Pilze
2 Porreestangen
1 EL Butter
100 g trockenes Weißbrot
1 Ei
½ Tasse Butter (extra)
1 Tasse Rindfleischbrühe
1 Tasse Pilzsud

Die gekochten Pilze fein zerhacken, 2 kleingehackte Porreestangen in einem Löffel Butter anbraten. Trockenes Weißbrot auf einer Reibe reiben. Das geriebene Weißbrot, die geschnittenen Pilze, den angebratenen Porree und das Ei gut miteinander mischen.
Die großen rohen Kartoffeln schälen, oben abschneiden und jede Kartoffel aushöhlen, danach die vorbereitete Füllung hineingeben; die gefüllten Kartoffeln mit dem abgeschnittenen Stück zudecken, die Ränder mit Eigelb bestreichen, die Kartoffeln in einen Topf legen und kochen, nachdem eine halbe Tasse Butter, eine Tasse Bouillon und eine Tasse Pilzsud dazugegeben worden sind. Auf kleiner Flamme und bei zugedecktem Topf kochen.
Man reicht die Kartoffeln zu gekochtem Rindfleisch, sie können aber auch als Einzelgericht für sich gegessen werden.

92. Kartoffelkuchen

4—5 Portionen

Pellkartoffeln kochen, schälen, zerquetschen und durch ein Sieb drücken. Zu den noch heißen zerquetschten Kartoffeln 4 Eigelb, 4 geschlagene Eiweiß, etwas Sahne, gehackte Petersilie und nach Belieben Salz geben. In einer Pfanne viel braune Butter auslassen, den Kartoffelteig eßlöffelweise in die heiße Butter geben. Die braun gebackenen Kuchen mit einem Schaumlöffel herausnehmen.

93. Kartoffeln in Milchsauce

4—5 Portionen

Die geschälten Kartoffeln in Salzwasser kochen und in Stükke schneiden. Eine *Milchsauce* zubereiten: einen Eßlöffel Mehl mit einem Eßlöffel Butter aufkochen, mit kochender Milch ablöschen, salzen und für einen Moment in den heißen Backofen stellen. Dann mit dieser Sauce die heißen Kartoffeln übergießen.

94. Kartoffeln auf ukrainische Art

Rohen Speck in Scheiben schneiden und knusprig braten. Geschälte neue Kartoffeln kochen, in einen tiefen Teller legen und mit dem flüssigen Speck samt Grieben übergießen. Mit feingehackter Petersilie oder Dill bestreuen.

95. Kartoffelkoteletts

4—5 Portionen

Ungeschälte Kartoffeln in Salzwasser kochen. Abgießen. Die heißen Kartoffeln abpellen und heiß durch ein Sieb pressen. Ein Ei, etwas Butter und Mehl dazugeben, salzen; dann alles vermengen und daraus längliche Koteletts formen. Die Koteletts in Mehl oder feinem Paniermehl wälzen. In heißes Fett legen und von beiden Seiten braten. Zu diesen Koteletts wird Pilzsauce gereicht (Rez. 145).

96. Sibirische Pelmeni

2—3 Portionen

Für den Teig:
330 g Mehl
ein halbes Ei
⅛ l Wasser
6 g Salz
(das ergibt einen Teig von 460 g)
Für die Füllung:
200 g Rindfleisch
230 g Schweinefleisch
40 g Zwiebeln
9 g Salz
0,2 g Pfeffer
0,5 g Zucker
90 g Wasser
(ergibt eine Füllung von 560 g)
20 g Ei zum Bestreichen
Ergibt insgesamt 1 kg Pelmeni

Das durchgesiebte Mehl auf den Tisch häufen und darin eine trichterförmige Vertiefung machen, in die das mit Ei und Salz verrührte Wasser gegossen wird. Einen festen gleichmäßigen Teig kneten und vor dem Ausrollen 20 bis 30 Minuten liegen lassen.
Den vorbereiteten Teig in einen langen Streifen von etwa 1 bis 1½ mm Dicke und 40 bis 50 cm Breite ausrollen und mit Ei bestreichen. Auf die ganze Länge des Teigs 3 bis 4 cm vom Rand entfernt kleine Kügelchen von 5 bis 6 g Füllung legen, in einem Abstand von 2 bis 3 cm voneinander in einer Reihe. Die Fleischkügelchen mit dem Rand des Teigs bedecken, die oberste Schicht des Teigs mit den Händen an die untere Schicht rund um jedes Kügelchen andrücken und die Pelmeni mit Hilfe einer Metallform halbkreisförmig (mit einem Durchmesser von 3 cm) ausstechen. Mit dem ganzen Teig so verfahren. Die Pelmeni auf ein mit Mehl bestreutes Backblech legen und in den Kühlschrank stellen (Pelmeni können auch für längere Zeit eingefroren werden, ohne an Geschmack einzubüßen).
Für die *Füllung* Rind- und Schwein- oder Hammelfleisch in Stücke schneiden, durch den Fleischwolf drehen; Zucker,

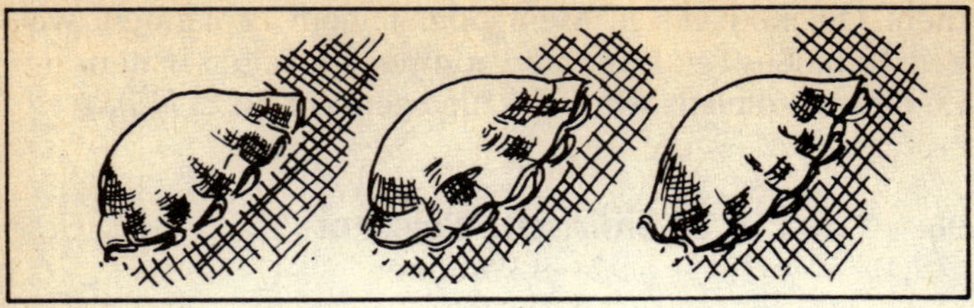

Salz, Pfeffer, Wasser und die durch den Fleischwolf gedrehte Zwiebel zufügen und alles gut durchmengen.
Die Pelmeni in leicht gesalzenes kochendes Wasser werfen (auf 1 kg Pelmeni 4 l Wasser und 40 g Salz) und 5 Minuten zuerst auf starker Flamme auf- und dann auf schwacher Flamme weiterkochen.
Zu Pelmeni kann man Butter oder saure Sahne und Weinessig nach Belieben in den Teller geben.
Fertige Pelmeni sind auf der Zeichnung zu sehen.

97.

Quarkknödel

3—4 Portionen

Teig:
250 g Weizenmehl
1 Ei
1 Tasse kaltes Wasser
Quarkfüllung:
500 g Quark
2 EL Butter
3 Eigelb
50 g geriebene trockene Semmel
75 g Rosinen

Das Mehl mit einem Ei und etwas Wasser kneten. Der Teig darf nicht zu fest sein. Auf einem mit Mehl bestreuten Brett oder dem Tisch ausrollen.
Den Quark mit Butter, Eigelb und der trockenen geriebenen Semmel verrühren, die Rosinen dazugeben.
Nachdem der Teig auf dem Tisch ausgerollt ist, werden auf eine Hälfte kleine Häufchen von der Quarkmasse gelegt. Mit der anderen Hälfte des Teigs werden die Quarkhäuf-

chen bedeckt und die Knödel mit einem Glas ausgestochen, wobei darauf zu achten ist, daß die Teigränder gut zusammengedrückt werden. Die aufeinanderliegenden Enden des Teigs werden vorher mit Eigelb bestrichen. Die fertigen Quarkknödel legt man in stark gesalzenes kochendes Wasser und nimmt sie mit einem Schaumlöffel heraus, wenn sie an die Oberfläche kommen.

Nachdem die Knödel auf eine Platte gelegt worden sind, werden sie nach Belieben mit Butter begossen und serviert.

Man kann diese Knödel auch mit entsteinten Kirschen füllen. Sie werden bei Tisch mit Butter und Kirschsirup (oder Kirschkonfitüre) übergossen.

Die Knödel haben die gleiche Form wie die Pelmeni (siehe Zeichnung von den fertigen Pelemni), sie sind nur etwas größer.

98. Ukrainische Galuschki

3—4 Portionen

150 g Speck	*Salz*
2 Zwiebeln	*130 g Mehl*
500 g Kartoffeln	*1 Ei*
1 l Wasser (zum Kochen)	*50 g Wasser (für den Teig)*

Den Speck fein schneiden und glasig braten; die feingehackte Zwiebel dazugeben und, wenn die Zwiebel braun wird, alles in einen Topf geben. Mit 1 l Wasser zum Kochen bringen, nachdem auch die kleingeschnittenen Kartoffeln dazugegeben wurden.

Einen festen Teig aus Mehl, Ei und Wasser kneten, dünn ausrollen, dann in 2,5 cm große Stücke reißen und in den Topf mit den gekochten Kartoffeln werfen. Gut aufkochen lassen, damit die Galuschki richtig durch sind, kräftig salzen und auftragen.

99. Ukrainische Fleischpiroggen

4—5 Portionen

225 g Rindfleisch (mit Knochen)
225 g Hammelfleisch
225 g Nierenfett
15 gemahlene Nelkenpfefferkörner
15 gemahlene scharfe schwarze Pfefferkörner
1 große Zwiebel
1 EL Butter
Salz
Bouillon (von den Knochen)

Für den Teig:
7 Tassen Weizenmehl
1 Ei
1 Tasse Salzwasser
kochendes Salzwasser

Für die Sauce:
Butter mit Bouillon

Das Rind- und Hammelfleisch sowie das Nierenfett durch den Fleischwolf drehen. Den gemahlenen Pfeffer — duftenden und schwarzen — dazugeben. Die große Zwiebel zerhacken und ganz leicht in einem Eßlöffel Butter anbraten. Zu der Masse geben, salzen, und nochmals durch den Fleischwolf drehen. Aus dieser Masse walnußgroße Bällchen rollen.
Aus den ausgelösten Knochen eine Bouillon kochen.
Einen festen Teig aus Mehl, Eiern und Salzwasser kneten. Den Teig dünn ausrollen und die Fleischbällchen in einer Reihe darauflegen. Den Rand des Teigs darüber schlagen und mit einem Glas die Piroggen in halbovaler Form ausstechen. Die Ränder der Piroggen müssen mit den Fingern gut zusammengedrückt werden, damit sie beim Kochen nicht auseinandergehen. Die Piroggen in kochendes Salzwasser legen und, wenn sie hochkommen, mit einem Schaumlöffel herausnehmen. In ein vorgewärmtes tiefes Gefäß legen. Dazu frische Butter mit etwas Bouillon gießen.
Die Piroggen haben die gleiche Form wie Pelmeni (siehe Zeichnung S. 100).

100. Russische Quarkpfannkuchen

2—3 Portionen

450 g gut ausgedrückter Quark (Rez. 206)
2—3 Eier
1 TL Butter
220 g saure Sahne

Zum Backen:
nochmals 100 g Butter
Für die Sauce:
2—3 Tassen saure Sahne
Zucker

Den frischen Quark in eine Serviette einwickeln, dann auf ein Sieb legen und obenauf beschweren, damit die Flüssigkeit herausgedrückt wird. Einige Stunden liegenlassen; dann Eier, Butter und saure Sahne hineingeben, gut mischen, runde Plätzchen von 5 cm Durchmesser formen und in Mehl wälzen. In einer Pfanne Butter erhitzen und die Pfannkuchen darin von beiden Seiten backen. Sie werden heiß mit saurer Sahne und Zucker gereicht. Man kann sie aber auch kalt — ebenfalls mit saurer Sahne und Zucker — essen.

101. Spinatomelett

(zur Füllung eines Spanferkels)

4 Eier
2 EL Sahne

2 EL gekochter und pürierter Spinat
Salz, Pfeffer

Die Eier in einen Topf schlagen, die Sahne dazurühren, ebenso den gekochten und pürierten Spinat; nach Belieben salzen und pfeffern. Vermengen. Eine tiefe Pfanne mit Butter einfetten, das Gemisch hineingießen und für 3 bis 5 Minuten in den Backofen stellen, ohne es anbrennen zu lassen. Herausnehmen, abkühlen lassen und in anderthalb Finger dicke Scheiben schneiden.
Spinatomelett dient zur Füllung von Spanferkel.

102. **Buchweizenkascha**

3—4 Portionen

7 Tassen Buchweizen
1½ l kochendes, leicht gesalzenes Wasser
1,5 EL Butter

In 1½ l kochendes, leicht gesalzenes Wasser gibt man anderthalb Eßlöffel Butter und streut 7 Tassen Buchweizen hinein. Auf starkem Feuer alles aufkochen lassen, dann die Flamme klein stellen; so lange kochen lassen (unter einem Deckel), bis das ganze Wasser verkocht ist und auf dem Topfboden der Brei in einer festen Kruste erstarrt. (Das muß mit einem Löffel oder einem Messer vorsichtig kontrolliert werden). Dann den Topf mit der Kascha in ein Handtuch und noch andere Tücher wickeln und 30 Minuten warm stellen. Danach auftragen und nach Belieben in jeden Teller Butter geben.

Während des Kochens muß die Kascha absolut ruhig stehen.

Die heiße Buchweizenkascha wird als Beilage zu Bitotschki oder Fleischklößchen gegessen, mit kalter Kascha werden Piroggen, Piroschki oder auch eine Hammelseite gefüllt (siehe Rez. 131).

103. **Rote Buchweizenkascha**

4—5 Portionen

1 kg Buchweizen
2 EL Butter
1 EL Salz
kochendes Wasser

Den Buchweizen waschen, in einer Pfanne rösten, wobei immer soviel hineingegeben wird, daß der Pfannenboden etwas mehr als die Hälfte bedeckt ist. Dann Butter und Salz dazugeben, kochendes Wasser zugießen, bis der Buchweizen einen Fingerbreit bedeckt ist. Fest mit einem Deckel verschließen und bei kleiner Flamme für 3 Stunden in den

Backofen stellen. Die Kascha muß danach 2 bis 3 Stunden stehen.

104.

Süße Grießkascha

3—4 Portionen

8 Tassen Sahne
Vanille
110 g Grieß
Konfitüre oder feingeschnittene kandierte Früchte
30 g zerstoßene Walnüsse
Zucker

In einen großen Topf 6 Tassen Sahne gießen und in den heißen Backofen stellen. Wenn sich auf der Sahne eine gelbliche Haut gebildet hat, wird diese abgeschöpft und in entsprechender Menge auf einem Teller gesammelt. Dann die restliche heiße Sahne in einen sauberen Topf umgießen, noch 2 Tassen Sahne und etwas Vanille dazugeben und aufkochen lassen. Sobald es aufkocht, den Grieß dünn einstreuen und unter ständigem Rühren die Kascha bis zu mittlerer Festigkeit kochen.

Nunmehr kommt in eine gefettete Metallform je eine Schicht Kascha, eine Schicht Konfitüre oder zerkleinerte kandierte Früchte, dann eine Schicht zerstoßene Walnüsse, eine Schicht Sahnehaut und wieder eine Schicht Kascha. Und so weiter bis oben hin. Wichtig ist, daß die oberste Schicht Kascha ist. Das Ganze dick mit Zucker bestreuen. Mit einer glühenden Eisenplatte streicht man leicht über den Zucker, damit er braun wird. Man kann die Kascha heiß servieren oder abkühlen lassen, sie dann stürzen und kalt wie einen Pudding essen.

Durch die Verwendung von Sahne, Früchten und Walnüssen wird diese Art der Kascha besonders gehaltvoll; sie eignet sich also auch als vollständige Mahlzeit und kann gekühlt bei einem Picknick im Freien serviert werden.

105. **Frische gebratene Pilze**

(Steinpilze, Rotkappen, Birkenpilze, Butterpilze, Pfifferlinge)

3—4 Portionen

Die Pilze werden etwa eine halbe Stunde in Salzwasser gelegt, dann gewaschen, in nicht sehr kleine gleichmäßige Stücke geschnitten, gesalzen, auf ausgelassene Butter in eine Pfanne gegeben (auf 1,5 kg Pilze 100 g Butter) und aufgekocht, da sie gleich sehr viel Saft absondern. Dann wird die Flamme kleiner gestellt, und die Pilze werden langsam geschmort, bis der ganze Saft herausgekocht ist. Danach läßt man sie nochmals etwas stärker braten, damit sie braun werden, fügt zum Schluß etwas Mehl hinzu (auf 1,5 kg frische Pilze 2 EL Mehl). Sind die Pilze samt Mehl angebräunt, wird saure Sahne dazugegeben (auf 1,5 kg frische Pilze 3 Tassen dicke saure Sahne). Mit der Sahne aufkochen lassen und auf den Tisch bringen.

Zu den Pilzen reicht man extra saure Sahne und gekochte oder gebratene neue Kartoffeln.

106. **Gebratene Champignons**

3—4 Portionen

Die Stiele abschneiden (werden nicht verwendet), die Köpfe in Wasser mit etwas Essig legen, damit die Champignons gebleicht werden. So gut wie möglich waschen. Von der Unterseite der Pilze die braunen Lamellen wegnehmen und oben die Haut abziehen.

Die geputzten Champignons fein hacken und in eine tiefe Pfanne mit Butter legen (auf 1,5 kg Pilze 100 g Butter). Die ganze Flüssigkeit herauskochen lassen, dann salzen und mit Sauce Béchamel (Rez. 144) anrichten.

Die Champignons werden mit gekochten oder gebratenen neuen Kartoffeln serviert.

107. Gebratene Champignons in saurer Sahne

3—4 Portionen

Die Champignons wie oben beschrieben vorbereiten, statt der Sauce saure Sahne dazugeben und kochen lassen. Wenn die Masse dicklich wird, heiß servieren.

108. Champignonpüree

3—4 Portionen

700 g Champignons putzen und waschen wie oben beschrieben. Die Pilze in Stücke schneiden, mit einem Löffel Wasser, einer Prise Salz und einem Eßlöffel Zitronensaft (von Zitronensaft werden die Champignons weiß) in einen Topf geben. 3—4 Minuten kochen und danach im eigenen Saft abkühlen lassen. Die Pilze auf einem Sieb abtropfen lassen und dann trockentupfen. Mit 2 Eßlöffeln Butter in einem Mörser zerkleinern und durch ein feines Sieb rühren. Eine dickflüssige Béchamel-Sauce zubereiten, mit dem Champignonpüree vermischen und — falls das Ganze zu dick ist — mit Pilzsud verdünnen.

Einige Ratschläge zum Garen von Fisch

Beim Kochen von Fisch ist zu beachten, daß er meist eher zu lang als zu kurz gekocht wird; man muß versuchen, dabei das richtige Maß zu finden. Er sollte daher nicht lange gekocht, sondern kurz aufgekocht, danach vom Feuer genommen werden, so läßt man ihn etwas stehen. Anschließend wieder aufkochen usw. So verfährt man zwei- bis dreimal. Ein Fisch wird dadurch gar, daß er steht, und nicht durch langes Kochen. Der Fisch wird, nachdem er geschlachtet worden ist, mit kaltem oder heißem Wasser übergossen. Danach legt man ihn in einen Topf, auf dessen Boden ein Metallsieb steht, damit der Fisch nicht anbrennt und nicht am Topfboden festklebt (siehe Zeichnung). Wird

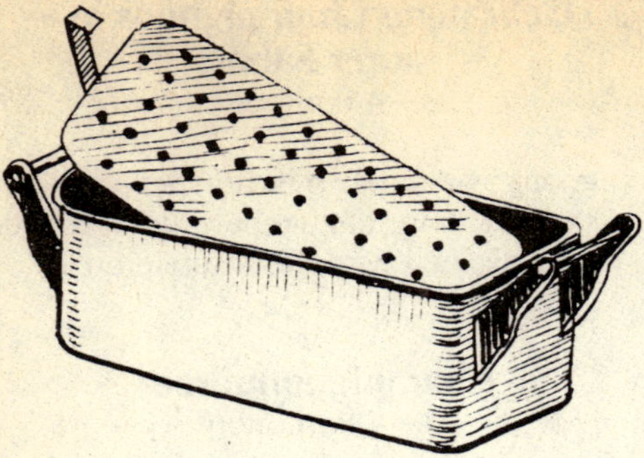

der Fisch in einem offenen Topf gekocht, muß er mit Wasser bedeckt sein, bei geschlossenem Topf muß er bis zur Hälfte mit Wasser bedeckt sein, so daß er vom Dampf umgeben wird. Ist der Fisch gefroren, wird er in Eiswasser gelegt und erst, nachdem er vollständig aufgetaut ist, gekocht. Wird ein gefrorener Fisch mit warmem Wasser übergossen, verliert er den Geschmack.

109. Gekochter Zander mit Kartoffeln

2—3 Portionen

1 großer Zander
Salz
1 EL Essig
gekochte Kartoffeln
Meerrettich mit Essig (Rez. 152) oder gehackte harte Eier in ausgelassener Butter (sogenannte Eiersauce, Rez. 141)

Den Zander schlachten; abschuppen, ausnehmen und auswaschen. Milch und Rogen herausnehmen und in kaltes Salzwasser legen. Die Kiemen umwickeln, damit das Maul geschlossen bleibt. Den Zander in einen Topf legen, wie oben beschrieben Wasser zugießen, stark salzen, einen Löffel Essig dazugeben und unter mehrmaligem Begießen mit der eigenen Brühe im zugedeckten Topf kochen (den Fisch zur Hälfte mit Wasser bedecken). Ist er gar, läßt man ihn auf einem Sieb abtropfen, legt ihn auf eine Platte und gibt gekochte Kartoffeln dazu. Dazu reicht man Meerrettich mit Essig oder gehackte gekochte Eier in ausgelassener Butter.

110. **Zander in Teig gebacken**

2—3 Portionen

1 Zander
Für die Marinade:
Olivenöl
Salz
Pfeffer
Zitronensaft

Für den Teig:
4 Eigelb
6 EL Weizenmehl
Eierschnee von 6 Eiern
2 EL Olivenöl
½ kg braune Butter (zum Fritieren)

Vom Zander das weiche Filet nehmen und schräg in gleichmäßige, zwei Finger breite Stücke schneiden. Diese 25 Minuten in die Marinade legen. Herausnehmen, auf eine Serviette legen und abtrocknen lassen.
Folgenden *Teig* zubereiten: Die Eigelb mit Mehl vermischen. Dazu den Eierschnee und das Olivenöl geben. In diesen flüssigen Teig die Filetstückchen tauchen und in die siedende braune Butter legen. Wenn sie braun sind, herausnehmen. Mit grünem Salat reichen. Man kann sie mit Zitronensaft beträufeln.
Den Topf zum Fritieren sieht man auf der Zeichnung.

111. Gebackener Zander auf andere Art

2—3 Portionen

Das Zanderfilet nehmen, schräg in gleichmäßige Stücke schneiden, in Mehl wälzen, mit einer Mischung von Eigelb und Wasser bestreichen und in Paniermehl wälzen. In siedendes Fett geben. Wenn die Stücke von allen Seiten angebräunt sind, auf eine mit einer Serviette bedeckte Platte legen. Mit Zitronensaft beträufeln.

112. Gedünsteter Sterlet

2—3 Portionen

1 Sterlet (etwa 1,5 kg)
1 Gläschen (50 ccm) Madeira
4 bis 6 Tassen fette Fleischbrühe
2 EL Butter
Salz

Den Fisch ausnehmen, nur auf den Seiten schuppen, die obere Haut nicht berühren. Die Rückensehne herausziehen, da der Fisch sich sonst zusammenzieht. Den Fisch mit einem Tuch abtrocknen und in einen Kochtopf legen. Ein Gläschen Madeira und 4 Tassen fette Fleischbrühe zugießen und 2 Eßlöffel Butter dazugeben. Je nach Geschmack salzen und zugedeckt aufs Feuer stellen. Wenn es kocht, vom Feuer nehmen, den Fisch mit dem eigenen Saft begießen; bei geschlossenem Deckel etwa 5 Minuten stehen lassen. Nochmals aufkochen und wieder begießen. Das wiederholen wir dreimal.

Ein Sterlet von mittlerer Größe kocht etwa 20 Minuten, ein großer bis zu 30 Minuten. Ob der Fisch gar ist, probiert man mit einer Nadel: Die Nadel muß leicht ohne Widerstand ins Fleisch eindringen. Reicht der Saft nicht, wird Bouillon hinzugegossen. Vor dem Servieren wird der Saft durchgesiebt und der Fisch damit begossen. Zum Sterlet gibt es gekochte Kartoffeln und grünen Salat.

113. Gedünsteter Stör

4—5 Portionen

1 Stück Störfleisch (etwa 2 kg)
1½ Gläschen (75 ccm) Madeira
4—6 Tassen Fleischbrühe
2 EL Butter

Ein Stück Störfleisch 2 Minuten in kochendes Wasser legen. Dann herausnehmen, die harten Schuppen entfernen, ohne die Haut selbst zu berühren. Mit kaltem Wasser waschen, abtrocknen, in einen Kochtopf legen, Madeira und Bouillon zugießen, die Butter dazugeben und unter gut verschlossenem Deckel auf starke Flamme stellen. Kurz aufkochen lassen und dann auf sehr kleiner Flamme unter wiederholtem Begießen weiterdünsten. Kochzeit 30 bis 40 Minuten. Wenn der Saft nicht reicht, noch Bouillon dazugeben, mitkochen lassen, vom Feuer nehmen und den Fisch wieder begießen. Zu Stör reicht man gekochte Kartoffeln und grünen Salat und übergießt ihn mit der durchgesiebten Sauce.

114. Fisch in Gurkenlake

2—3 Portionen

300 g frische oder 150 g getrocknete Pilze
3—4 Salzgurken
5—6 Krebsschwänze
800—900 g Stör oder Sterlet
2 Suppenlöffel Gurkenlake
2 EL Butter
½ TL Zitronensaft

Die Pilze kochen und kleinhacken. Die Salzgurken putzen, das Innere mit den Kernen herausnehmen, feine Längsstreifen schneiden und im Wasser aufkochen lassen. Die Krebsschwänze zubereiten.
Den Fisch in einem Kochtopf halbgar kochen, herausnehmen, mit kaltem Wasser übergießen und beiseite stellen. In eine tiefe Pfanne 2 Suppenlöffel Bouillon, einen Suppenlöffel Gurkenlake und einen Eßlöffel Butter geben, dazu den Fisch, und diesen gar kochen. Vor dem Servieren herausnehmen, mit einem scharfen Messer in Portionen teilen

und die vorbereiteten Pilze, die Gurken und Krebsschwänze in die Bouillon geben; dazu kommt noch ein Löffel Butter, dann das Ganze unter ständigem Rühren aufkochen lassen, bis es dick wird. Jetzt den Fisch auf einer Platte mit dieser Sauce übergießen und nach Geschmack alles mit Zitronensaft beträufeln.

Der pudschwere Sterlet

(Aus Moskaus Vergangenheit)

Als wir über die Moskworetzki-Brücke fuhren, sahen wir, daß einer unserer Bekannten einige Tage nacheinander morgens auf dem Basar bei den Fischbuden stand und irgend etwas sehr aufmerksam betrachtete. Die Geschichte ereignete sich im Winter. Er kaufte doch nicht etwa jeden Tag Fisch? Wir gingen zu den Fischbehältern und fragten nach dem Grund seines täglichen Besuchs auf dem Fischmarkt.

»Man hat«, sagte er, »mein Lieber, einen Prachtkerl gebracht, einen Fisch, bei dem einem das Wasser im Mund zusammenläuft! Also gehe ich morgens immer hin, um mich an ihm zu erfreuen, denn für mich allein ist er zu teuer, und meine Freunde, die Dummköpfe, sie werden verzeihen, konnte ich bis jetzt noch nicht überreden, diesen Schatz auf gemeinsame Kosten zu erwerben.«

Wie sich herausstellte, hatte man dem Fischhändler Motschalow einen herrlichen Sterlet gebracht; er war über einen Arschin lang, wog ein Pud und sollte 750 Rubel kosten.

Schließlich gelang es unserem Bekannten, seine Freunde zu überreden, den Prachtkerl gemeinsam zu kaufen; im englischen Klub fand eine Unterschriftenaktion statt — fünfzehn Wohltäter dieser Welt beschlossen, je 50 Rubel für das leibliche Wohl zu opfern. Aber da tauchte plötzlich eine Schwierigkeit auf — wie sollte der Fisch zubereitet werden?

Ein Klubmitglied, ebenfalls ein großer Koch, bestand darauf, ihn in Gurkenlake zu kochen. Unser Freund protestierte und behauptete, die Lake würde die ganze Sache verderben und der Sterlet müsse in einem Fond aus Gründlingen gekocht werden. Man spaltete sich in zwei Lager: das eine war für die Lake, das andere für den Gründlingsfond. Über die Angelegenheit wurde abgestimmt, und bei der geheimen Abstimmung triumphierte am Ende doch unser Freund …

115. Gekochter Weißlachs

2—3 Portionen

1 kg Weißlachs
Wasser und Gurkenlake
6 mittelgroße geschälte Salzgurken
1 EL Essig
Krebse
gekochte Kartoffeln

Den Fisch abschuppen, ausnehmen und abtrocknen. In einen Kochtopf auf ein Sieb legen und mit Wasser begießen; beim Kochen mit geschlossenem Deckel bis zur Hälfte, bei offenem Topf ganz mit Wasser bedecken. Einen Eßlöffel Essig und Gurkenlake (ein Drittel der Wassermenge) dazugießen. Die in Scheiben geschnittenen geschälten Salzgurken zugeben. Sobald der Sud aufkocht, vom Herd nehmen. Nach 10 Minuten nochmals aufkochen und wieder gleich wegziehen. Nochmals stehen lassen. Der Fisch wird in dem heißen Sud von selbst gar. Den fertigen Fisch mitsamt dem Sieb, auf dem er gelegen hat, aus dem Sud herausnehmen und heiß auf den Tisch bringen. Mit gekochten Krebsen und gekochten Kartoffeln garnieren. Weiße Sauce mit Kapern darübergießen (Rez. 139).

116. **Sternhausen und Beluga**

1—2 Portionen

Gerichte aus diesen Fischen werden wie Störgerichte (Rez. 113) zubereitet. Beluga eignet sich gut als Füllung für Piroggen.

117. **Gekochte Forelle**

1—2 Portionen

1 große oder einige kleine Forellen	*Pfefferkörner*
Wasser	*grüne Petersilie*
Salz	*1 Zwiebel*
	zerlassene Butter

Den Fisch waschen, durch die Kiemen ausnehmen, abtrocknen. In einen Kochtopf legen, kaltes Wasser zugießen, bis er bedeckt ist, salzen; Pfefferkörner, Zwiebel und etwas Petersilie hinzufügen und auf starker Flamme zum Kochen bringen. Dann die Flamme ganz klein stellen. Sobald die Forelle gar ist, mitsamt dem Sieb herausnehmen, abtropfen lassen und auf eine Platte legen. Mit gekochten Kartoffeln garnieren und zerlassene (aber keine braune) Butter in einer Sauciere dazu reichen. Die Butter wird folgendermaßen geschmolzen: Man gibt sie in einen kleinen Topf und stellt diesen solange in einen größeren Topf mit kochendem Wasser, bis die Butter zerflossen ist.

Gesalzene und gebackene Forelle

(Aus »Wolodjas Brüder«)

Wolodja warf noch mehr Zweige und Reisig ins Feuer, die Flamme wurde größer und versprühte Funken. Er nahm die kleinere Äsche und ging mit ihr ans Wasser, stellte sich barfuß auf einen Stein und nahm das Messer aus dem Gürtel, das ihm der Großvater geschenkt hatte., Es war ein Stahlmesser mit beinernem Griff. Damit schnitt er die Äsche den Rücken entlang auf, wie das der Großvater immer tat. Er öffnete den Fisch vom Kopf bis zum Schwanz und breitete ihn auf dem Stein aus. Vorsichtig nahm er die Innereien heraus, um die Galle nicht zu zerdrücken. Dann schnitt Wolodja den Kopf des Fisches ab und warf ihn, zusammen mit den Innereien, weit hinaus ans Ufer. Und nun wusch er sorgfältig das weiße fette Fleisch und ging zurück zum Scheiterhaufen, der jetzt gleichmäßig und kräftig brannte. Der über Nacht angebrannte Kiefernstamm war nun von den Flammen voll erfaßt. Die Luft rings um den Scheiterhaufen erhitzte sich, wurde über dem Feuer als tanzender Schatten sichtbar und flog davon.

Die Sonne begann zu sengen. Mücken hingen über Wolodja, auch schwarze Fliegen erschienen, und gelblich schwarze Bremsen summten in der Luft wie kleine Hubschrauber. Der Tag wurde drückend heiß, wie alle Tage in diesem für den Norden ungewöhnlichen Sommer.

Asche war nun genügend vorhanden, man konnte die Fische darin eingraben. Aber Wolodja wollte zuerst die ausgeweidete Äsche einsalzen. Er holte aus dem Leinenbeutel, der an einem nahen Laubbaum hing, das in ein Läppchen eingebundene Salz. Das Läppchen war dunkel und feucht geworden, denn das Salz hatte den nächtlichen Tau aufgesogen und auch die Feuchtigkeit vom Fluß. Das Salz ließ sich nicht mehr streuen, es blieb in Klümpchen an den Fingern kleben, und Wolodja mußte diese Klümpchen auf dem auseinandergeklappten Fisch verteilen und verreiben. Dann legte er ihn zusammen, steckte ihn in einen Beutel, legte ihn in die Sonnenglut und beschwerte ihn mit einem Stein, damit die Fliegen nicht hineinkriechen konnten. Das Läppchen mit dem Salz wickelte er zu einem Knäuel zusammen und schob es in den Beutel am Baum. So konnte das Salz gegen Mittag wieder trocken und streubar sein. Während Wolodja die Äsche zubereitete, lief ihm die Spukke im Mund zusammen, und sein Magen produzierte fieberhaft Säfte in Erwartung der ersten Fleischstücke — aber Wolodja schluckte geduldig wie ein echter Fischer. Er wollte der Äsche Zeit lassen, damit sie Saft speichern konnte. Inzwischen stieß er den brennenden Stamm beiseite, schob den Scheiterhaufen auseinander und begann die glühende Holzkohle wegzuschaufeln. Er entfernte auch die Asche bis zur zerborstenen Erde, die noch rauchte.

Nachdem er die zwei übrigen Äschen in Farnkraut verpackt hatte, legte er sie behutsam auf den heißen Untergrund und bestreute sie mit heißer Asche und glimmenden Holzstücken. Die Holzstücke zischten, verschossen Rauch und züngelten plötzlich wieder mit bläulicher Flamme, im hellen Sonnenlicht kaum sichtbar. Die Glut war nicht rot wie im Dunkel der Nacht, sondern silberbleich. Aber die Hitze war stark, und Wolodjas Haut bedeckte sich mit feinen Schweißperlen. Durch die Luft segelte Asche in leichten Flocken. Wolodja hatte große Lust, noch einmal im kühlen Fluß zu baden, aber der Hunger überwog, der Bauch triumphierte. Wolodja verspürte eine leichte Übelkeit, und er wollte nicht länger warten, sondern die gesalzene Äsche in Angriff nehmen. Großvater Martemjan behielt für gewöhnlich solch eine frisch eingesalzene Äsche oder auch einen Lachs eine Stunde lang im Beutel, wenn die Sonne draufschien, im Schatten etwas länger, aber Wolodjas Geduld war nun erschöpft. Er holte aus der Leinentasche ein Stück Brot, nahm den Sack mit dem eingesalzenen Fisch und setzte sich auf dem Felsbrocken zurecht, auf dem er sich ausgezogen hatte, also nahe dem Wasser, wo es weniger Mücken gab.

Er räusperte sich rauh, als er den Beutel öffnete, in dem die Äsche lag. Im Beutel floß bereits bernsteinfarbener Saft an den durchsichtigen Falten entlang. Das Salz hatte den Saft aus dem Fisch gezogen. Wolodja öffnete den Beutel so weit, daß er ein wenig von der brennend salzigen Flüssigkeit schlürfen konnte. Dann räusperte er sich wieder. Es war komisch, daß sein Räuspern so rauh war wie das des Großvaters. Wolodja mußte lachen. Sein Lachen vermischte sich sonderbar mit dem Rauschen des Flusses. Nun biß er ein Stück Brot ab, wickelte die ausgeweidete Äsche aus und legte sie auf den Stein, mit den Schuppen nach unten. Dann holte er sein Messer hervor, wischte es an der Hose ab und schnitt vorsichtig eine Scheibe ab. Das Fleisch troff von Fett und Saft, es war bereits etwas gelb geworden, also hatte das Salz angegriffen. Direkt unter der Haut kam, wenn man das Fleisch sorgfältig abschälte, eine dünne bräunlich-rosa Schicht zum Vorschein, ein Zeichen für den edlen Fisch. Die Äsche hat fast keine Gräten, wenn man vom Rückgrat und den dünnen Rippen absieht.

Wolodja begann zu essen. Er sah prüfend jedes Stück an, bevor er es in den Mund steckte, und bei jedem Bissen verscheuchte er zuerst die Mücken. In den ersten Augenblicken seiner Mahlzeit sah Wolodja nur die Fischhappen, sonst nichts. Ufer, Fluß, Himmel und Berge waren verschwunden. Aber im Geschmack der Äsche spürte Wolodja vieles: Sonne, Wasser, Gras, auch den Fisch natürlich, und das alles war leicht berührt vom Salz, nur eben an der Oberfläche; weiter innen war das Fleisch der Äsche süß und fest, und es knirschte unter den Zähnen. Wolodja aß ohne Hast, er kaute jedes Stück ausgiebig. Als ungefähr der halbe Fisch verzehrt war, lief Wolodja ans Wasser und trank sich satt.

»Oh!« sagte er, tief ein- und ausatmend. Dann reckte er sich, stand über dem Fluß und sagte noch einmal: »Oh!« Mehr zu sagen war nicht nötig. Alles, was da um ihn war, verstand ihn auch ohne Worte.

Langsam ging Wolodja zurück. Auf seinen Lippen war noch der Geschmack des verzehrten Fisches. Er wischte sich das Wasser nicht vom Gesicht, es lief ihm in den Kragen, und die feinen kalten Rinnsale kitzelten die Haut angenehm.

Den Rest des Fisches wickelte er in die Schuppenhaut und verstaute ihn im Beutel, dann kehrte er zu seinem Scheiterhaufen zurück. Der kleine Aschenberg über den eingegrabenen Äschen war schon weiß geworden. Der Kiefernstamm war durchgebrannt, in zwei Hälften zerfallen und erloschen. Nach Wolodjas Berechnungen mußten die Fische fertig sein. Den ersten Hunger hatte Wolodja gestillt, aber er hatte Lust, noch mehr zu essen. So schob er mit einem Stock die warme Asche auseinander. Innen, in der bläulichen Asche, waren noch rote Feuerfunken und verkohlte Holzstückchen. Das Gras rings um die Fische war versengt.

Der Geruch von gebratenem Fisch wehte Wolodja ins Gesicht. Er zog die Äschen heraus, legte sie ins Gras und setzte sich daneben. Er wartete, bis die Fische etwas abgekühlt waren. Wurden sie zu heiß gegessen, ging jeder Geschmack verloren. Er schnitt sich ein Stück Brot ab — ein ganz kleines, denn mit Brot mußte er sparen — und fing an, mit dem Messer schmale Stücke des bräunlichgelben Fleisches abzulösen und in den Mund zu schieben. Er salzte diesen Fisch nicht, denn Salz verdarb den Duft, und die Äsche hat ohnehin, im Ganzen gebacken, einen feinen Beigeschmack von Salz. Wahrscheinlich kommt das von den Innereien, dachte Wolodja, während er das Fleisch kaute. Die Innereien kamen langsam unter den Fleischschichten zum Vorschein: die bläulichweiße Schwimmblase, der rosafarbene Rogen, die braune Leber, das Herz und die giftiggelbe Kapsel der Galle neben den halbrunden Kiemen — das alles schwamm in einem durchsichtigen Saft.

Wolodja wurde langsam satt. Er hatte das Bedürfnis, Tee zu trinken, ein wenig im Gras auf dem Rücken zu liegen und in den Himmel zu schauen — aber nein! Er mußte weiter! Er war erst den zweiten Tag unterwegs, und die vor ihm liegende Strecke war noch — uch! — so lang!

118. Gekochter Karpfen

2—3 Portionen

Vorbemerkung: Ein in einem trüben Teich gefangener Karpfen hat immer einen Schlammgeschmack. Um ihn wegzubekommen, legt man den Karpfen einige Stunden in frisches Wasser und setzt diesem einen Eßlöffel Essig zu. Noch besser flößt man dem lebenden Karpfen ein halbes Glas Essig ein, wonach sich auf seiner Oberfläche eine dikke Schicht bildet, die während des Abschuppens mit dem Messer abgeschabt werden muß. Dadurch festigt sich das Fleisch des Fisches und verliert den Schlammgeschmack gänzlich. Karpfen mit Milch sind solchen mit Rogen vorzuziehen.

1 großer Karpfen
Gurkenlake, zur Hälfte mit Wasser verdünnt
6 Salzgurken
Salz
verschiedene Kräuter nach Belieben
Sauce Rezept 140

Den Karpfen abschuppen, ausnehmen, auswaschen und sorgfältig abtrocknen. Querverlaufende Einschnitte machen und in einen Kochtopf auf ein Sieb legen; mit der mit Wasser vermischten Gurkenlake begießen, Kräuter und Salz zufügen und auf eine große Flamme stellen. Sobald der Sud kocht, die Flamme ganz klein stellen. Wenn der Karpfen gar ist (was mit einer Nadel geprüft werden kann), wird er samt dem Sieb herausgenommen und kurz zum Abkühlen beiseite gestellt. Dann kommt er auf eine Platte und wird mit Sauce (Rez. 140) begossen, die mit Karpfenbrühe verdünnt ist.

119. Gebratener Karpfen

2—3 Portionen

1 großer Karpfen
Salz
Mehl
zerlassene Butter

Den Karpfen wie oben beschrieben säubern und vorbereiten. Querschnitte machen, salzen, in Mehl wälzen, auf ein Blech legen und mit zerlassener Butter begießen (für einen 2 kg schweren Karpfen braucht man 130 g Butter). In den heißen Backofen stellen und öfters mit dem eigenen Saft begießen. Ein 2-kg-Karpfen dünstet etwa eine Stunde. Es ist besser, ihn zu lang als nicht gar zu dünsten.

120. Gekochte Brasse

1—2 Portionen

1 Brasse
Wasser
1 EL Essig
Salz
verschiedene Kräuter
1 Zwiebel

Beigabe:
gekochte Kartoffeln
geriebener Meerrettich mit Essig
Sauce Rezept 139 oder 140

Die Brasse mit einem scharfen Messer abschuppen, zerlegen, ausnehmen, gut abtrocknen. In einen Kochtopf legen, Wasser aufgießen, einen Eßlöffel Essig zugeben, salzen, die verschiedenen Kräuter und die geputzte Zwiebel hineingeben und nach kurzem Aufkochen auf ganz kleine Flamme stellen. Milch und Rogen ebenfalls mit hinzufügen und, sobald sie gekocht sind, auf einen Teller legen. Wenn die Brasse fertig ist, wird sie mit dem Sieb herausgenommen, abgekühlt und zu Milch und Rogen auf den Teller gelegt, mit gekochten Kartoffeln garniert und mit weißer Kapernsauce (Rez. 133) oder Sauce Rezept 140 übergossen. Statt Sauce kann man zu gekochter Brasse auch geriebenen Meerrettich mit Essig reichen.

121. Gebratene Brasse mit Kascha

1—2 Portionen

1 große Brasse
Salz
Mehl
Füllung aus Kascha (Rez. 131)
1 rohes Ei
200 g Butter

Die Brasse wie im Rezept 120 vorbereiten. Mit Salz bestreuen und in Mehl wälzen. Eine Kaschafüllung (Rez. 131) zubereiten, das Ei dazugeben, mischen, die Brasse füllen und zunähen. Eine Pfanne erhitzen, darin Butter auslassen, die Brasse hineinlegen und unter vorsichtigem Wenden von beiden Seiten braten. Dann in den Backofen stellen, damit sie schön braun wird. Öfters mit dem eigenen Saft begießen.

122. Gebratene Karauschen in saurer Sahne

Altes russisches Gericht
2—3 Portionen

einige kleinere Karauschen
Mehl
Salz
Butter
saure Sahne

Die Karauschen abschuppen, ausnehmen und waschen. In mit Salz vermischtem Mehl wälzen. In einer heißen Pfanne Butter auslassen und die Karauschen von beiden Seiten braten. Sie müssen schön braun sein. Dann die Sahne an den Bratensaft gießen. Bei leichter Hitze in den Backofen stellen. Wenn die saure Sahne braun wird, die Karauschen sehr heiß und direkt aus der Pfanne servieren.

Das russische Bad und das Essen

Einige Worte zum russischen Bad, denn es hat bei uns mit dem Essen zu tun: Um mit Appetit zu essen — meinen die Russen — muß man sich zuerst schön waschen und im Dampfbad tüchtig schwitzen.

Das russische Bad ist etwas anders als das Bad im Westen, beispielsweise die finnische Sauna. Im russischen Bad ist der Dampf nicht trocken, sondern feucht, und wird durch das Aufgießen von Wasser oder — was noch raffinierter ist — Bier auf heiße Steine erzeugt. Natürlich ist das richtige Maß wichtig: Das Bier wird mit Wasser verdünnt. Ein Bad ist unterteilt in den Vorraum, wo man sich an- und auszieht, den Waschraum, wo man sich wäscht, und das Schwitzbad, wo man auf breiten Pritschen ganz oben unter der Decke schwitzt und sich mit Birkenruten schlägt. In den städtischen Bädern gibt es dazu noch ein Schwimmbecken mit kaltem Wasser, in das man nach dem Schwitzen eintaucht.

Auf dem Land werden die Bäder in aller Regel an Fluß- oder Seeufern gebaut. Sie stehen auf Pfählen halb im Wasser; so kann man nach ausgiebigem Schwitzen in das kalte Fluß- oder Seewasser eintauchen und dann wieder zurück ins Schwitzbad laufen. Im Winter springt man aus dem Schwitzbad direkt in die rund um das Bad aufgeschütteten Schneehaufen, wälzt sich darin und läuft dann ins Schwitzbad zurück. Badefreunde tun das viele Male — im Schwitzbad schlagen sie sich mit Birkenruten, solange sie es aushalten können, dann laufen sie in den Schnee, wieder zurück zum Schwitzen und so weiter bis zur Erschöpfung ... In den Pausen trinken sie im Vorraum Bier und Kwas, essen als Imbiß Rettich mit Salz oder Salzgurken mit einem Stückchen Schwarzbrot oder gesalzenen und geräucherten Fisch. Richtige Badespezialisten verbringen damit etliche Stunden.

Nachdem er sich auf diese Weise ergötzt und, wie man sagt, »siebenmal den Schweiß« abgewaschen hat, zieht sich der Russe etwas Frisches an und geht nach Hause, um aus dem Samowar Tee zu trinken und zu essen.

Ein solches Bad macht Durst und Appetit! Nach dem Bad trinken die Russen viel Tee, schwitzen neben dem Samowar und speisen dann lange, viel und mit Genuß. Danach legen sie sich schlafen.
Für ein solches Bad mit anschließendem Essen braucht man gewöhnlich einen ganzen Tag. Diese Tage heißen bei uns Badetage; für einen Russen sind sie ein heiliges Ritual.
Die Städter fahren nach dem Baden in irgendein beliebtes Restaurant und nach dem Essen zum Schlafen nach Hause.
Besonders angenehm aber ist ein solcher Badetag auf dem Land, wenn die Leute gewöhnlich ein kleines Bad auf dem Grundstück haben; und natürlich im Winter, wo man sich nach dem Schwitzen im tiefen sauberen Schnee wälzen kann. Das ist ein mit nichts zu vergleichender Genuß! Und danach trinkt man Tee aus dem Samowar und ißt ein reichliches Mahl in einer gemütlichen Holzhütte.
Bei den Leuten aus der Stadt sind solche Dorfbäder ihrer Verwandten oder Bekannten sehr beliebt.
Ich war oft in Dorfbädern im Norden, am Ufer des Eismeers und in den Bergen des Polarurals. Manchmal standen sie nicht einmal in einem Dorf, sondern einfach in der Taiga; es waren Bäder, die sich die Pelztierjäger dort gebaut hatten. Nach dem Schwitzen sprang ich ins Eiswasser oder in den tiefen Schnee unter Tannen und Lärchen, dann trank ich Tee und aß am Feuer in der Taiga.
Ich muß sagen, daß ich mich nach einem guten Bad immer einige Jahre jünger fühle, ich spüre auf dem Rücken unsichtbare leichte Flügel! Und habe einen Wolfshunger ...
Es gibt bei uns aber auch Bade-Originale: Einer meiner Moskauer Bekannten feiert seinen Geburtstag gern im Bad. An seinem Geburtstag mietet er ein Schwitzbad mit Bassin und lädt dahin seine Gäste ein. Wenn sie sich gewaschen und geschwitzt haben, sitzen alle mit umgehängten Laken auf Teppichen im marmornen Ankleidesaal und zechen. Essen und Wein bringt der Gastgeber mit. Dort werden ihm auch die Geschenke übergeben ... Es geht recht feucht zu bei einem solchen Bade-Geburtstag.

Füllungen

Eine Füllung muß man immer erst abkühlen lassen und dann kalt in Piroschki, Pasteten usw. geben. Eine heiße Füllung kann den Teig verkleben, und dann backt er nicht aus. Füllungen (auch sehr feine, wie Rez. 136) müssen aus ganz frischen Zutaten zubereitet werden. Wenn Fleisch oder Fisch lange gelegen haben (auch gefroren) oder die Eier nicht frisch genug sind, so werden die Füllungen dadurch schlecht und schmecken nicht. Füllungen müssen aus Frischfleisch, frischen Eiern und frischem Grünzeug zubereitet werden.

123. **Kalbfleischfüllung mit Leber**

(zur Füllung eines Spanferkels)

Fleisch von 2 Kalbschultern
300 g Weißbrot
¼ l Milch
50 g Butter
2 rohe Eier
1 Kalbsleber
weitere 50 g Butter
1 Zwiebel
Salz und gemahlener schwarzer Pfeffer

Die Sehnen vom Kalbfleisch entfernen, das Fleisch in Stükke schneiden, mit dem Weißbrot (das ohne Rinde in Milch eingeweicht und gut ausgedrückt wurde) durch den Fleischwolf drehen. Dazu 50 g Butter geben und nochmals durchdrehen. Eier, Salz und Pfeffer dazugeben, alles vermengen und passieren. In einen Topf legen und mit einem Holzlöffel oder in der Küchenmaschine leicht schlagen. Danach einen Eßlöffel der Masse in kochendes Salzwasser geben und abschmecken. Ist die Füllung zu hart, fügt man noch 1—2 Löffel Sahne hinzu, fällt sie auseinander, rührt man noch 1—2 Eiweiß hinein.
Jetzt wird die andere Hälfte der Füllung zubereitet: Eine rohe Kalbsleber in feine Stücke schneiden und mit 50 g Butter und der gehackten Zwiebel in einer Kasserolle zugedeckt leicht andünsten. Durch den Fleischwolf drehen und passieren. Anschließend mit der Kalbfleischfüllung gut vermischen. Kalt werden lassen und damit das Ferkel füllen.

124. **Rindfleischfüllung**

(für Piroggen und Piroschki)

½ kg rohes Rindfleisch
1 Zwiebel
1 EL Fett von einer Brühe
1 walnußgroßes Stück Butter
Salz
Pfeffer

Ein ½ kg rohes Rindfleisch ohne Knochen und Fett von den Sehnen befreien, durch den Fleischwolf drehen, in einen Topf geben und salzen. Eine feingehackte Zwiebel dazugeben, einen Eßlöffel Fett von einer Bouillon angießen und unter ständigem Rühren für 10 Minuten aufs Feuer stellen. Auf ein Sieb gießen, den Saft abfließen lassen und die Füllung nochmals durch den Fleischwolf drehen. Ein Stück Butter von der Größe einer Walnuß in einer heißen Pfanne auslassen und die Füllung dazugeben. Je nach Geschmack nochmals salzen und pfeffern, abkühlen lassen und unbedingt kalt in Piroggen und Piroschki füllen. Je nach Anzahl der Piroschki die Zutatenmenge ändern.
Ist die Füllung zu trocken, gibt man nach Belieben etwas Fett von der Bouillon dazu.

125. **Rindfleischfüllung mit Eiern**

(für Piroggen und Piroschki)

½ kg Rindfleisch
½ mittelgroße Zwiebel
Salz
etwas Wasser
4 Eier
1 EL fette Brühe

Das Rindfleisch und eine halbe Zwiebel durch den Fleischwolf drehen, in einen Topf geben, salzen, etwas Wasser zugießen und kurz anbraten. Das halbgare Rindfleisch nochmals durchdrehen. 4 Eier hart kochen, fein hacken, mit der Rindfleischfüllung vermischen, einen Eßlöffel Brühe dazugießen und kalt stellen. Mit der kalten Füllung die Piroschki füllen.
Ist die Füllung zu trocken, nach Belieben Bouillonfett dazugeben.

126. Eierfüllung
(für Piroggen und Piroschki)

10 hartgekochte Eier
2 EL Butter
Pfeffer
Salz
Dill

Die hartgekochten Eier feinhacken und mit ausgelassener Butter, Salz und Pfeffer nach Belieben und eventuell Dill gut mischen.

127. Rindfleischfüllung mit Pilzen und Eiern
(für Piroggen, Piroschki und Pasteten)

3—4 große getrocknete Pilze
800 g Rindfleisch ohne Knochen
2 EL Butter
2 große Zwiebeln
2—3 hartgekochte Eier
Salz
Pfeffer
Fett von einer Fleischbrühe (bis zu 2 Tassen, wenn die Füllung zu trocken ist)

Die getrockneten Pilze über Nacht in Wasser einweichen. Am Morgen herausnehmen, waschen, den Sud durch ein Tuch sieben, die Pilze wieder in das gleiche durchgeseihte Wasser legen und darin weich kochen. Danach zerkleinern.
Das rohe Fleisch durch den Fleischwolf drehen und in einem Eßlöffel Butter schwach anbraten. Danach nochmals mit den zerkleinerten Pilzen durchdrehen. Die Zwiebeln fein hacken, in 1 Eßlöffel Butter anbraten und an die Füllung geben. Die hartgekochten Eier hacken und unter die Füllung mischen. Nach Belieben salzen und pfeffern. Ist die Füllung zu trocken, werden bis zu 2 Tassen Bouillonfett zugegeben und verrührt. Danach läßt man die Füllung abkühlen und gibt sie kalt in Piroschki oder Pasteten.

128. Fischfüllung

(für Pasteten und Piroschki)

225 g Wirbel-Knorpel von einem Stör o. ä.
Salz
4 EL Butter
225 g frisches Filet von Lachs, Stör, Sternhausen, Weißlachs, Sterlet oder Zander

Über Nacht die Wirbelknorpel in Wasser legen, damit sie weich werden. Danach mit soviel Wasser begießen, daß sie bedeckt sind. Auf den Herd stellen, salzen und zugedeckt gar kochen (sie sind gar, wenn sie sich mit dem Finger zerdrücken lassen). Auf einen Durchschlag schütten und zum Abkühlen in kaltes Wasser stellen. 2 Löffel Butter in einer Pfanne zergehen lassen und die kleingehackten Wirbelknorpel zugeben. Nach Belieben salzen und gut verrühren. Zu der Füllung gibt man außerdem in Stücke geschnittenen frischen Fisch, der vorher ganz wenig in heißer Butter gedünstet wird (sonst wird er trocken). Mit dieser kalten Füllung werden Pasteten (siehe Rez. 166) oder auch einfach große und kleine Piroggen gefüllt (Rez. 157, 165, 161 usw.). Die Füllung reicht für 1,3 kg Teig.

129. Füllung aus frischem Weißkraut

(für Piroggen und Piroschki)

1 frisches Weißkraut
Salz
3 EL Butter
1 EL Sahne

Das Weißkraut fein hobeln, leicht salzen und gut ausdrükken. In kochendes Wasser geben, auf ein Sieb abgießen, mit kaltem Wasser abschrecken und nochmals auspressen. In einer tiefen Pfanne 3 Löffel Butter schmelzen, das Kraut und einen Löffel Sahne zugeben, aufs Feuer stellen und umrühren, damit das Kraut nicht anbrennt. Mit Salz abschmecken. So lange dünsten, bis das Kraut weich ist. Zu dieser Füllung kann eine Eierfüllung ergänzt werden (Rez. 126).

130. Füllung aus Steinpilzen, Champignons und Hallimasch

(für Piroggen und Piroschki)

1 kg Pilze (nur die Köpfe)
2—3 EL Butter
Salz
Sauce Béchamel (Rez. 144)
(nach Belieben auch noch harte feingehackte Eier)

Die Pilzstengel abschneiden und für eine Pilzsuppe verwenden, die Köpfe in Wasser legen und gründlich waschen. Große Pilze jeweils in vier Teile schneiden. Die Pilze auf ein Sieb legen. Unterdessen in einer tiefen Pfanne Butter (pro kg Pilze reichen 2—3 Eßlöffel) zerlassen, die Pilze zugeben, salzen und so lange dünsten lassen, bis der ganze Saft verkocht ist. Stehen und abkühlen lassen und dann nach Belieben fein oder grob zerkleinern. Man kann zu den gehackten Pilzen Sauce Béchamel (Rez. 144) geben oder gehackte Eier. Eine solche Füllung kann auch aus allerlei anderen Pilzen gemacht werden.

131. Buchweizenkascha-Füllung

(für Piroggen und Piroschki)

Gekochte Buchweizenkascha (Rez. 102)
Butter
1 Zwiebel
Eierfüllung (Rez. 126)

Gekochte Buchweizenkascha leicht durchkneten, mit zerlassener Butter gut vermengen. Eine in Butter angebratene gehackte Zwiebel und Eierfüllung dazugeben.

132. Füllung aus Hirn

(für Piroschki und Piroggen)

Ein Rinder- oder Kalbshirn waschen und die Haut entfernen. Wasser zum Kochen bringen, einen Eßlöffel Essig zugießen, stark salzen und das Hirn darin kochen. Wenn es fertig ist, das Wasser abgießen, das Hirn in feine Stückchen schneiden, etwas Béchamel-Sauce unterrühren und abkühlen lassen. Die Masse als Füllung verwenden.

133. Füllung aus frischem Weißkraut mit Eiern

(für Piroggen und Piroschki)

1½ bis 2 kg frisches Weißkraut
3 EL braune Butter
2½ TL Salz
1 Prise Zucker
4—5 Eier
1—2 Prisen gemahlener Pfeffer

Das Kraut mit kochendem Wasser überbrühen und dann kalt abschrecken. Danach fein schneiden. In einer großen Kasserolle Butter auslassen, das ausgedrückte Kraut zugeben und unter ständigem Rühren weichkochen.
Das Kraut darf nicht anbrennen, sondern nur bräunlich werden. Wenn es weich ist, kommen Salz, Zucker und kleingehackte harte Eier dazu. Zum Schluß wird nach Geschmack gepfeffert. Bevor die Füllung in die Piroggen kommt, muß sie vollständig abgekühlt sein.
Diese Füllung kann in alle Piroggen oder Piroschki (außer den süßen) gegeben werden.

134. Füllung aus Sauerkraut mit Pilzen

(für Piroggen und Piroschki)

Für Piroggen aus 1 kg Mehl:
1 kg Sauerkraut
4 EL braune Butter
3 Zwiebeln
50 g getrocknete oder 200 g frische Pilze
2 Prisen Pfeffer

Ist das Sauerkraut sehr sauer, wird es zuerst ausgewaschen. Kleinschneiden, mit kochendem Wasser überbrühen und auf einem Sieb mit kaltem Wasser übergießen. In einer großen Kasserolle Butter auslassen, das Kraut hineingeben und zugedeckt auf kleiner Flamme etwa eine Stunde dünsten. Damit es nicht anbrennt, kann man eine halbe Tasse Wasser zugießen. Das Wasser muß ganz herauskochen und das Kraut weich werden. Die Zwiebeln feinhacken und in Butter anschwitzen. Die Pilze aufkochen (der Sud kann dann für eine Pilzsuppe verwendet werden), in feine Stücke schneiden und zu den gedünsteten Zwiebeln geben, nochmals zusammen etwa 3 Minuten garen lassen. Zwiebeln und Pilze in das heiße, fertig gedünstete Kraut geben und umrühren. Ganz abkühlen lassen. Ist die Füllung zu sauer, gibt man noch einen Teelöffel Zucker hinzu. Die Füllung wird kalt in die Piroggen gegeben. Sie paßt zu allen Piroggen und Piroschki außer den süßen.

135. Füllung aus Zwiebellauch mit Eiern

(schnelle Füllung für Piroggen und Piroschki)

200 g Zwiebellauch
2 Eier
3—4 EL braune Butter
Salz
Pfeffer

Den Zwiebellauch putzen und waschen, grob zerkleinern, leicht in Butter anbraten, mit gehackten, hartgekochten Eiern vermengen, salzen und pfeffern. Abkühlen lassen.
Diese Füllung schmeckt sehr gut und paßt zu allen nicht-süßen Piroggen.

136. Delikate Füllung aus Zander oder Hecht

(für Piroggen, Piroschki und gefüllten Fisch)

a) Aus einem schönen großen Zander werden die Gräten entfernt. Der entgrätete Fisch wird mit dem Messer zerkleinert, leicht in Butter angebraten, dann auf ein Brett gegeben und nochmals gehackt. Nach Geschmack salzen und pfeffern. Gut abkühlen lassen und Piroggen oder Pasteten damit füllen.
b) Man kann auch eine noch feinere Füllung machen: Ein großer Zander oder ein anderer fleischiger Fisch wird entgrätet, durch den Fleischwolf gedreht und dann durch ein

Sieb passiert. Dann kommt die Masse in eine Pfanne, man gibt 1—2 geschlagene Eiweiß dazu, verrührt die Mischung gut und gießt etwas Sahne daran. Mit einem Holzlöffel wird alles leicht geschlagen. Wenn die Füllung hell wird, sticht man einen halben Eßlöffel davon ab und gibt ihn in kochendes Salzwasser. Erweist sich die Füllung dann als zu trocken, rührt man noch 1—2 Eßlöffel Sahne dazu; wenn sie im Salzwasser zerfällt, braucht man noch ein Eiweiß.
Mit einer Zanderfüllung kann man Piroggen, Piroschki und Pasteten füllen; eine Hechtfüllung verwendet man für gefüllten Hecht (Rez. 284) oder einen anderen fleischigen Fisch (Rez. 285).

Ein alter Feinschmecker

Beim Gutsbesitzer A. im Gouvernement Tambow brennt die Schnapsbrennerei. »Pferde! Pferde her, schnell!« ruft der Gutsbesitzer. Die Pferde werden gebracht, eingespannt, und der Gutsbesitzer stürmt im vollen Galopp los in Richtung Schnapsbrennerei. Als er jedoch etwa anderthalb Werst vom Haus entfernt ist, schlägt er sich mit der Hand auf die Stirn und schreit dem Kutscher zu: »Mitjka, kehr um!« Der Leser denkt sich natürlich, der Brennereibesitzer könnte vergessen haben, den Befehl zu geben, daß irgendwelches Löschgerät zu der brennenden Fabrik gebracht werden solle. Nichts dergleichen! Er hatte nur vergessen, dem Koch Anweisungen zu erteilen. Als er am Küchenfenster angelangt ist, sagt er: »Jermolaj, paß auf, daß das Pökelfleisch nicht zerkocht wie neulich. Zerschneid es nicht, sondern serviere es im Ganzen, ich zerteile es dann selbst. Zum Mittagessen komme ich bestimmt zurück. Heute speist Michail Fedorowitsch bei mir, also mach uns keine Schande, mein Lieber ... Du weißt, was Michail Fedorowitsch für ein Kenner ist!« Und mit diesen Worten sprengt er wieder davon. Aber zu spät ... die Brennerei ist nicht mehr zu retten ... In der Tat — ein wahrer russischer Feinschmecker! In welchem Land gibt es so etwas noch einmal?
(Aus der Zeitschrift »Hauswirtschaft« Nr. 1, 1870, S. 4)

Saucen

Saucen geben uns die Möglichkeit, aus ein und demselben Produkt ganz verschieden schmeckende Gerichte herzustellen. So kann man Zander, Hecht, Seebarsch und Kabeljau mit ganz verschiedenen Saucen zubereiten: in weißer Sauce mit Kapern, in weißer Sauce mit Krebsen, in Tomatensauce, in Tomatensauce mit Estragon, in Sahnesauce mit Meerrettich, in einfacher Meerrettichsauce — und jedesmal schmecken sie anders und neu.
Manch einer gibt an die Sauce das Mehl, ohne es vorher anzurösten, in der russischen Küche geht das nicht. Mehl, das nicht in Fett gebräunt wurde, verdirbt das Aroma und macht die Sauce zu schwer.
Für die Zubereitung von Saucen benützt man am besten Kessel und Pfannen mit dickem Boden — in Gefäßen mit dünnem Boden brennen sie allzuleicht an. Überhaupt: Die Zubereitung von Saucen erfordert von dem, der sie zubereitet, viel Geschmack und Fingerspitzengefühl, denn wenn man von etwas zu viel oder zu wenig dazugibt, kann das den Geschmack der Sauce stark verändern. Eine gut zubereitete Sauce hebt den Geschmack des ganzen Essens, und umgekehrt richtet eine schlechte Sauce viel Schaden an. Die Butter muß frisch, das Mehl trocken und nicht muffig, die Bouillon kräftig sein. Fast alle Saucen sind französischen Ursprungs; sie sind einfach zuzubereiten. Denn je einfacher eine Sauce ist, desto besser schmeckt sie. Natürlich können nicht alle bei uns gebräuchlichen Saucen in diesem Buch

Platz finden. Ich stelle hier nur die in Rußland beliebtesten vor.

137. Helle (weiße) Sauce

3 EL Butter
1 EL Mehl
1 Tasse warmes Wasser oder Bouillon
1 Prise Salz
1 Prise schwarzer Pfeffer

Diese Sauce ist eine der wichtigsten russischen Saucen. Man sollte sie immer vorrätig haben. Damit sie gut wird, muß die vorgeschriebene Zutatenmenge beachtet werden. Die Butter darf nicht auf einmal in die heiße Pfanne gegeben werden, sondern man verrührt zuerst einen Löffel Butter mit einem Löffel Mehl, salzt und pfeffert, gießt danach eine Tasse Bouillon (oder warmes Wasser) zu und läßt alles unter Rühren kochen, bis die Sauce dicklich wird. Dann wird stückweise die restliche Butter eingerührt. Wird die Sauce sehr dick, gießt man noch etwas Bouillon oder warmes Wasser nach. Danach wird die Sauce vom Feuer genommen und umgerührt, bis sich die Butter vollständig aufgelöst hat. Wer säuerliche Saucen mag, kann einige Tropfen Zitronensaft zufügen, dies darf aber erst nach dem Kochen kurz vor dem Auftragen geschehen.

138. Dunkle Sauce

100 g Butter
1 Tasse Weizenmehl
6 Tassen kochende Bouillon (vor dem Kochen der Bouillon Knochen und Fleisch anbraten)

Auch diese Sauce sollte man vorrätig haben. Die Butter in einer kleinen Pfanne auslassen, Mehl hineinstreuen und anbräunen. Dann vom Feuer nehmen und unter ständigem

Rühren etwas Bouillon dazugießen. Falls an der Oberfläche etwas Butter übrig ist, wird sie abgeschöpft. Nochmals aufs Feuer stellen und gut aufkochen. Danach seiht man die Sauce durch ein Tuch, sie ist nun glatt und dick. Dann läßt man sie abkühlen, stellt sie in den Kühlschrank, und kann sie bei Bedarf verwenden.

139. Weiße Sauce mit Kapern

Sie wird wie Weiße Sauce Rezept 137 zubereitet, nur gibt man beim Auftragen Kapern hinein. Als Beilage zu vegetarischen Gerichten wird sie mit Wasser und einem guten Pflanzenfett zubereitet, sonst mit Butter und Bouillon.

140. Sauce zu Hirn und Fisch

1 EL Butter
1 EL Weizenmehl
etwas Fischbrühe
Cornichons (oder feingeschnittene Salzgurken)
Kapern
1 Prise Zucker

Einen Eßlöffel Butter mit einem Löffel Mehl aufkochen. Wenn das Mehl bräunlich wird, mit Fischbrühe verdünnen, nochmals aufkochen, die geschnittenen Cornichons (oder Salzgurken) und Kapern dazugeben, wieder aufkochen lassen und, wenn die Sauce zu scharf ist, eine Prise Zucker dazugeben.

141. Eiersauce

4 Eier hartkochen, feinhacken und mit 220 g ausgelassener Butter verrühren (die Butter muß in einem kleinen, im heißen Wasserbad stehenden Topf ausgelassen werden, auf gar keinen Fall direkt auf dem Feuer).

142. Tomatensauce

1 EL Butter
1 EL Mehl
4 Tassen Fleischbrühe (Rez. 23)
2 EL Tomatenmark (oder besser passierte frische Tomaten)

Die Butter und das Mehl 4 Minuten kochen lassen. Mit 4 Tassen Bouillon verdünnen, aufkochen lassen und dann 2 Löffel Tomatenmark (oder vorher passierte frische Tomaten) dazugeben. 15 Minuten auf kleiner Flamme kochen lassen, umrühren, die Haut wegnehmen und auftragen.

143. Zwiebelsauce

4 Schalotten
2 EL Butter
3 EL Essig
2 EL Mehl
½ l Fleischbrühe (Rez. 23)
schwarzer gemahlener Pfeffer
Salz
1 EL feingehackte Cornichons
1 EL feingehackte Petersilie

Die Schalotten feinhacken, mit kaltem Wasser in einem Sieb waschen und in einem Tuch ausdrücken, um den Zwiebeln die Schärfe zu nehmen. Mit 2 Löffeln Butter und 3 Löffeln Essig in eine Pfanne geben und kochen lassen (bis der ganze Essig verkocht ist, sonst verschmelzen Mehl und Butter nicht). Das Mehl hinzugeben. 4 Minuten kochen lassen und mit Bouillon verdünnen; vorher nach Belieben schwarzen gemahlenen Pfeffer zufügen. Mit der Bouillon 15 Minuten kochen lassen. Dann je einen Löffel Cornichons und Petersilie dazugeben. Aufkochen, die Haut abschöpfen und servieren. (Die Petersilie wurde wie die Schalotten gehackt, in kaltem Wasser gewaschen und in einem Tuch ausgedrückt.)

144. Sauce Béchamel

ein Stück Butter von der Größe eines Hühnereis
2 EL Mehl
heiße Sahne

In einem Topf ein hühnereigroßes Stück Butter zergehen lassen, 2 Löffel Mehl hineinstreuen, aufkochen, dazu kochende Sahne gießen und umrühren, bis die Sauce sahnig ist.

145. Sauce aus getrockneten Steinpilzen

120 g getrocknete Steinpilze
1 EL Butter oder braune Butter
1 EL Mehl
Salz
Zucker
Essig

120 g getrocknete Steinpilze waschen und über Nacht in kaltem Wasser einweichen. Am Morgen im gleichen Wasser zum Kochen bringen, vorher den Sud durchseihen und die Pilze in kaltem Wasser waschen. Wenn sie weich gekocht sind, werden sie fein gehackt. In einer tiefen Pfanne einen Löffel Butter oder braune Butter auslassen, einen Eßlöffel Mehl zugeben, verrühren, den Pilzsud und die Pilze dazugeben, nach Belieben mit Salz, Zucker und Essig würzen. Die Sauce aus getrockneten Steinpilzen paßt besonders gut zu körnig gekochtem, in Butter geschwenktem Reis.

146. Sauce aus jungen Brennesseln

2 kg Blätter von jungen Brennesseln
2—4 Stück Zucker
1½ EL Butter
1 TL Mehl
2 Tassen Sahne
200 g geröstete Weißbrotwürfel

2 kg junge Brennesseln sortieren, das heißt die Stiele ganz von den Blättern nehmen; die Blätter etliche Male in kal-

tem Wasser waschen, damit keine Erde daran bleibt, in viel kochendes Salzwasser geben, weich kochen, auf ein Sieb geben, mit kaltem Wasser abschrecken und abtropfen lassen. Danach fein zerschneiden. In einen Ton- oder Emailletopf legen und 2—4 Stück Zucker zugeben.
1½ Eßlöffel Butter mit einem Teelöffel Mehl verrühren, aufkochen, zu den Brennesseln geben und wieder verrühren. Vor dem Servieren 2 Tassen Sahne darübergießen, erhitzen, aber nicht aufkochen, und mit gerösteten Brotwürfeln auftragen.

147. Brotsauce

1 Zwiebel
600 ccm Wasser
12 weiße Pfefferkörner
Muskat
4 EL Weißbrotwürfel (getrocknete)
2 Tassen Sahne
1 EL Butter
Salz

Die Zwiebel in dünne Ringe schneiden, in eine Kasserolle geben, Wasser darübergießen, Pfeffer und Muskat zufügen, aufs Feuer stellen und weichkochen. Die gewürzten weichgekochten Zwiebeln auf die Brotwürfel gießen, zudecken. Wenn die Masse vollständig abgekühlt ist, die Brotwürfel zerdrücken, in der Kasserolle auf kleine Flamme stellen. Die Sahne hineingießen, einen Löffel Butter dazugeben, salzen, gut miteinander verrühren und erhitzen, aber nicht aufkochen.

148. Heiße Meerrettich-Sauce

1 EL Butter
1 TL Mehl
2 EL geriebener Meerrettich
1 EL Essig
1 TL getrocknete Brotwürfel
kochendes Wasser

Butter mit Mehl in einem Töpfchen auslassen. Den geriebenen Meerrettich einstreuen, Essig zugießen, die Brotwürfel

dazu und alles mit kochendem Wasser verdünnen, bis eine dicke Sauce entsteht.
Wird heiß serviert.

149. Kalte Meerrettich-Sauce

4 EL geriebener Meerrettich
2 TL Senf
1 EL Puderzucker
Salz
3 EL Essig
saure Sahne

Meerrettich, Senf, Puderzucker, Salz vermengen und soviel Essig zugießen, daß eine dicke Sauce entsteht. Nach Belieben etwas saure Sahne dazugeben.
Wird kalt serviert.

150. Meerrettich-Sauce mit Rübensaft

1 EL Butter
1 EL Weizenmehl
1 EL Weinessig
1—2 Tassen Rübensaft
2 Tassen geschnittener Meerrettich
¼ l Fleisch- oder Hühnerbrühe

Butter und Mehl auf kleiner Flamme erhitzen. Brühe dazugießen und aufkochen. Einen Löffel Essig und den Rübensaft dazugeben, aufkochen, vom Feuer nehmen.
Nachdem diese Mischung unter einem Deckel kalt geworden ist, gibt man sie in den Mixer. Dazu den geputzten und in kleine Stücke geschnittenen Meerrettich. Das Ganze wird so lange gerührt, bis es samt Meerrettich ein dünnflüssiger Teig ist.
Man kann mehr oder weniger Brühe beigeben, das hängt davon ab, wie fest oder flüssig die Sauce werden soll. So ist es auch mit dem Meerrettich — je mehr davon genommen wird, desto schärfer wird die Sauce. Man kann auch mit Salz würzen, muß es aber nicht unbedingt.
Falls man die Sauce nicht im Mixer zubereiten will, muß der Meerrettich gerieben und dann mit dem vorbereiteten Gemisch gut verrührt werden. Kalt auftragen.

151. Einfache Meerrettich-Sauce mit saurer Sahne

Der Meerrettich wird gerieben und mit saurer Sahne angerührt. Salz kann, muß aber nicht dazugegeben werden. Man kann auch die saure Sahne in den Mixer geben, dazu den in kleine Stücke geschnittenen Meerrettich und alles durchrühren, bis eine gleichmäßige Masse entsteht. Kalt servieren.

152. Meerrettich-Sauce mit Essig und Pflanzenöl

Meerrettich reiben, nach Belieben Essig, Salz, Zucker und Pflanzenöl dazugeben.
Kalt servieren.

Bliny

Bliny werden hauptsächlich in der Fastnachtswoche gebakken, man kann sie aber das ganze Jahr essen.
Beim Bliny-Backen müssen folgende Regeln beachtet werden: Das Mehl muß trocken und fein, Hefe, Butter und Eier müssen ganz frisch sein. Die Pfanne muß vor dem Backen sorgfältig ausgewaschen, abgetrocknet und mit Salz ausgerieben sein. Es dürfen nicht mehr als vier Pfannen auf einmal auf dem Herd stehen. Wenn die Pfannen glühend heiß sind, wird eine genommen und mit einer auf eine Gabel gespießten, in Sonnenblumenöl eingetauchten rohen Kartoffel ausgerieben; dann wird die Pfanne wieder aufs Feuer gestellt und eine Portion dünnflüssiger Teig hineingegossen, und zwar so, daß der Teig in dünner Schicht in der Pfanne zerfließt. Wenn der Teig schlecht auseinanderfließt, gießt man etwas Milch oder Wasser hinzu und verrührt es. So verfährt man von der ersten bis zur vierten Pfanne. Wenn Sie den Teig in die vierte Pfanne gießen, ist die Bliny in der ersten schon gebacken und kann gewendet werden. Damit die Bliny gut durchbacken und nicht anbrennen, muß die richtige Temperatur gewählt werden. In aller Regel ist sie ziemlich hoch. Gewöhnlich werden 2—3 mm dicke Bliny gebacken. Die gebackenen Bliny nimmt man aus der Pfanne und legt sie auf eine heiße Platte, bestreicht sie mit Butter und deckt sie zu, damit sie nicht kalt werden. Gewöhnlich werden Bliny heiß aufgetragen. Falls die erste schlecht ausgebacken ist, an der Pfanne klebt oder zu dick ausfiel,

verlieren Sie nicht den Mut! In diesem Fall pflegt man in Rußland zu sagen »Beim ersten Mal geht's meistens schief!« Bald werden Sie herrliche Bliny backen. Das macht auch hier nur die Erfahrung. Am besten ist es, die erste Portion Bliny (etwa 6 bis 7 Stück) zu backen und gleich aufzutragen. Während sie gegessen werden, wird die zweite Portion fertig, dann die dritte und so weiter. Der Teig steht rechts neben der Herdplatte, damit man bequem davon nehmen kann. Auf der gleichen Seite steht auch ein Teller oder eine Schüssel mit Pflanzenöl mit der auf eine Gabel gespießten rohen geschälten Kartoffel zum Einfetten der Pfanne. Zu Bliny werden in extra Gefäßen heiße ausgelassene Butter, saure Sahne und schwarzer oder roter Kaviar gereicht. Vor den Bliny ißt man gewöhnlich gesalzenen Fisch oder Pilze und trinkt etwa 2 Gläschen Wodka. Man kann durchaus auch während des Bliny-Essens Wodka trinken.
Die Butter zu den Bliny darf nicht auf dem Ofen ausgelassen werden, sondern folgendermaßen: Man stellt die Butter in einem kleinen Gefäß in ein Wasserbad mit kochendem Wasser und rührt sie, bis sie zergangen ist, dann gibt man sie in ein extra vorgewärmtes Gefäß (zum Beispiel eine Sauciere) zu den Bliny auf den Tisch.
Hier drei russische Bliny-Rezepte:

153. **Bliny aus Weizenmehl**

4—5 Portionen

500 g Weizenmehl
700 ccm Milch
20 g Hefe (in 100 ccm warmer Milch aufgelöst)
10 g Salz
20 g Zucker
1 EL Pflanzenfett
1 Ei
süße Sahne

Die Hefe in 100 ccm warmer Milch auflösen (Milch von den 700 ccm nehmen), gehen lassen. Mit der Küchenmaschine warme Milch, Salz, Zucker, Butter und das Ei verrühren, die Hefe dazugießen. Gut durchrühren, nach und nach das ganze Mehl dazugeben. Etwa 20 Minuten durchkneten, bis der Teig gleichmäßig sahnig-glatt wird. Gehen lassen, bis es etwa doppelt so viel ist. Dann den Teig mit heißer Milch und dicker süßer Sahne verquirlen; vorsichtig mit einem Schöpfer die erforderliche Menge aus dem Gefäß holen und in die erhitzte Pfanne gießen, so daß er in dünner Schicht auseinanderfließt (wie in der Einführung gesagt). Mit einer Hand muß der Teig eingegossen, mit der anderen die Pfanne in verschiedene Richtungen hin- und hergedreht werden, damit der Teig schnell in der ganzen Pfanne zerfließen kann. Fließt er schlecht auseinander, gießt man 100 ccm warme Milch in die Teigschüssel, verrührt alles und bäckt weiter.

Die fertigen Bliny werden in eine heiße Schüssel oder auf einen Teller gelegt, zugedeckt und bis zum Auftragen warm gehalten. Die Teller für die Bliny müssen ebenfalls vorgewärmt sein. Zu den Bliny reicht man separat: ausgelassene Butter, saure Sahne und Kaviar.

Man ißt Bliny folgendermaßen: Auf fünf bis sechs Bliny auf dem Teller werden ausgelassene Butter und Sahne gegossen, darüber kommt Kaviar. Man schneidet ein Stück mit Butter, Sahne und Kaviar ab, damit im Mund gleich der Gesamtgeschmack, das ganze »Bukett« zur Geltung kommt. Guten Appetit!

154. Bliny halb aus Weizen-, halb aus Buchweizenmehl

4—5 Portionen

250 g Weizenmehl
250 g Buchweizenmehl
800 ccm Milch
20 g Hefe (in 100 ccm Milch aufgelöst)
Salz
20 g Zucker
1 EL Pflanzenfett
1 Ei

Die Hefe in 100 ccm warmer Milch (die von den 800 ccm genommen wird) auflösen und gehen lassen. Inzwischen

mit einem Rührgerät Milch, Salz, Zucker, Fett und das Ei gut verquirlen, die aufgegangene Hefe dazugeben und vermischen. Danach das ganze Mehl langsam einrühren, bis ein geschmeidiger Teig entsteht. Den Teig glattrühren und etwa 20 Minuten gehenlassen. Anschließend schöpflöffelweise in die eingefettete erhitzte Pfanne gießen (siehe oben). Mit einer Hand wird der Teig ausgegossen, mit der anderen die Pfanne gedreht, damit der Teig sich gleichmäßig dünn darin verteilt. Wenn er klumpt, noch etwas warme Milch hinzugeben und weiterbacken lassen. Die Bliny werden auf einem vorgewärmten Teller oder einer Schüssel gestapelt und unter einer Serviette warm gehalten; sie werden stets heiß serviert.
Zu den Bliny wird ausgelassene Butter, saure Sahne und Kaviar gereicht. Wie Bliny gegessen wird, habe ich im vorausgegangenen Rezept beschrieben.

155. **Bliny aus der Wolga-Gegend**

4—5 Portionen

1,135 kg Weizenmehl
1 l warmes Wasser oder Milch
25 g Hefewürfel
1 l kochendes Wasser oder Milch

5 Tassen Weizenmehl
1 EL Zucker
1 EL Salz
5 Eier
5 EL Pflanzenfett

Die Hefe zuerst in einer Tasse mit warmem Wasser zerkleinern und an einem warmen Platz gehen lassen. Das restliche Wasser anwärmen, die Hefe hineingeben, mit 1,135 kg Mehl vermengen und alles zusammen wieder an einem warmen Platz gehen lassen. 30 Minuten vor dem Backen der Bliny 1 l siedendheißes Wasser hinzugießen, gut durchrühren und alle 5 Eier hineinschlagen. Den Teig mit einem Rührgerät oder mit dem Schneebesen durcharbeiten, neben dem Herd bis zum Ausbacken der Bliny abstellen und gehenlassen. Zum Backen den Teig vorsichtig ohne Schütteln in entsprechender Menge in die erhitzte eingefettete

Pfanne geben. Damit er dünn in der Pfanne zerfließt, wird mit einer Hand der Teig ausgegossen und mit der anderen die Pfanne gedreht. Ist der Teig nicht flüssig genug, nochmals Wasser hinzufügen und wie beim ersten Mal durchrühren und gehen lassen.
Die fertigen Bliny auf eine heiße Schüssel oder einen Teller geben und bedecken. Dabei muß man jede mit heißer Butter bepinseln, damit sie nicht zusammenkleben. Die Bliny dürfen bis zum Servieren nicht kalt werden, da sie heiß viel besser schmecken. Die Teller für die Bliny müssen ebenfalls vorgewärmt sein. Auf einen Teller gibt man fünf bis sechs Bliny, begießt sie mit ausgelassener Butter und saurer Sahne und bedeckt sie mit schwarzem oder rotem Kaviar.
Zerlassene Butter, Sahne und Kaviar werden extra gereicht, wovon jeder nach seinem Geschmack nehmen kann. Bliny mit Kaviar gehören zum Besten, was die russische Küche zu bieten hat. Guten Appetit!

156. **Oladji oder Süße Bliny**

4—5 Portionen

900 g Mehl
½ l Wasser
50 g Hefe
Salz
100 g Butter
150 g Zucker oder
ausgelassener Honig

Einen Teig aus Wasser, Salz, Mehl und Hefe anrühren. Gut durchkneten und gehenlassen. Anschließend werden die Oladji in der Pfanne gebacken, indem man sie mit einem Eßlöffel in die erhitzte Butter gibt. Wenn sie auf einer Seite knusprig gebraten sind, werden sie gewendet, sind sie auf beiden Seiten knusprig, können sie serviert werden. Zu Oladji reicht man Puderzucker oder Honig.
Man kann sie aber auch mit gekochten Preiselbeeren reichen oder mit einer Mischung aus Quark, Schlagsahne, Eidotter, Zucker und Vanille servieren.

Die russische Fastnachtswoche und das große Fasten

(Aus den Erinnerungen des Schriftstellers N. Teleschow »Notizen eines Schriftstellers«)

Unwillkürlich denkt man an die russische Fastnachts- oder »Butterwoche« zwischen Winterende und Frühlingsanfang und an das darauffolgende siebenwöchige große Fasten. Die Butterwoche hieß in der alten Kirchenterminologie die »Fleischlose«, das heißt, man enthielt sich sämtlicher Fleischspeisen, als Vorbereitung zu den strengen und harten Tagen des großen Fastens, wo es nicht nur kein Fleisch, sondern auch keine Milch, keine Butter oder Quark und nur pflanzliche Kost wie Kraut, Kartoffeln, Rettiche und Gurken gab.

Aber die Menschen fanden schon in grauer Vorzeit einen Ausweg und erfanden Bliny oder Oladji, die mit saurer Sahne und Kaviar oder anderen Zutaten als Fastenspeisen nicht schlecht schmeckten. Und schließlich wurde die fleischlose enthaltsame Woche immer lustiger, je näher der Samstag rückte.

Auf den Plätzen in der Stadt, wo mittlerweile Grünanlagen oder Krankenhäuser errichtet wurden, wo das Pirogow-Denkmal steht und prachtvolle Blumen emporwuchsen, war in früheren Zeiten viel Platz. Hier wurden in der Fastnachtswoche (und auch zu Ostern) provisorisch Bretterbuden in langen Reihen aufgebaut, Zelte aufgestellt, in denen man Lebkuchen, Nüsse, Geschirr, Bliny und Piroggen verkaufte. In der fleischlosen Woche fand hier ein Volksfest statt; dann tönte, klirrte, lachte, belustigte sich alles, drehte sich und flog auf Karussellen und auf Schaukeln durch die Luft. Der riesige Platz wimmelte von Menschen, besonders von Handwerkern und Arbeitern, für die damals die Theater kaum erschwinglich waren, wenn sie sich überhaupt dafür interessierten.

Was gab es da nicht alles! Überall erklangen Blasorchester,

laut spielten Drehorgeln und Harmonikas, und ohne Unterlaß läuteten die Marktschreier mit ihren Glöckchen und versicherten dem Publikum, daß »die Vorstellung gleich beginnt ...«. Und die Buden waren von oben bis unten mit Gemälden von irgendwelchen Schlachten oder ungewöhnlichen Abenteuern zu Wasser und zu Luft behängt.
Nicht genug damit, auf einem offenen Balkon, fast direkt unter dem Dach, erschienen in bunten grellen Kostümen die Artisten, um sich dem Publikum zu zeigen — alles wegen der Reklame — und einen winzig kurzen Ausschnitt aus der bevorstehenden Pantomime vorzuführen ...
Diese Volksfeste und Vergnügungen wurden gegen Samstag der »großen Fastenwoche« von Tag zu Tag länger und ausgelassener, und am Samstag hatten sogar die Kinder schulfrei; viele Handelskontore und Geschäfte wurden geschlossen, sogar die Handwerker hörten früher zu arbeiten auf.
An diesem Samstag des russischen Karnevals, der nicht umsonst »lange Fastnachtswoche« heißt, waren tagsüber und abends alle Theater, Zirkusse, Buden sowie Restaurants, Gaststätten, Garküchen und Bierstuben überfüllt. An diesem Tag pflegte man auch privat Gäste einzuladen, und überall wurden viele Bliny gegessen und Wodka, Wein und Bier in schier beängstigenden Mengen getrunken. Katzenjammer, Erkrankungen, Schlägereien, ja sogar Tote waren oft die Folge dieser Ausgelassenheit.
In einigen Stadtteilen wurden festliche Trabrennen veranstaltet. Besonderen Ruhm erlangten diese Rennen in dem von vorwiegend reichen Handelsleuten besiedelten Stadtteil Taganka, wo die Kaufleute »ihre Pferde« mit Stoff- und Papierblumen und die Schlitten mit teuren bunten Teppichen schmückten. Während des Rennens fand eine Brautschau der Kaufmannstöchter statt, dabei wurden die nachösterlichen Hochzeiten ausgehandelt. An diesem Samstag schmückten auch die Kutscher die schütteren Mähnen ihrer Klepper mit Blumen und Bändern und fuhren die fidelen Moskauer durch die Straßen.
Gegen Sonntagabend wurde die Stadt dann allmählich still und friedlich. Am Moskwa-Kai begannen niedrige Bauernschlitten aufzufahren, beladen mit Eimern und Fässern voll

Sauerkraut, Salzgurken, gesalzenen und getrockneten Pilzen und verschiedenen Fastenspeisen, mit Semmeln und Kringeln. Sie postierten sich in einer Reihe längs am Fluß und bauten provisorische Zelte für die ganze Woche auf.

In aller Frühe wurde am »reinen Montag« kurz nach dem Sonnenaufgang hier der Moskauer Pilzmarkt eröffnet, eine grandiose Ansammlung von Waren, Händlern und Käufern. Gaststätten und Restaurants versorgten sich hier bis fast zum Sommer. Hier gab es alles notwendige zur »Rettung der Seele«: gesalzene Pfeffermilchlinge, Steinpilze, eingelegte Honigpilze in großen Eimern und Bottichen; da standen Fässer mit Sauerkraut, Salzgurken, eingemachten Äpfeln, mit geschälten Erbsen. Was gab es da nicht alles! Rettiche, Kartoffeln und anderes Gemüse. An den Zeltwänden und an den hochgestellten Deichselgabeln hingen in langen Reihen getrocknete Pilze verschiedener Qualität. Es gab auch Körbe mit Moosbeeren und Eimer mit duftendem Honig — aus Linden oder Buchweizen — man kann gar nicht alles aufzählen! Da gab es Rosinen, gedörrte Weintrauben, lange schwarze Schoten aus Zargrad, die hart wie ein Holzspan wurden und beim Zerbeißen gleichzeitig nach Vanille und Wanzen rochen. Und alles das, damit den Moskauern das siebenwöchige fromme Leben nicht zu lang wurde.

Auch von den Bauern angefertigte Holzrechen, Bastschuhe, Filzstiefel, Tontöpfe, Krüge, Handarbeiten, Nüsse, Moosbeerenkonfekt, selbstgemachtes Kinderspielzeug wurden hier angeboten. Hausierer mit kitschigen Bildchen irrten durch die Menge — Adams Sündenfall, das Leben im Paradies und in der Hölle inmitten grüner und roter Teufel mit langen Gabeln, mit Hörnern auf dem Kopf und mit Schwänzen. In einer bescheidenen Hütte hauste ein Mensch mit dem Gesicht eines Asketen und handelte mit der Bibel, mit Heiligenlegenden und anderen frommen Büchern …

Während der ganzen anschließenden siebenwöchigen Fastenzeit waren Theateraufführungen verboten. Die riesige Schauspielerschar, die vom Tageslohn lebte — mit Ausnahme der staatlichen kaiserlichen Theater, wo das ganze Jahr Gehalt gezahlt wurde —, war nicht nur zum großen, sondern im wahrsten Sinne des Wortes zum allergrößten Fasten verurteilt; nein, nicht nur zum Fasten, sondern zum Hungern.

In den Fastenwochen strebten auch zahlreiche italienische Sänger, berühmte ausländische Tragöden sowie die damals aufkommenden Hypnotiseure, Wahrsager und gefeierte Zauberkünstler, die mit Orden und Sternen östlicher Herrscher dekoriert waren, nach Moskau. All diesen durchreisenden Artisten war es erlaubt, eine Vorstellung zu geben, sie durften nur keine Russen und keine »Rechtgläubigen« sein. Und das Publikum vergaß das Seelenheil und strömte in hellen Scharen abends zu den Vorstellungen, in denen einheimische Schauspieler sieben Wochen nicht auftreten durften.

Piroggen und Piroschki

Piroggen und Piroschki waren in Rußland schon immer sehr beliebt, daher das Sprichwort »Nicht durch ihre Ecken sondern durch Piroggen wird eine Hütte schön« — das heißt, darin geht es den Leuten gut. Piroggen sind eine uralte russische Spezialität.

Piroggen und Piroschki — mit einer Füllung aus Fleisch, Fisch, Pilzen, Eiern, Kraut und Zwiebeln — werden in Rußland außergewöhnlich oft gegessen, und an Feiertagen ist ein Tisch ohne sie einfach nicht denkbar. In der Ukraine, in Weißrußland und in Sibirien war das schon immer so, heute gilt es für die gesamte Sowjetunion. Piroschki und Piroggen werden buchstäblich zu allem gegessen; als Vorspeise zu Gesalzenem und Geräuchertem, zu Wodka und starken Likören; man ißt sie zu Schtschi und Borschtsch, zu Bouillon, Fischsuppe, zum Hauptgericht und einfach so zu Tee oder Kaffee.

Zu Tee oder Kaffee passen am besten süße Butterpiroggen und Piroschki mit einer Füllung aus Äpfeln, süßer Sahne, Konfitüre und überhaupt verschiedenen Beeren. Ich zum Beispiel mag keine Süßigkeiten und trinke deshalb süßen Tee zu Kraut-, Fleisch- oder Pilzpiroggen. Desgleichen auch Kaffee. Aber über Geschmack kann man streiten!

Das Wichtigste bei Piroggen und Piroschki ist ein guter üppiger Teig. Wenn Sie ihn zubereiten, müssen Sie darauf achten, daß er nicht zu fest ist, dann werden die Piroggen locker. Während der Teig geht und Sie die Piroschki zube-

reiten, muß es in der Küche warm sein; auch Zugluft bekommt ihnen schlecht.
Den Teig machen die Russen in aller Regel mit Hefe; ein solcher Teig muß unbedingt dreimal aufgehen. Beim ersten Mal geht der sogenannte »Sauerteig« auf, die Hefe mit einem Teil Wasser und Mehl; beim zweiten Mal die ganze Masse des verrührten Teigs; beim dritten Mal der schon durchgeknetete Teig auf dem Tisch, bevor die Piroggen geformt werden. Jedes Mal muß der Teig mindestens ums Doppelte aufgehen. Die Piroggen und Piroschki sollen 30 Minuten bis 1 Stunde auf dem Blech liegen bleiben und kommen erst dann ins heiße Backrohr.

Einige Regeln zur Teigbereitung:

1. Das Mehl muß trocken und frisch sein; vor dem Einrühren sollte man es in jedem Fall durchsieben, so ist es lockerer.
2. Die Hefe muß gut und frisch sein.
3. Zum Gehen wird der Teig an einen warmen, aber nicht heißen Ort gestellt, damit er keinen extremen Temperaturschwankungen ausgesetzt ist.
4. Der Teig sollte nicht zu lange stehen. Sonst wird er sauer und schmeckt nicht. Man kann das folgendermaßen kontrollieren: Fällt der Teig zusammen, nachdem er aufgegangen ist, bedeutet das schon, daß er sauer geworden ist. Um ihn zu retten, wird kaltes Wasser dazugegossen, eine Handvoll Mehl hineingestreut und von Hand oder mit der Küchenmaschine alles gut verrührt.

Piroggen und Piroschki werden heiß oder kalt gegessen. Noch *ein Ratschlag:*
Wenn die Piroggen aus dem Backofen herausgenommen worden sind, sollten sie sofort, noch heiß, reichlich mit Butter bestrichen und mit einer Serviette zugedeckt werden. So wird ihre Kruste nach etwa zwanzig Minuten besonders weich, zart und schmackhaft.

157. Gewöhnliche Sauerteigpiroggen

5—6 Portionen

Für den Teig:
1,125 kg Mehl
700 ccm Wasser
60 g Hefe
1 Ei
Salz
Füllung:
für Fleischpiroggen Rez. 124, 125 oder 127
für Krautpiroggen Rez. 129, 133 oder 134
für Pilzpiroggen Rez. 130
für Fischpiroggen Rez. 128 oder 136
für Eierpiroggen Rez. 125 oder 135.
1 Eigelb mit 1 TL Wasser vermischt, zum Bestreichen der ungebackenen Piroggen
50 g Butter zum Bestreichen der fertigen Piroggen

Die Hefe in einer Tasse Wasser auflösen und gehen lassen. Mittlerweile 1,125 kg Mehl durchsieben und abwiegen. In einen großen Topf 600 ccm Wasser und die gegangene Hefe gießen, 6 Tassen Mehl dazugeben (auf eine Tasse Flüssigkeit eine Tasse Mehl). Mit einem Schneebesen gleichmäßig verrühren, den Topf mit einem Tuch bedecken und alles in der guttemperierten Küche gehen lassen. Der Teig muß mindestens doppelt so viel werden. Dann ein Ei dazugeben, kräftig salzen und unter ständigem Rühren das restliche Mehl dazugeben (mit einem Mixer geht es schneller). 2 Tassen Mehl bleiben zum Ausrollen übrig. Nun muß der Teig mit dem Knethaken oder einem Kochlöffel gut durchgeknetet werden. Wenn er zu dickflüssig ist, gießt man noch kaltes Wasser hinzu, wobei er ständig weiter geknetet wird. Der Teig muß locker und weich sein. Er sollte mindestens 30 Minuten geknetet werden und muß sich gut von den Wänden des Rührgefäßes lösen. Dann wird er wieder an einen warmen Ort zum Gehen gestellt und mit einem Tuch bedeckt. Er muß nochmals um das Zwei- bis Zweieinhalbfache gehen. Danach kommt er auf den sauberen Tisch und wird etwa 10 Minuten auf einer Seite durchgeknetet. Der Tisch wird mit 2 Tassen Mehl bestreut. Danach läßt man den Teig etwa 30 Minuten auf dem Tisch liegen. In der

Küche muß es warm und ohne Zugluft sein (jetzt oder schon etwas früher sollte man den Backofen anschalten.)
Hat der Teig genug gestanden, wird er zu einem rechteckigen länglichen $1\frac{1}{2}$ Finger dicken Fladen ausgerollt. In die Mitte kommt die Füllung so dick, daß die Teigenden darüber zusammengedrückt werden können. Zuerst werden die Längsseiten, dann die Querseiten des Teiglappens zusammengedrückt und der überflüssige Teig weggeschnitten. Jetzt wird die Pirogge vorsichtig umgedreht und mit der Naht nach unten auf ein Backblech gelegt (das Blech ist mit Butter eingefettet oder mit Mehl bestreut; wenn der Teig ausgerollt und die Füllung hineingegeben wird, muß das so gehandhabt werden, daß die Pirogge nicht größer als das Blech ist). Die Ränder der Pirogge werden auf dem Blech mit den Fingern glattgestrichen. Dann läßt man die Pirogge noch etwa eine Stunde stehen, bestreicht sie mit Ei und Wasser und stellt sie danach in den erhitzten Ofen.
Eine solche Pirogge backt eine Stunde bei 200—220°. Mit einem Holzspan kann man an den Enden und in der Mitte prüfen, ob sie fertig ist — klebt kein roher Teig an dem Span, ist die Pirogge gar. Nachdem sie dann vorsichtig herausgenommen wurde, bleibt sie auf dem Blech. Die ganze Kruste und die Seiten werden mit Butter bestrichen. Das Ganze bedeckt man mit einem Tuch und läßt es noch etwas abkühlen. Dadurch wird die Kruste weich und schmackhaft. Die Pirogge kann kalt oder heiß gegessen werden.
Eingangs wurden verschiedene Füllungen erwähnt, mit denen man diese russische Pirogge zubereiten kann. Mit all diesen Füllungen kann sie zu allen möglichen Suppen oder einfach zu Tee, Milch oder als Vorspeise gegessen werden.
Eine Fischpirogge ist gut zur Fischsuppe, eine mit Fleisch oder Kraut u. ä. zu Schtschi und Borschtsch.

158. Hühnerpastete

4 Portionen

Für den Teig:
etwa 5 Tassen Mehl
ein halbes Ei
1½ EL Butter
1 EL saure Sahne
Salz
½ Tasse Wasser
1 Eigelb mit 1 TL Wasser zum Bestreichen der rohen Pirogge

Für die Füllung:
2 bis 3 Küken oder 1 junges Huhn
Eierfüllung Rez. 126
gekochter Reis
Salz
1 Tasse fette Brühe
1 Eiswürfel

5 Tassen Mehl auf den Tisch streuen; eine Vertiefung ins Mehl machen, das halbe Ei, die ausgelassene Butter, saure Sahne, Salz und Wasser hineingeben. Vorsichtig das Mehl vom Rand in die Vertiefung schütten und einen nicht allzu festen Teig kneten.

Den Teig (ein Stück von der Größe eines halben Hühnereis übrig lassen) zu einem runden Fladen ausrollen, der einen halben Finger dick und anderthalb mal so groß wie die Pfanne ist, in der die Pirogge gebacken wird. Den Fladen in die eingefettete Pfanne legen, in die Mitte die kalte Füllung geben. Die Enden des Teiges in der Mitte zusammenfalten. Die Öffnung mit dem aus dem restlichen Teig gerollten Kügelchen verschließen und zusammendrücken. Die Oberfläche der Pirogge mit Eigelb und Wasser bestreichen und in das vorgeheizte Rohr schieben. Etwa eine Stunde backen (mit einem Holzspan prüfen).

Die Füllung für die Hühnerpastete wird folgendermaßen zubereitet: Die Küken oder das junge Huhn werden halbgar gekocht. Das Hühnerfleisch wird von den Knochen gelöst und in kleine Stücke geschnitten. Dann die Eierfüllung zubereiten. In die Pirogge kommt die Füllung in der Reihenfolge Eier-Fleisch und so weiter; die oberste Schicht muß aus Eiern bestehen. Zur Eierfüllung kann gekochter Reis gegeben werden.

Ist die Pirogge ausgebacken, wird sie aus dem Rohr genom-

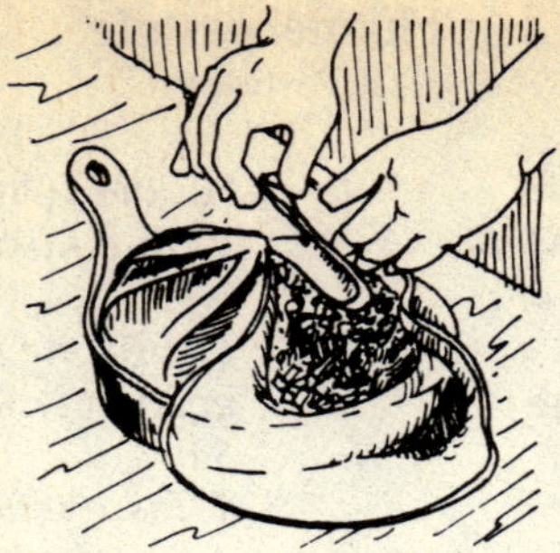

men. Das obenauf liegende Stück wird abgeschnitten und aufgehoben. In die Pirogge wird Bouillon gegossen, ein Eiswürfel dazugelegt, danach die Öffnung mit dem abgeschnittenen Teil wieder geschlossen und die Pirogge aufgetragen.
Man kann für die Hühnerpastete auch einen Blätterteig machen. Dieser Blätterteig wird dann in *zwei* Fladen ausgerollt; auf den einen kommt die Füllung, der andere wird darauf gedrückt, dann alles mit Ei und Wasser bestrichen. Ist die Pirogge fertig, nimmt man ebenfalls den Deckel ab, gießt Bouillon hinein und gibt einen Eiswürfel dazu.

159. Runde Pirogge aus gehacktem Teig mit Pilzen

Für den Teig:
340 g braune Butter
680 g Mehl
2 Tassen Wasser
1 Ei
Salz

Pilzfüllung Rez. 130 und
Eierfüllung Rez. 126
etwa 1 Tasse fette Bouillon
oder Sauce Béchamel bzw.
Tomatensauce

Der gehackte *Teig* wird folgendermaßen zubereitet:
In einem kleinen Holztrog wird Butter schaumig geschlagen, langsam das Mehl hineingestreut und das mit einem Ei und Salz vermischte Wasser dazugegossen. Mit einem

Hackmesser wird der Teig in dem Trog solange bearbeitet, bis er sich vom Messer löst. Dann gibt man ihn zum Abkühlen in den Kühlschrank. Wenn er kalt ist, wird die Pirogge zubereitet.
Der Teig wird ausgerollt und die Pirogge wie in Rez. 158 geformt. Die *Füllung* wird auf die gleiche Weise hineingegeben, die Pilze müssen aber nicht fein — sondern grob zerkleinert sein. Danach werden sie mit der Eierfüllung vermengt und kalt eingefüllt. Ist die Pirogge fertig (sie backt etwa 1½ Stunden in einer eingefetteten runden Pfanne), wird ein »Deckel« abgeschnitten, fette Brühe oder Béchamel- bzw. Tomatensauce in die Pirogge gegossen und diese wieder geschlossen.
Sie kann kalt oder heiß verzehrt werden.

160. Fritierte Piroschki aus einem Spezialteig

4—5 Portionen

450 g Mehl
200 ccm Wasser
25 g Hefe
1 Ei
1 EL ausgelassene braune Butter
1 l Sonnenblumenöl zum Fritieren

200 ccm warmes Wasser nehmen, die Hefe hineingeben und die Hälfte des Mehls dazu. Gut vermischen, an einem warmen Ort gehen lassen. Wenn die Mischung zweimal gegangen ist, mit der Küchenmaschine oder von Hand in einem Topf mit dem restlichen Mehl verrühren, ein Ei und einen Löffel Butter dazugeben. Danach an einem warmen Ort gehen lassen. Wenn der Teig wiederum zweimal gegangen ist, auf dem Tisch ausrollen, etwas Mehl darunterstreuen, damit er nicht auf dem Tisch kleben bleibt. Der Teig muß locker sein, darf aber nicht auseinanderfließen. Dann wieder liegen lassen; wenn er noch etwas aufgegangen ist, in Stücke schneiden; diese zu länglichen Ovalen rollen und in jeden die gewählte Füllung geben; den Teig zusammendrücken, die Piroschki nochmals etwa 20 Minuten liegen lassen und dann in Öl backen.

In einen Topf einen Liter Sonnenblumenöl gießen und erhitzen (aber nicht zu sehr; wenn es raucht, ist es schon zu heiß); in das heiße Öl die Piroschki geben. Wenn sie von allen Seiten schön gelb sind, mit einem Schaumlöffel herausnehmen, in einen Topf legen und zudecken.
Man kann die Piroschki heiß oder kalt essen; zu Tee, als Imbiß zu Wodka sowie zu Hors d'œuvres (vgl. die Hinweise zu den Hors d'œuvres Rez. 33).

161. Gebackene Piroschki I

5—6 Portionen

½ l warme Milch (30°)
30 g Hefe
2 EL Zucker
1 TL Salz
3 Eier
150 g ausgelassene Butter
1 EL Wodka
1 kg Mehl (durchgesiebtes)

Die Hefe in der erwärmten Milch auflösen, mit Zucker und Salz verrühren; anschließend die Eier dazugeben, wieder verrühren. Jetzt die Butter und einen Löffel Wodka hineinrühren. Das ganze Mehl einstreuen, in einem Topf gut mit der Küchenmaschine oder von Hand 20 bis 30 Minuten durchkneten, bis sich der Teig von den Händen und vom Topfrand löst.
Den Teig in einen 5—6 Liter-Topf geben, mit einem sauberen Handtuch abdecken; eine Decke darübergeben und in der warmen Küche 2—3 Stunden gehen lassen. Ist er zweimal gegangen, zusammenpressen und nochmals gehen lassen.
Dann auf dem Tisch ausrollen, 3 Minuten auf einer Seite kneten und in etwa 50 g große Stücke schneiden. Zu Bällchen rollen und diese etwa 20 Minuten unter einem Handtuch in der Wärme stehen lassen. Danach mit dem Finger eine Vertiefung hineindrücken, die kalte Füllung hineingeben und wieder sorgfältig verschließen. Auf ein mit Butter eingefettetes Blech in etwa 2 cm Abstand voneinander legen. Mit einem Handtuch zudecken und noch etwa 20 Minuten in der warmen Küche stehen lassen. Dann vorsichtig

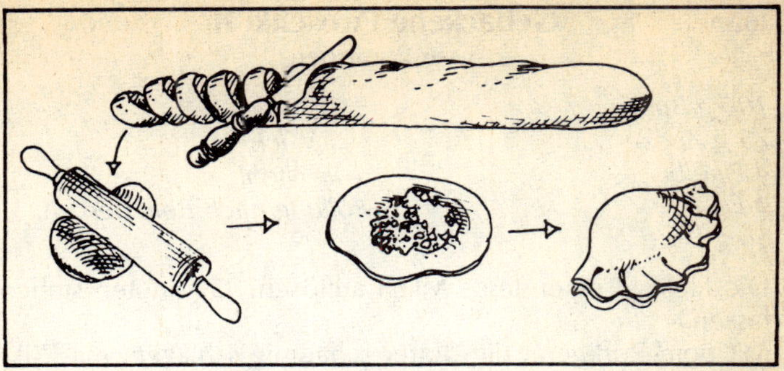

mit Eigelb und Wasser bestreichen (auf ein Eigelb einen Teelöffel Wasser). Im vorgewärmten Ofen bei 200—220° 20 Minuten backen. Achten Sie darauf, daß die Piroschki nicht anbrennen. Wenn sie schön hellbraun sind, sind sie fertig.

Herausnehmen, auf ein Tuch legen und mit Butter bestreichen. Bedecken und noch etwa 10 Minuten stehen lassen.

Anmerkung: Soll die Füllung für die Piroschki süß sein, muß mehr Zucker hineingegeben werden (bis zu 2 Tassen).

Während der Teig zubereitet und die Piroschki gebacken werden, muß es in der Küche angenehm warm sein. Alle Fenster und Türen sollten geschlossen und der Backofen angeheizt sein. Es darf nicht ziehen.

162. **Gebackene Piroschki II**

5—6 Portionen

100 g Butter
75 g Zucker
4 Eigelb
1 Ei
50 g Hefe
1 TL Salz
½ l Milch
1 kg Mehl
Füllung nach Belieben

Die Hefe in einer Tasse Milch auflösen, 15 Minuten stehen lassen.
Mit dem Rührgerät die Butter schaumig schlagen, mit Zukker vermengen, das Eigelb und das Ei dazugeben, dann die feuchte Hefe und das Salz und die restliche Milch, alles gut durchschlagen und unter Rühren das Mehl dazuschütten. Den Teig gut durchkneten, bis er glatt und glänzend ist und sich von den Händen und von der Schüssel löst.
Den Teig zudecken, in die warme Küche stellen und dreimal gehen lassen. Danach auf dem Tisch ausrollen, die ganze Zeit gut auf einer Seite durchkneten, noch 30 Minuten unter einer Serviette liegen lassen.
In der Küche muß es angenehm warm sein, alle Fenster und Türen bleiben geschlossen, damit es nicht zieht.
Den Teig in Stücke zu 50—60 g schneiden und noch mal 10 Minuten stehen lassen. Dann die kalte Füllung hineingeben (siehe entsprechende Rezepte). Die Piroschki sorgfältig zusammendrücken und mit der Naht nach unten auf ein mit Butter eingefettetes Backblech legen.
Damit sie ein drittes Mal gehen, bleiben sie noch 30 bis 40 Minuten auf dem Blech liegen. Danach werden sie mit Eigelb (eventuell zu einem Eigelb einen Teelöffel Wasser geben) bestrichen und im vorgewärmten Ofen 8—10 Minuten bei guter Hitze gebacken.
Wenn sie schön gelb sind, werden sie herausgenommen, auf eine Serviette gelegt und sofort mit Butter bestrichen. Mit einer anderen Serviette deckt man sie zu und läßt sie 15 Minuten ruhen. Sie werden heiß serviert.
Falls Piroschki übrigbleiben, kann man sie am nächsten Tag auch kalt essen. Sie werden unter einer Serviette in einer Schüssel aufbewahrt.

163. **Gebackene Piroschki III**

5 Portionen

400 ccm Milch	*3 Eigelb*
30 g Hefe	*1 TL Salz*
250 g Butter	*725 g Mehl*
1 Ei	

Die Hefe in einer Tasse warmer Milch auflösen und 20 Minuten stehen lassen.
Die Butter mit dem Schneebesen oder im Rührgerät schaumig schlagen. Dann die Eier, die Hefe, die restliche Milch und das Salz hineingeben und langsam das Mehl hineinrühren. Den Teig weiter gut verrühren und dann mit der Küchenmaschine oder von Hand kneten, bis er glatt und glänzend ist und sich von der Schüssel und den Händen löst.
Den Teig in der warmen Küche (ohne Zugluft) zweimal gehen lassen. Dann mit den Händen zusammendrücken. Wieder zweimal gehen lassen. Der Teig muß mit einer Serviette zugedeckt werden. In der Küche soll es warm sein und keine Zugluft herrschen, alle Fenster und Türen bleiben geschlossen. Während der Teig geht, wird der Backofen angeheizt.
Ist der Teig zum zweiten Mal gegangen, wird er auf dem Tisch ausgerollt, gut durchgeknetet und etwa 30 Minuten liegengelassen. Dann wird er in Stücke zu je 60 g geschnitten. Diese rollt man zu Kugeln, die nochmals zehn Minuten ruhen müssen. Danach wird jede Kugel vorsichtig mit den Fingern auseinandergedrückt, die Füllung hineingelegt und die Ränder darüber zusammengedrückt. Die Kugeln kommen mit der Naht nach unten auf ein mit Butter eingefettetes Blech. Nun müssen die Piroschki noch eine Stunde auf dem Blech liegen, um nochmals zu gehen. Danach werden sie vorsichtig mit Eigelb und Wasser bestrichen (auf ein Eigelb einen Teelöffel Wasser). Dann kommt das Blech mit den Piroschki in den Backofen, und sie werden bei starker Hitze 8—10 Minuten gebacken. Sie müssen von allen Seiten braun sein.
Die fertigen Piroschki werden aus dem Ofen genommen,

auf eine Serviette gelegt, mit flüssiger Butter bestrichen, mit einer Serviette zugedeckt und sollen noch 20 Minuten stehen.
Man kann diese Piroschki aber auch wie in Rezept 164 fritieren. Die Füllung besteht aus Fleisch (Rez. 124), Weißkraut (Rez. 129) oder Sauerkraut (Rez. 134).

164. **Schnelle Piroschki aus Brandteig**

4 Portionen

1 Glas Wasser (250 ccm)
2 EL Butter
½ kg und 2 EL Mehl
4 Eier
Salz (etwa einen halben TL)
1 l Sonnenblumenöl zum Fritieren

Ein Glas Wasser mit 2 Löffeln Butter aufkochen. In das siedende Wasser das ½ kg Mehl geben und die Masse zu einem Kloß rühren. Wenn sie abgekühlt ist, die 4 Eier einzeln hineinschlagen. Nach Belieben salzen. Dann nochmals 2 Löffel Mehl zugeben und gut verrühren, damit der Teig nicht kleben bleibt. Nicht mehr als 3 mm dick ausrollen und mit einer Tasse runde Teigstücke von 9—10 cm Durchmesser ausstechen. Jeweils 2 Teelöffel kalte Füllung auf die runden Fladen geben. Sorgfältig zudrücken. Danach in einer Aluminium-Kasserolle 1 l Sonnenblumenöl erhitzen und die Piroschki einlegen. Wenn sie dunkelbraun sind, mit einem Schaumlöffel herausnehmen. 10 Minuten in einer Schüssel oder einem Topf zugedeckt stehen lassen. So bekommen sie eine weiche Kruste.
Gut schmeckt dazu eine Fleischfüllung (Rez. 124) oder noch besser eine aus Zwiebellauch mit Eiern (Rez. 134).

165. **Pasteten**

7 Portionen

1,1 kg einfacher Hefeteig (Rez. 157)
1 Ei
½ EL Zucker
1 Eigelb zum Bestreichen
0,8 kg Füllung

Zu 1,1 kg einfachem Hefeteig werden 110 g Butter, ein Ei, ein halber Eßlöffel Zucker und eine Tasse süße Sahne gegeben und alles gut vermengt. Soviel Mehl einstreuen, daß der Teig nirgendwo klebt. Er darf weder zu locker noch zu fest sein. Der Teig kommt in eine mit Butter eingefettete Kasserolle und muß etwa eine Stunde ruhen. Dann wird er herausgenommen, halbiert und jedes Stück zu einem länglichen Fladen ausgerollt, der etwas länger als das Blech und anderthalb Finger dick ist. Den ausgerollten Teig legt man auf ein mit Mehl bestreutes Tuch und gibt die kalte Füllung darauf. Die Füllung wird so dick aufgestrichen, daß gerade noch die Ränder zusammengedrückt werden können. Zuerst zieht man die Längsränder in der Mitte und an den Seiten zusammen, dann werden die Ecken in der Mitte zusammengedrückt (siehe Zeichnung). Mit den zusammengedrückten Rändern nach unten legt man die Pasteten auf ein mit Butter eingefettetes Blech. Danach bedeckt man sie mit einer Serviette und läßt sie in der warmen Küche minde-

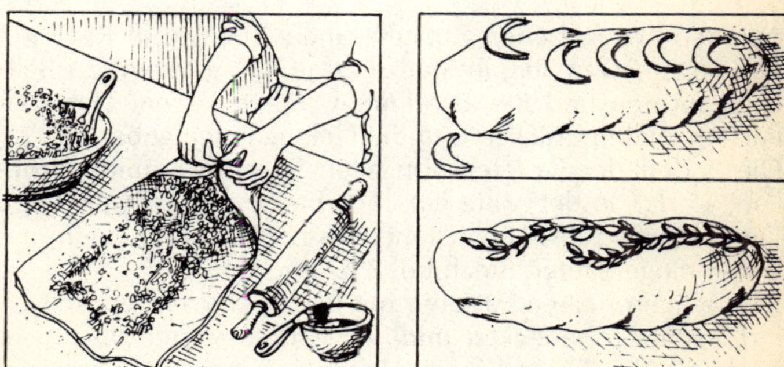

stens eine Stunde auf dem Tisch stehen, damit der Teig aufgeht. Mit einer Mischung aus Eigelb und Wasser (auf ein Eigelb ein Teelöffel Wasser) wird die ganze Oberfläche bestrichen. Danach streut man Semmelbrösel darüber und sticht mit einem nassen Messer oder einer Gabel 2—3 Öffnungen in den Teig, damit die Luft entweichen kann.
Bevor man mit dem Backen beginnt, muß der Ofen angeheizt werden, damit es in der Küche warm und der Ofen backbereit ist. Wenn die Pasteten auf dem Blech gegangen sind, werden sie in den Ofen geschoben. Sie backen etwa anderthalb Stunden. Der Teig muß gut durchgebacken und die Pasteten sollten schön goldbraun sein. Die fertig gebakkenen Pasteten werden herausgenommen und noch für etwa 30 Minuten auf dem Tisch stehen gelassen.
Die beste Füllung für Pasteten ist eine Fischfüllung (Rez. 128) oder eine Rindfleisch- (Rez. 124) oder Krautfüllung (Rez. 133).

166. **Moskauer Pasteten**

4—5 Portionen

800 g Mehl
40 g Zucker
40 g Butter
8 g Salz
12 g Hefe

360 ccm Wasser
Füllung Rez. 125, 127, 130 (je nachdem, wozu die Pasteten gereicht werden)

Aus den angegebenen Zutaten einen Teig wie in Rez. 162 zubereiten. Den Teig in Stücke zu je 150 g teilen, zu Bällchen formen und 8—10 Minuten stehen lassen. Dann zu flachen Fladen drücken und die Füllung hineingeben.
Die Enden der Pasteten von allen Seiten zusammendrükken, so daß in der Mitte ein Loch bleibt (siehe Zeichnung).
Die Pasteten 20 Minuten stehen lassen, dann auf einem mit Butter eingefetteten Blech bei 250° backen.
Die fertigen heißen Pasteten mit Butter bestreichen, mit einer Serviette bedecken und 10 Minuten stehen lassen. Je nach Art der Füllung in die Mitte der fertigen Pastete ein

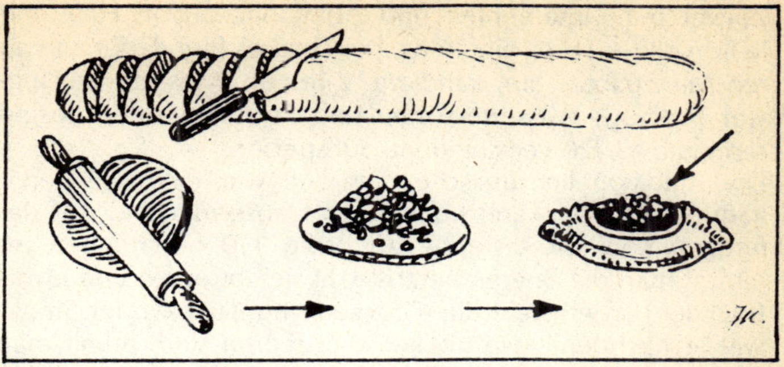

Stückchen gekochten Stör oder leicht gesalzenen Fisch (Lachs) bzw. je einen marinierten Pilz oder eine Scheibe hartgekochtes Ei legen. Pasteten mit Fischfüllung werden zu Fischsuppe gereicht; mit Fleisch gefüllt, gibt man sie zu einer kräftigen Brühe (Rez. 23), mit einer Pilzfüllung zu Pilzsuppe (Rez. 24).

Alte Moskowiter Süßigkeiten

Zur Geburtstagsfeier des russischen Zaren Peter des Großen gab es folgende Süßigkeiten: süße Lebkuchen mit Zimt; ein 2 Pud und 20 Pfund schweres, mit Blumen verziertes Zuckerstück; einen großen weißen Adler aus Zuckerguß; einen roten Zuckeradler mit dem Reichswappen von anderthalb Pud Gewicht; einen 2 Pud schweren Schwan aus Zuckerguß; eine Zuckergußente von einem halben Pud; einen 10 Pfund schweren Papagei aus Zuckerguß; den Kreml mit berittenen Soldaten und Infanterie, mit Türmen, über denen Adler schwebten — aus Zucker; die Stadt — ein von Kanonen umstelltes Viereck — alles aus Zucker; 2 große Zuckertrompeten mit Zimt, eine rote und eine weiße zu je 15 Pfund; 2 große Stücke Zuckermarzipan; Geschirr aus

Zucker mit Ornamenten und Abbildungen von Fuß- und Reitervolk — jedes Gefäß wog ein halbes Pfund, darauf waren Marzipanfrüchte, kandierte Zitronen, Muskatäpfel, Ingwer in Sirup, Wassermelonen und Zuckermelonen. Insgesamt gab es 120 verschiedene Süßspeisen.
Eine traditionelle russische Süßigkeit war die sogenannte »Smokwa«. Man kann sie auch zu Hause machen. Aus der fertigen Konfitüre, wie sie auf Seite 190 beschrieben ist, nimmt man die Beeren heraus, läßt sie abtropfen und etwas trocknen; so entsteht die »Trockene Konfitüre« oder Smokwa. Je nachdem, wie trocken die Beeren sind, erhält man verschiedene Sorten von Smokwa. Wenn man die getrockneten Beeren mit Zucker bestreut, hat man eine Zucker-Smokwa; taucht man sie in sehr dicken Sirup und läßt sie dann wieder trocknen, bekommt man Glasierte Smokwa; ist der Sirup so dick, daß er beim Erkalten zu fester, glasartiger Bonbonmasse wird, entsteht die Bonbon-Smokwa.
Eine beliebte Süßigkeit waren in Rußland immer auch mit Zuckersirup begossene und getrocknete Nüsse aller Sorten. Außerdem mögen die Russen die mit einer Schicht Puderzucker bedeckten Moosbeeren sehr: oben süß, innen sauer! Die einfachste und dennoch sehr beliebte Leckerei sind die mit zerkleinerten Walnüssen vermengten Rosinen, zu denen man heißen starken Tee serviert.

Brote, Brezeln und Kalatschen

In Rußland gibt es eine schöne alte Sitte: Liebe Gäste empfängt man mit dem sogenannten »Brot-Salz«. Auf ein buntes Tuch legt man einen runden Laib Brot, darauf steht ein kleines Gefäß mit Salz. Man überreicht dies dem Gast mit den Worten: »Brot und Salz!«, die Gabe ist ein Zeichen der Gastfreundschaft und der Wertschätzung. Der Gast bricht ein Stückchen Brot ab, bestreut es mit Salz und ißt es; er dankt damit für die Freundschaft des Gastgebers und beweist, daß auch er mit Wohlwollen und in guter Absicht gekommen ist.
Wenn ein Mensch unerwartet in ein Haus kommt, in dem gerade gegessen wird, so sagt er: »Brot und Salz!«, worauf der Hausherr antwortet: »Bitte zu Tisch!«
Die russischen hausgebackenen Brote — Brezeln, Kalatschen, Käsekuchen — werden statt Brot zum Imbiß, zu verschiedenen Vor- und Hauptspeisen und auch zu Tee oder Kaffee gegessen. Am besten schmecken sie warm, das heißt gleich nachdem sie aus dem Backofen kommen.
Der Teig ist für jedes Rezept verschieden.
Die hausgebackenen Brote schmecken besonders gut gleich am Morgen zum Frühstück. Probieren Sie einmal einen warmen frischen Kalatschen mit Butter und Kaviar — Sie werden sich bald die Finger danach lecken!

167. **Gebrühte Brezeln I**

1 kg Mehl
600 ccm Wasser
25 g Hefe
50 g zerlassene Butter
10 g Salz
15 g Kümmel

Hefeteig vorbereiten, d.h. 500 ccm Wasser auf 30—35° C erwärmen, die ganze Hefe und die Hälfte des Mehls einstreuen, damit ein sahniger Teig entsteht. Sehr gut verrühren und 2—3 Stunden gehen lassen, bis sich die Menge verdoppelt. Sobald der Teig aufgegangen ist und sich etwas gesetzt hat, das restliche Mehl (etwas zurücklassen zum Formen) und Wasser, Butter und Salz einrühren und gut mit den Händen oder in einer Küchenmaschine durchkneten. Dann erneut an einer warmen Stelle etwa 2 Stunden gehen lassen. Wenn der Teig sich mindestens verdoppelt hat, wird er auf dem Tisch ausgerollt und in Stücke zu etwa 60 g geschnitten. Der Teig muß fest sein. Die einzelnen Stücke zu Stangen, die in der Mitte dicker sind, formen und zu Brezeln drehen, auf ein gefettetes Blech legen, kurz gehen lassen. Danach die Brezeln in kochendes Salzwasser geben und so lange kochen, bis sie an die Oberfläche kommen.

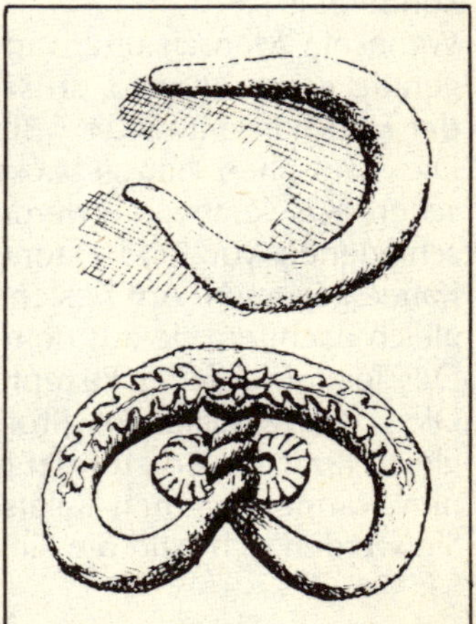

Mit dem Schaumlöffel herausnehmen, auf einem Sieb oder einem Durchschlag abtropfen lassen, wieder auf ein gefettetes Blech legen, mit Kümmel bestreuen und im Backofen bei 250—270° C backen.

168. Gebrühte Brezeln II

2,270 kg Mehl
1 l Wasser
57 g Hefe
Salz

Aus Wasser, Salz, Hefe und Mehl einen Teig rühren. An einer warmen Stelle gehen lassen. Danach gut mit der Hand oder in einer Küchenmaschine durchkneten und erneut gehen lassen (jedesmal soll sich die Teigmenge verdoppeln). Brezeln formen, wie in Rezept 167 beschrieben und auf der Zeichnung zu sehen). Brezeln in kochendes Wasser legen. Wenn sie an der Oberfläche auftauchen, auf ein Sieb oder einen Durchschlag geben und auf einem gefetteten Blech backen.

169. Butterbrezeln

10 Eier
200 g Butter
200 g Zucker
soviel Mehl, daß der Teig nicht zu fest wird

Eier, zerlassene Butter und Zucker sorgfältig mit Mehl vermischen, so daß ein nicht zu fester, mürber Teig entsteht. Lange durchkneten — etwa 30 Minuten (in einer Küchenmaschine oder mit der Hand). Brezeln formen (wie auf der Zeichnung), diese auf ein gefettetes Blech legen und mit Eigelb bestreichen. Dann in den vorgewärmten Backofen schieben und backen.

170. **Leningrader Kalatschen**

für 10 Kalatschen

800 g Mehl
8 g Hefe
24 g zerlassene Butter
12 g Salz
50 g Zucker
350 ccm Wasser
2 Eigelb zum Bestreichen der Kalatschen

Zuerst einen Hefeteig vorbereiten: Ca. 250 ccm Wasser auf 30—35° erwärmen, die Hefe darin auflösen und die Hälfte von dem Mehl hineinstreuen, so daß ein sahniger Teig entsteht. Sehr gut verrühren und an einem warmen Ort gehen lassen, bis sich die Menge verdoppelt. Wenn der Teig aufgegangen ist und sich etwas gesetzt hat, das restliche Mehl, Wasser, Salz, Zucker und Butter zugeben, sehr gut verrühren und in der Küchenmaschine oder mit der Hand durchkneten; erneut an einem warmen Ort gehen lassen, bis sich die Menge verdoppelt hat. Dann den Teig auf einen Tisch geben, durchkneten, in 10 Stücke teilen, jedes Stück zu einem Fladen formen und gehen lassen. Nach 5—8 Minuten, wenn sie aufgegangen sind, in der Mitte der Fladen einen Halbkreis einschneiden (wie auf der Zeichnung zu sehen) und 1,5—2 cm Rand stehen lassen. Die auf diese Weise entstandene Zunge leicht mit Butter bestreichen und zur Seite biegen (siehe Zeichnung). Die Kalatschen auf ein mit Butter gefettetes Blech legen, gut gehen lassen (15 Minu-

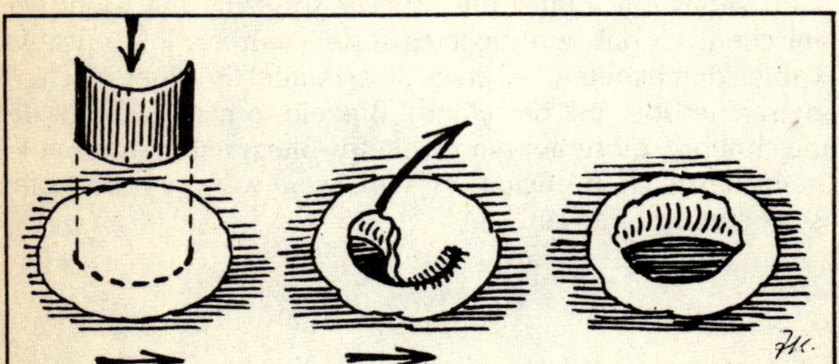

ten), bis sie sich aufwölben, dann mit Ei und Wasser (auf 1 Ei ein Teelöffel Wasser) bestreichen und 10—15 Minuten bei 250° im Backofen backen.
Wenn sie gebacken sind, auf eine Serviette legen, mit Butter bestreichen, mit einer zweiten Serviette zudecken und 10 Minuten stehen lassen. Dann mit Mehl bestäuben (70 g) und servieren.
Kalatschen werden heiß serviert und mit Butter zu verschiedenen Gerichten oder zum Tee gegessen.

171. **Käsekuchen**

Für den Teig:
½ kg Mehl
½ Ei
1½ EL zerlassene Butter
1 EL saure Sahne
Salz
1 Tasse Wasser

Für die Füllung:
400 g Quark
1 Ei
1 TL zerlassene Butter
Salz
2 EL Zucker

Das Mehl auf den Tisch schütten, eine Vertiefung machen, dahinein das halbe Ei, Butter, Sahne, Wasser und Salz geben und alles mit dem Mehl zu einem nicht zu festen Teig verrühren.
Für die *Quarkfüllung* den Quark gut mit Ei und Butter verrühren, nach Belieben salzen und Zucker zugeben.
Den Teig ausrollen, in gleichmäßige Stücke schneiden und zu runden Fladen ausrollen. In die Mitte jedes Fladens etwas Quarkfüllung geben, glattstreichen und die Fladenränder mit der Rolle festdrücken, damit die Füllung nicht herausfließen kann. Jeden Käsekuchen mit Eigelb und Wasser (auf ein Eigelb einen Teelöffel Wasser) bestreichen, auf ein mit Butter gefettetes Blech legen und in den Backofen schieben.
Solche Käsekuchen werden zu Borschtsch und zu grünem Schtschi gereicht. Man kann sie aber auch zum Tee oder zum Kaffee essen. Aus dem oben beschriebenen Teig kann man auch Piroschki backen.

Lebkuchen oder Pfefferkuchen

Süße Lebkuchen sind in Rußland schon aus heidnischen Zeiten als Opfergaben der Nordslawen an ihre Götter bekannt. Die Opferpriester opferten dem Gott Swjatowid ein großes Brot, das mit Honig hergestellt und so wie die heutigen Lebkuchen gebacken war. Das Brot verzierten sie mit Tierdarstellungen. Auf die gleiche Weise werden auch heute noch unsere Lebkuchen verziert.
Man ißt sie hauptsächlich zum Tee und zum Kaffee, legt sie unter den Weihnachtsbaum oder hängt sie an den Baum.
Vor allem im Norden Rußlands, z. B. in der Gegend um Archangelsk, gibt es Meisterinnen der Lebkuchenbäckerei, die, wie schon ihre Mütter, Großmütter und Ahnfrauen, die uralten Lebkuchenformen und auch alte Motive der Lebkuchenausstattung bewahren. Lebkuchen werden hauptsächlich zu Neujahr gebacken.
In alten Zeiten hat man den Lebkuchen magische Eigenschaften zugeschrieben. Die Hauptmotive der Lebkuchenverzierung sind Pferd, Hirsch, Vogel und eine Frauenfigur; die Lebkuchen sollten Glück und Reichtum ins Haus bringen.
Beim Neujahrsfest beschenkten die Mädchen ihre Freunde mit Lebkuchen; Kinder gingen mit Lebkuchen durchs Dorf und gaben sie den Bauern, die ihrerseits den Kindern Lebkuchen schenkten. In jedem Haus standen zu Neujahr fertige Lebkuchen zum Verteilen auf dem Tisch.

172. **Lebkuchen in Form eines runden Brots**

450 g Weizenmehl
338 g Honig
338 g Zucker
2 g Backpulver
6 EL Milch

Die Milch in einem Topf aufs Feuer stellen, darin den Zukker zergehen lassen, Honig dazugeben und vollständig schmelzen lassen, alles gut vermischen. Das Mehl auf dem Tisch ausstreuen, das Backpulver zufügen, in der Mitte eine Vertiefung machen und die süße Milch hineingießen; mit dem Mehl verrühren und dann alles zu einer brotteigähnlichen Masse kneten. Der Teig muß sehr fest sein. Ein Backblech mit Mehl bestäuben, darauf den Teig in einem runden Stück legen, etwas plattdrücken und in der Küche auf dem Blech stehen lassen. Wenn er 30 Minuten gestanden hat, in den heißen Backofen schieben und backen, bis er schön braun geworden ist. Man kann, bevor der Teig in den Ofen kommt, irgendein Muster in Form eines Tieres (zum Beispiel einen Bären — siehe Zeichnung) darauf modellieren.

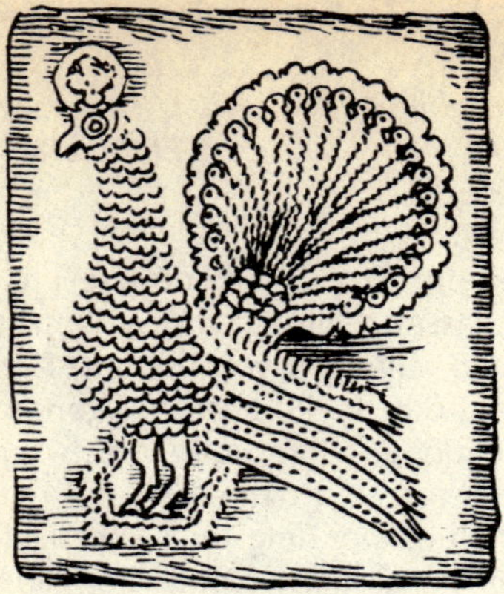

173. **Gebrühte Lebkuchen**

563 g Zucker
225 ccm Rosenwasser
Schale einer frischen Zitrone
51 g Puderzucker
4 g reine Pottasche
4 g gemahlener Zimt
4 g Kardamom in Körnern oder gemahlen
675 g feines Weizenmehl

In eine Kasserolle 563 g Zucker geben, das Rosenwasser dazugießen und aufkochen. Von einer nicht gespritzten Zitrone wird die Schale dünn abgeschält, fein geraspelt, in den Zuckersirup gelegt und so lange gekocht, bis der Sirup dick zu werden beginnt; dann nimmt man ihn vom Feuer und läßt ihn abkühlen. In den erkalteten Sirup gibt man Puderzucker vermischt mit Pottasche und verrührt die Masse gut. Dann kommen noch zerstoßener Zimt und Kardamom dazu. Alles wird nochmals vermengt, das Mehl zugegeben und der Teig gut durchgeschlagen. Den fertigen Teig gießt man in kleine Papierformen und läßt ihn bei leichter Hitze im Backofen backen.

174. **Fladen**

450 g Butter	*3 Eier*
1 tiefer Teller saure Sahne	*Mehl*

Butter, Sahne und Eier mischen, soviel Mehl dazugeben, daß ein fester Teig entsteht, gut durchkneten. Etwa ½ cm dick ausrollen (es geht auch dicker), mit einem Glas runde Fladen ausstechen, mit einem Messer Löcher hineinstechen und im heißen Ofen backen.

175. **Süße Fladen**

900 g Mehl	*110 g Zucker*
450 g Butter	*Eigelb von 9 Eiern*

Alles verrühren und wie gewöhnliche Fladen backen. Also Butter, Sahne und Eier mischen, soviel Mehl dazugeben, daß ein fester Teig entsteht, gut durchkneten. Etwa ½ cm dick ausrollen, mit einem Glas runde Fladen ausstechen, mit einem Messer Löcher hineinstechen und im heißen Ofen backen.

Napfkuchen

Napfkuchen werden im allgemeinen an den traditionellen Feiertagen — Weihnachten, Fastnachtswoche, Ostern, Neujahr usw. — gebacken, man kann sie natürlich auch das ganze Jahr über machen, wenn man gerade Zeit und Lust dazu hat. Zum Geburtstag paßt ein Napfkuchen besonders gut. Man ißt ihn zum Tee oder Kaffee.
Hergestellt wird er aus einem Hefeteig mit Eiern und Butter, außerdem kommt noch Milch oder Sahne dazu.

Die *Grundregeln für die Zubereitung des Teigs* sind fast die gleichen wie bei Piroggen und Piroschki:

1. Das Mehl sollte frisch und trocken sein und muß durchgesiebt werden.
2. Die Hefe muß gut und frisch sein.
3. Je länger der Teig gewalkt und geknetet wird, desto besser.
4. Die Eigelb sollten möglichst gut mit Zucker verquirlt und die Eiweiß schaumig geschlagen werden.
5. Die Temperatur im Backofen muß gleichmäßig und konstant sein, sie darf während des Backvorgangs nicht geändert werden.
6. Der Teig muß zum Gehen an einen warmen, nicht aber heißen Ort gestellt werden, und, wenn er zum letztenmal hochgegangen ist, muß er so vorsichtig wie möglich ohne Erschütterung in den Ofen geschoben werden. Der Teig muß unbedingt dreimal gehen: das erste Mal,

wenn der Hefeteig angesetzt wird, d.h. Mehl, Wasser (oder Milch) und Hefe verrührt sind; das zweite Mal, wenn der Teig geknetet ist; das dritte Mal, bevor er in der endgültigen Form gebacken wird. Nach dem letzten Gehen muß er unbedingt zweimal so umfangreich geworden sein wie er vorher war.

7. Man muß geduldig abwarten, bis der Kuchen fertig ist. Normalerweise backt ein großer Napfkuchen, je nach Größe, zwischen eineinviertel und eineinhalb Stunden. Um zu sehen, ob er fertig ist, steckt man, ohne ihn im Ofen zu berühren, einen Holzspan hinein — klebt am Span Teig oder wird er feucht, ist der Kuchen noch nicht fertig.
8. Damit der Teig oben nicht anbrennt, kann man ihn mit einem mit Wasser befeuchteten Stück Pergamentpapier oder Folie bedecken.
9. Die Form sollte gut mit Butter eingefettet sein. Wenn der Kuchen auf das Blech in den Ofen gestellt wird, muß unter dieses Blech in einigem Abstand noch ein Blech geschoben werden, damit der Napfkuchen nicht anbrennt. Ich mache mir immer eine Form aus dickem eingefettetem Papier und nähe sie zu; diese Form kann dann einfach aufgeschnitten und der fertige Kuchen herausgenommen werden. Ein Napfkuchen ist eine sehr empfindliche Sache. Wenn er fertig gebacken ist, muß man immer noch sehr vorsichtig mit ihm umgehen und darf ihn beim Herausnehmen aus dem Ofen nicht berühren, sonst fällt er zusammen, und alles ist verdorben. Aus der Form wird er erst genommen, wenn er abgekühlt ist. Die Form mit dem Kuchen sollte auf eine weiche Unterlage gestellt werden.

Ich schlage hier einige typische Napfkuchenrezepte vor und glaube nicht, daß Ihnen etwas mißlingen wird, wenn Sie alle Regeln beachten. Die Zutatenmenge kann man entsprechend der Form verringern oder erhöhen. Napfkuchen werden mit Mandeln und Glasur verziert. Falls Sie Mandeln daraufgeben wollen, bestreichen Sie die Oberfläche vor dem Backen mit Ei und streuen dann gehackte

Mandeln und Zucker darüber. Die Glasur wird erst aufgetragen, wenn der Kuchen abgekühlt ist.
Nachdem Sie den Kuchen herausgenommen haben, bestreichen Sie ihn sogleich mit Butter und bedecken ihn mit einer Serviette, damit die Oberfläche schön zart und weich wird.

176. Napfkuchen I

1450 g Weizenmehl
½ l Milch oder süße Sahne
50 g Hefe
10 Eier
110 g Butter
180 g Zucker
Salz
2 Tassen Rosinen

Die Hefe in einer Tasse warmer Milch auflösen, 2 Eßlöffel Mehl von der Gesamtmenge und einen Löffel Zucker dazugeben und die Hefe gehen lassen.
3 Tassen Milch oder Sahne aufkochen und soviel Mehl dazugeben, daß ein geschmeidiger Teig entsteht. Mit einem Mixer oder einem Rührlöffel so lange umrühren, bis er die Temperatur von kuhwarmer Milch hat. Dann die aufgelöste Hefe und die Eier dazugeben, den größten Teil des Mehls hineinstreuen und einen geschmeidigen Teig anrühren. Gut durchkneten. In der warmen Küche gehen lassen, bis er sich mindestens verdoppelt hat. Dann noch eine Tasse Milch oder Sahne dazugießen, ebenso die vorher zerlassene Butter, Zucker, Salz und das restliche Mehl (eine Tasse Mehl zum Ausrollen übriglassen). Mit einer Küchenmaschine oder von Hand so lange kneten, bis der Teig nirgendwo mehr kleben bleibt. Nochmals in der warmen und feuchten Küche gehenlassen, bis er sich verdoppelt hat (oder sogar etwas länger). Danach auf den leicht mit Mehl bestäubten Tisch legen, kneten, die Rosinen zugeben, in eine hohe, mit Butter eingefettete Form legen (die Form muß viermal höher als die Teigschicht sein), und nochmals gehen lassen, bis er sich verdoppelt hat. Falls keine hohe Form vorhanden ist, kann man eine andere mit einem eingefetteten dicken Papier vergrößern.

Während der Teig zum dritten Mal geht, wird der Ofen vorgeheizt. Dann wird der Teig vorsichtig in die vorgewärmte Backröhre geschoben. Er backt bei mittlerer Hitze etwa anderthalb Stunden. Man muß darauf achten, daß er an der Seite und oben nicht anbrennt. Deshalb bedeckt man ihn am besten mit einem nassen Blatt Papier oder Folie. Mit einem dünnen Holzspan prüft man in der Mitte, ob der Kuchen fertig ist.
Wenn der Kuchen aus dem Ofen kommt, muß er sofort mit flüssiger Butter bestrichen und unter einem Handtuch noch etwa eine Stunde stehen gelassen werden.
Es macht sich gut, wenn der Kuchen mit einer Glasur aus Puderzucker und Eiweiß überzogen wird.
Man kann auch den mit Butter bestrichenen Napfkuchen einfach mit Puderzucker bestreuen.

177. **Napfkuchen II**

1,5 kg Mehl	*230 g Butter*
40 Eigelb	*60 g Hefe*
525 g Zucker	*½ l Milch*

Die Zubereitung beginnt am Abend um acht Uhr.
Man nimmt 5 Tassen Eigelb und schlägt es mit dem ganzen Zucker schaumig (am besten in der Küchenmaschine). In eine Schüssel gibt man eine Handvoll Mehl und gießt 3 Tassen kochende Milch darüber. Dieses Gemisch wird so lange gerührt, bis es die Temperatur von kuhwarmer Milch hat. Dann gibt man diesen Teig zu den mit dem Zucker vermengten Eigelb; dazu die restlichen Eigelb und die ganze Hefe (die Hefe wird vorher in einer Tasse warmer Milch aufgelöst). Alles wird gut mit der Küchenmaschine oder mit dem Rührlöffel verrührt und in einer zugedeckten hohen Schüssel bis zum Morgen stehen gelassen.
Morgens um acht oder zehn Uhr wird der Teig nochmals durchgeknetet, das ganze restliche Mehl dazugegeben und so lange bearbeitet, bis er sich leicht von den Händen und der Schüssel löst. Danach legt man ihn auf den Tisch. Eine

hohe Form wird mit Butter eingefettet und zu einem Drittel mit Teig gefüllt. Man läßt den Teig so lange gehen, bis er die ganze Form ausfüllt. Mittlerweile wird der Backofen vorgeheizt. Die Form wird in den vorgewärmten Ofen geschoben und bei schwacher Hitze 1¼ oder 1½ Stunden gebakken. Die Hitze darf nicht zu stark sein, damit der Napfkuchen nicht anbrennt. Oben kann man ihn mit einem nassen Stück Papier abdecken. Man macht einen solchen Napfkuchen am besten im Ganzen in einer großen Form. Die Teigmenge kann aber auch auf zwei Formen aufgeteilt werden, obgleich der Kuchen dann nicht so schön wird. Am schönsten ist eben ein ganz hoher großer Napfkuchen.

Nachdem der Kuchen aus dem Ofen genommen wurde, bestreicht man ihn sogleich mit zerlassener Butter und läßt ihn mit einem Tuch bedeckt noch etwa eine Stunde ruhen.

Den abgekühlten Napfkuchen kann man mit einer Glasur aus Puderzucker und Eigelb überziehen.

178. Ukrainischer Napfkuchen für die hohen Feiertage

2 Tassen dicke süße Sahne
2 Tassen warme Milch
2 Stück Würfelzucker
60 g Hefe
50 Eigelb
5 Eiweiß
3 EL Butter
450 g Zucker
2,250 kg Weizenmehl

Am besten ist es, aus allen diesen Zutaten einen einzigen hohen und dicken Napfkuchen zu machen. Dafür braucht man aber einen großen Ofen. Wenn die Ausmaße Ihres Ofens die Zubereitung eines so großen Kuchens nicht erlauben, kann man aus der gleichen Menge zwei oder drei kleinere Napfkuchen machen; was allerdings schade ist, denn in voller Größe ist der Napfkuchen am schönsten und schmeckt am besten.

Am Abend, wenn die Dämmerung einbricht, fangen wir an.

Zuerst wird die Hefe in einer Tasse warmer Milch aufgelöst und muß gehen.
Mittlerweile erhitzt man 2 Tassen Sahne und legt 2 Stück Würfelzucker hinein (damit die Sahne nicht gerinnt). In eine Rührschüssel oder in die Küchenmaschine streut man eine Handvoll Mehl und gießt soviel heiße Sahne dazu, bis ein geschmeidiger Teig entsteht. Dieser wird mit einem Löffel oder im Rührgerät so lange gerührt, bis er die Temperatur von kuhwarmer Milch hat. Dann gießt man die in Milch aufgelöste mittlerweile gegangene Hefe hinzu, vermengt alles und läßt es mit einer Serviette bedeckt an einem warmen Ort gehen.
Die Eigelb sehr akkurat von den Eiweiß trennen. 5 Eiweiß wegnehmen und in den Kühlschrank stellen. Die Eigelb mit dem Rührgerät schaumig schlagen (man kann sie auch mit dem Schneebesen im Topf schlagen). Dann die 5 Eiweiß schaumig schlagen, mit den Eigelb vermischen und zu dem Vorteig geben, d.h. zu dem mit Sahne überbrühten Teig mit Hefe, der bis dahin gegangen ist. Dazu 3 Eßlöffel zerlassene, aber nicht heiße Butter, 450 g Zucker und soviel Mehl geben, daß ein geschmeidiger Teig entsteht. (Das restliche Mehl vorerst stehen lassen.) Nun den Teig so lange rühren, bis sich an seiner Oberfläche kleine Bläschen bilden und er sich leicht von den Händen und vom Schüsselrand löst. Nochmals gut zugedeckt an einem warmen Ort gehen lassen, am besten in der warmen Küche neben der Heizung. Der Teig muß 7 Stunden gehen. Er muß in einem hohen Topf stehen, damit er nicht überläuft. Wenn an der Oberfläche des Teigs Bläschen erscheinen, die der Reihe nach platzen, wird er auf den Tisch oder in die Küchenmaschine gegeben und noch eine Stunde unter Beigabe des restlichen Mehls gerührt. (Man muß nur darauf achten, daß der Teig nicht zu fest wird.) Nochmals etwa anderthalb Stunden in der warmen Küche gehen lassen.
Mittlerweile aus eingefettetem festem Papier eine entsprechend große runde Form machen, bis zu einem Drittel mit Teig füllen und dann den Teig soweit gehen lassen, bis er drei Fingerbreit vom Rand der Form entfernt ist. Dann die Form mit dem Teig vorsichtig in den vorgeheizten Ofen stel-

len. Der Ofen sollte gerade so warm sein, daß man die Hand hineinhalten kann. Der Napfkuchen backt anderthalb Stunden bei starker Hitze. Die Oberfläche des Kuchens wird mit einem mit Wasser befeuchteten Papier abgedeckt. Der fertige Napfkuchen ist über einen halben Meter (55 cm) hoch! Das sieht natürlich sehr eindrucksvoll und schön aus. Wenn aber jemand einen zu kleinen Ofen hat, muß er aus den angegebenen Zutaten zwei oder drei Kuchen machen.

Der Kuchen wird sehr vorsichtig aus dem Backofen genommen, er darf nicht gedrückt oder berührt werden, sonst fällt er zusammen und wird innen hohl. Während des Backens muß Sorge getragen werden, daß niemand die Küche betritt und mit den Türen knallt, der Kuchen könnte sonst schon durch die Erschütterung zusammenfallen.

Dieser Napfkuchen ist außergewöhnlich schön, luftig und schmackhaft, aber der Teig muß unbedingt sehr gut durchgeknetet und gerührt sein. Dafür ist eine Küchenmaschine natürlich nützlich, sonst tun einem nach dem Backen die Arme weh.

Nachdem der Kuchen vorsichtig aus dem Ofen genommen wurde, wird er mit warmer Butter bestrichen, mit einem leichten Tuch bedeckt und etwa eine Stunde stehen gelassen. Dann kann er mit einer Glasur aus gesiebtem Puderzucker und Eiweiß überzogen werden.

Das Ende des Großen Fastens und der Osterbeginn

(Aus den Erinnerungen des Schriftstellers N. Teleschow »Notizen eines Schriftstellers«)

Der Palmsonntag ist der Vorabend der letzten und strengsten Fastenwoche, der Passionswoche. Zu dieser Zeit werden die Tage schon merklich länger und die Nächte kürzer. In der Luft spürt man die Erneuerung, einen Strom von Kraft und Hoffnung; etwas Junges und Fröhliches oder Frühlingshaftes — alles ist noch kalt und naß, und oft fällt um diese Zeit noch Schnee; aber was kommen muß, muß kommen, seinem Schicksal kann niemand entgehen, heißt es im Sprichwort.

In der Stadt noch nicht, aber rund um Moskau in der Nachbarschaft beginnen jetzt in Gärten und Hainen an den Bäumen die Knospen zu schwellen. Die Weiden bedecken sich mit grauen Kätzchen — die erste Farbe erscheint in der Umgebung von Moskau, das erste Schwälbchen des kommenden Sommers.

Am Freitag und Samstag vor Palmsonntag wurde auf dem Roten Platz ein riesiger Markt eröffnet. Über die ganze Länge und die halbe Breite des großen Platzes erstreckten sich in vier oder fünf Reihen Zelte, von unten bis oben mit den verschiedensten Waren vollgestellt und behangen — von grellen Papier- und Stoffblumen und Girlanden bis zu lebenden Goldfischen, von bemerkenswerten antiquarischen Gegenständen bis zu Lebkuchen und Konfekt, Tongeschirr oder im russischen Stil bemalten Möbeln, Kattunstoffen, Geschmeiden, goldenen Kettchen und Uhren, gebratenen, geschälten Nüssen und lebenden Singvögeln.

Rund um den Platz standen die Verkäufer von Palmzweigen und Luftballons. In der Palmwoche war der Rote Platz voller Leute. Manche kauften sich etwas, andere gingen nur spazieren und schauten sich um, wieder andere versuchten zu handeln.

Am Samstag fand auf der freien Hälfte des Platzes ein festli-

ches Rennen statt. Aber schon am nächsten Tag, dem Palmsonntag, war der Markt gegen Abend zu Ende. Die übriggebliebenen Waren wurden irgendwohin gebracht, die Buden abgerissen, der verdreckte Platz gefegt, und vorfeiertägliche, vorösterliche Stille machte sich breit. Diese Stille aber war nur äußerlich. In Wirklichkeit waren überall aufs heftigste die Ostervorbereitungen im Gang. Und je näher das Fest rückte, desto eifriger wurden die Menschen, füllten die Geschäfte mit Waren, backten üppige Napfkuchen und süße Osterquarkkuchen, färbten gekochte Eier mit Fuchsien und Zwiebelschalensud oder verzierten die Schalen mit grellen Seidenflicken ...
Das Große Fasten war zu Ende, und Ostern hatte begonnen.

Osterkuchen

Osterkuchen — süße Quarkkuchen mit oder ohne kandierte Früchte — werden bei uns nur zu Ostern zubereitet. Niemand verbietet Ihnen natürlich, sie auch zu einer anderen Jahreszeit zu machen.
Osterkuchen müssen aus allerfrischestem Quark und aus guter fetter Sahne zubereitet werden. Der Quark sollte gut ausgedrückt, aber nicht zu trocken sein, er muß unbedingt durch ein Sieb gedrückt werden. Dazu kommen gesiebter Puderzucker, dicker Sauerrahm und frische Eier. Für die Kuchen wird eine Holzform angefertigt (siehe Zeichnung). Die Masse wird auf eine in die Form gebreitete Serviette gelegt, damit die Flüssigkeit ablaufen kann, obenauf wird auf den breiten, mit der Serviette bedeckten Teil etwas Schweres, zum Beispiel ein sauberer Stein gelegt, damit der Saft gut abfließt. Dabei ist genügend Platz zum Abfließen der Flüssigkeit unter dem Kuchen freizulassen.
Quark für den Osterkuchen kann man selber machen, indem man 3—5 l Frischmilch zu Sauermilch werden läßt und den fertigen Quark dann preßt und gut abtropfen läßt (wie man Quark macht, ist im Rezept Nr. 206 beschrieben).
Je weniger Flüssigkeit in der Quarkmasse bleibt, desto besser für den Osterkuchen. Darum sollte man Eiweiß oder Sahne erst dann in die Masse einrühren, wenn sie schon recht fest ist. Die Butter muß man zuerst mit einem Teil des Quarkes vermischen (man nimmt dazu zweimal soviel Quark wie Butter) — und erst dann diese Masse in den üb-

rigen Quark mischen. Der Puderzucker wird zuerst mit Ei oder Eigelb verrührt und dann unter die Quarkmasse gemischt. Am Ende kommt die Schlagsahne dazu, und dann alle Gewürze: Vanille, geriebene Zitronenschale, Zimt usw. Ganz zum Schluß gibt man Rosinen, Nüsse oder kandierte Früchte dazu.

179. **Einfacher Osterkuchen**

1,125 kg Quark	*2 Eier*
1,575 kg saure Sahne	*Puderzucker*
225 g gute Butter	*Salz*

Den Quark mit der Butter durchsieben, dann mit Sahne und Eiern verrühren, nach Belieben Zucker und etwas Salz hinzufügen. In eine Form legen und auspressen (die Form vorher mit einer Serviette auslegen). Stürzen und servieren.

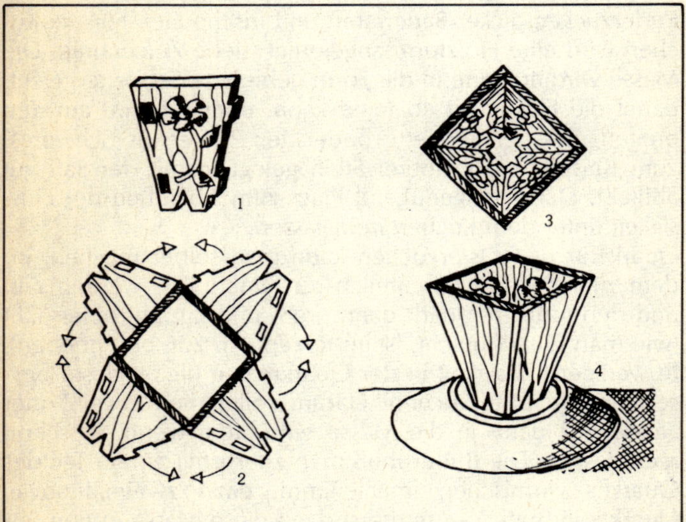

180. Osterkuchen mit Vanille

1,8 kg Quark
340 g Butter
560 g Puderzucker
Vanille
½ l süße Sahne

Den Quark durch ein Sieb rühren. Mit der kalten Butter verrühren, bis er völlig glatt, also nicht mehr körnig ist. Den mit Vanille zerstoßenen Zucker und die Sahne dazugeben, gut vermischen und in einer Form auspressen.

181. Osterkuchen mit Schlagsahne

900 g durchpassierter Quark
675 g saure Sahne
600 g Schlagsahne
225 g Puderzucker
60 g kleingehackte kandierte Früchte
je 60 g Vanillezucker und Korinthen

Dieser Osterkuchen wird am Abend vor Ostern zubereitet. Der Quark muß durchgesiebt, die Schlagsahne gut geschlagen und alles sorgfältig verrührt und in die Form gelegt werden. Am nächsten Morgen ist er fertig.

182. Nochmals ein einfacher Osterkuchen

1,350 kg Quark (durchgesiebt)
450 g saure Sahne
450 g zerlassene Butter
450 g Puderzucker
5 Eier
200 g Korinthen oder Rosinen

Den Quark sehr sorgfältig durch ein feines Sieb drücken, die Butter in einem kleinen Gefäß in ein größeres mit kochendem Wasser stellen und umrühren, bis sie zergangen ist. Dann alles vermengen und in die Form unter die Presse legen.

183. **Schokoladenosterkuchen**

1,350 kg Quark
450 g durchgesiebter Puderzucker
340 g Butter
250 g süße Sahne
112 g geriebene Schokolade

Alles vermengen und so lange rühren, bis kein einziges Körnchen mehr zu sehen ist. Dann unter die Presse in eine Form legen.

Russisches Eis

Eingefrorene süße Speisen sind schon aus der Antike bekannt — als auserlesene feinste Süßspeisen der orientalischen Völker. Das Einfrieren geschah damals mit Hilfe von Eis und Schnee. In seiner heutigen Form entstand Eis zum ersten Mal um 1660 in Italien. Mit der Zeit entwickelten sich verschiedene Sorten Eis: Es gab Sorbets, Halbgefrorenes und Gefrorenes, lauter Eissorten, die bis heute bekannt und beliebt sind. In Rußland wurde, wie sollte es anders sein, Eis zum ersten Mal am Zarenhof serviert; aber schon im Jahre 1794 konnte man ein Rezept zur Zubereitung von Erdbeereis in dem Buch »Die alte russische Wirtin und Köchin« nachlesen.
Eis sollte fest, geschmeidig und nicht mit Schnee bedeckt sein. Es wird aus Milch, süßer Sahne, dem Saft aller möglichen Beeren und Früchte, aus Nüssen und Schokolade gemacht. Die Masse für das Eis wird auf starker Flamme erhitzt, *aber nicht zum Kochen gebracht.* Während des Erhitzens wird ständig umgerührt, bis eine sahnige Masse entsteht, die am Löffel kleben bleibt. Dann wird es vom Herd genommen und zum Abkühlen gestellt. Anschließend gibt man es in die Eismaschine und rührt es auf Eis mit Salz (nach alter Methode) oder auf moderne Art in einer elektrischen Eismaschine, die ins Gefrierfach des Kühlschranks gestellt wird.
Für den Geschmack des Eises ist die Qualität der zubereiteten Masse ausschlaggebend.
Und nun einige typische Eisrezepte aus Rußland.

184. **Sahneeis**

1¼ l Sahne
8 Eigelb
450 g Puder- oder Kristallzucker
Vanille nach Belieben

Sahne, Eigelb, Zucker und Vanille vermengen. Auf starker Flamme unter ständigem Rühren (ohne die Masse aufkochen zu lassen!) so lange kochen, bis sie dick wird und am Löffel oder Rührbesen kleben bleibt. Abkühlen lassen und einfrieren.

185. **Kaffee-Eis**

450 g feiner Zucker oder Puderzucker
¾ l Milch
4 Tassen sehr starker Kaffee

Alles wie oben beschrieben vermengen und erhitzen, dann einfrieren.

186. **Schokoladeneis**

110 g Schokolade
3 Tassen Milch
7—8 Eigelb
1 l Sahne
450 g Zucker

In einem tiefen Topf die Schokolade schmelzen, mit Milch anrühren, dann Eigelb, Sahne und Zucker zugeben, vermischen und wie oben beschrieben erhitzen und einfrieren.

187. **Tee-Eis**

¾ l Sahne oder Milch
7—8 Eigelb
4 Tassen sehr starker Tee
450 g Zucker

Alles verrühren, wie beschrieben erhitzen, abkühlen lassen und einfrieren.

188. **Erdbeereis**

1¼ l Wasser
800 g Zucker
2½ Tassen Erdbeermasse
Zitronensäure oder -saft

Aus 675 g Zucker und den 1¼ l Wasser Sirup kochen. Die Erdbeermasse mit 125 g Zucker durch ein feinmaschiges Sieb drücken und zu dem Sirup geben. Je nach Geschmack Zitronensäure oder -saft dazugeben, alles sorgfältig vermengen und einfrieren.

189. **Eiskörbchen**

Wasser in ein Gefäß von der Größe des gewünschten Korbs gießen. Das Gefäß in den Gefrierschrank stellen. Wenn sich an den Wänden eine Eisschicht gebildet hat, das nicht gefrorene Wasser abgießen und nur so viel darin lassen, daß sich ein Boden bilden kann. Ist dieser gefroren, das Gefäß in warmes Wasser stellen und den Eiskorb herausnehmen. Mit erhitztem Messer den Korbrand verzieren. Mit einem erhitzten runden Metallstück ein Lochmuster in das Eis stechen. In das Körbchen kommt das fertige Eis.

Konfitüre

Konfitüre kann man aus Beeren und Früchten aller Art herstellen. Man nimmt dazu ganze, reife, aber nicht überreife Früchte. Vor dem Kochen werden sie verlesen und gewaschen (außer Himbeeren). Danach läßt man das Wasser abtropfen. Die Stiele werden entfernt und unreife oder beschädigte Beeren ausgelesen. Beeren mit dicker Schale (zum Beispiel Stachelbeeren) werden vor dem Kochen einige Minuten in heißes Wasser gelegt oder mit einer Nadel eingestochen. Aus Äpfeln, Birnen und Quitten wird das Innere mit den Kernen heraus- und das Fruchtfleisch in kleine Stücke geschnitten. Aus Pflaumen, Kirschen und Aprikosen wird der Stein entfernt.

Zuerst kocht man einen *Zuckersirup,* für den man folgende Mengen Zucker benötigt:

1. für Himbeeren, Kirschen, Johannisbeeren: 1,5 kg Zukker auf 1 kg Beeren;
2. für süße Pflaumen, süße Stachelbeeren, Birnen, Erdbeeren, mittelsäuerliche Äpfel: 1,3 kg Zucker auf 1 kg Früchte;
3. für herbe Pflaumen, saure Stachelbeeren und säuerliche Äpfel: 1,7 kg Zucker auf 1 kg Früchte oder Beeren.

Auf jedes Kilo Zucker kommt eine Tasse Wasser; sind die Beeren trocken und hart, nimmt man etwas mehr.

Das beste Gefäß zum Konfitürekochen ist eine speziell dafür vorgesehene Messingpfanne mit Holzgriffen; man kann

auch ein Gefäß aus Aluminium oder rostfreiem Stahl benutzen, wünschenswert ist nur, daß das Gefäß groß und rund und nicht zu tief ist.
In das Gefäß wird zuerst ein Kilo Zucker gegeben und mit einer Tasse Wasser auf kleiner Flamme geschmolzen. Dann wird allmählich der restliche Zucker dazugegeben und mit mehr Wasser unter Rühren auf mittlerer Flamme gekocht, bis er ganz geschmolzen ist.
Wenn sich an der Oberfläche des flüssigen Zuckers kleine Bläschen bilden, muß er sogleich in die vorbereiteten Beeren oder Früchte gegossen und mit ihnen zusammen noch einmal auf starker Flamme aufgekocht werden. Danach wird das Gefäß mit der Konfitüre vom Feuer genommen und einige Male vorsichtig geschüttelt, damit sich die Früchte gleichmäßig im Sirup verteilen, wieder auf die kleine Flamme gestellt und bei gleichmäßig schwacher Temperatur unter zeitweiligem Schütteln weitergekocht. Dabei wird mit einem Löffel — am besten mit einem silbernen — der Schaum von der Oberfläche vorsichtig abgeschöpft. Auf gar keinen Fall darf die Konfitüre mit dem Löffel umgerührt werden! Die weitere Kochzeit beträgt zwischen 40 und 50 Minuten, je nach Art der Beeren oder Früchte. Wenn ein auf ein kaltes Gefäß gegossener Tropfen des heißen Sirups seine Form beibehält und nicht auseinanderfließt, ist die Konfitüre fertig. Die Früchte dürfen nicht mehr an der Oberfläche des Sirups, sondern müssen darin schwimmen. Sie dürfen nicht zerkocht werden.
Das Gefäß mit der fertigen Konfitüre wird vom Ofen genommen und erst nach vollständigem Abkühlen in Glas- oder Porzellangefäße gefüllt, die vorher sorgfältig ausgewaschen und getrocknet worden sind. Die Gläser werden mit zwei bis drei Schichten Pergamentpapier verschlossen und mit Bindfaden umwickelt.
Die Konfitüre muß kühl und trocken aufbewahrt werden.
Nicht ordnungsgemäß gekochte Konfitüre wird nach einiger Zeit schlecht. Wenn sie nicht lang genug gekocht worden ist, wird sie schimmlig; ist sie zu lange gekocht, verwandelt sich der größte Teil des Sirups in Zuckerkristalle.
Eine verzuckerte Konfitüre kann man retten, indem man sie

in ein Becken oder einen großen Topf gibt, pro Kilogramm eine halbe Tasse Wasser hinzugießt und unter ständigem Schütteln auf schwachem Feuer zum Kochen bringt. Die heiße Konfitüre wird in die sorgfältig ausgewaschenen und getrockneten Gläser gefüllt und wieder mit Pergamentpapier verschlossen. Falls die Konfitüre schon zu schimmeln begonnen hat, muß eine dicke Schicht abgeschöpft werden, und sie muß schnellstens nochmals gekocht werden, wobei 200 g Zucker pro Kilo hinzugefügt werden. Allerdings hält sich eine nochmals gekochte Konfitüre nicht sehr lange.

Kissel

Kissel ißt man in Rußland wie Kompott als Dessert, man kann ihn aber auch zum Frühstück oder Abendbrot essen. Sehr gesund ist ein Glas flüssiger Kissel am frühen Morgen auf nüchternen Magen.
Einige Kissels werden mit Milch gemacht (zum Beispiel Haferkissel), andere mit Fruchtsaft. Erdbeerkissel schmeckt gut mit Milch oder Sahne übergossen.
Wie dick der Kissel wird, hängt davon ab, wieviel Kartoffelmehl verwendet wurde. Alle Kissel-Arten werden auf die gleiche Weise gekocht:
In einen Topf kommt Kartoffelmehl, dazu kaltes Wasser. Man läßt es eine Weile stehen, gießt dann das Wasser ab und neues darauf. Wenn in einem zweiten Topf die Milch oder der Fruchtsaft kocht, wird das Kartoffelmehl mit dem Wasser verrührt und die kochende Flüssigkeit (Milch oder Fruchtsaft) unter ständigem Rühren hineingegossen. Auf $\frac{1}{4}$ Pfund Kartoffelmehl wird zweimal je $\frac{1}{4}$ l Wasser gegossen (das erste abgegossen, ein zweites zugegossen). Der Fruchtsaft wird in einem Messing- oder emaillierten Topf gekocht, in einem Eisentopf kann er sich dunkel färben.
Man kann Kissel auch auf andere Art zubereiten:
400 bis 600 g sehr reife Beeren werden in einer Tonschüssel zu einer cremigen Masse verrührt, dazu $1\frac{1}{2}$ l kaltes Wasser gegossen und alles miteinander vermischt. Danach nimmt man 2 Tassen von diesem Saft ab, um darin das Kartoffelmehl anzurühren. In den restlichen Saft gibt man 1

oder 2 Tassen Zucker, je nachdem, ob der Kissel aus süßen oder sauren Früchten gemacht wird. Der gesüßte Saft wird aufs Feuer gestellt und erhitzt, aber nicht gekocht.
Das Kartoffelmehl wird gut in 2 Tassen Saft verrührt und unter ständigem Rühren in den heißen Sirup gegossen. Man kann den Sirup vorher durchsieben, damit keine Beerenschalen darin bleiben. Der Sirup darf nicht abkühlen, notfalls muß er noch einmal erhitzt werden, damit das Mehl hineingegeben werden kann. Sirup und Mehl werden solange gerührt, bis alles glatt und ohne Klumpen ist, dabei darf die Masse nicht kochen. Dann wird eine Form mit Wasser angefeuchtet, der heiße Kissel hineingegossen und kalt gestellt.
Für dicken Kissel nimmt man 2 Eßlöffel Kartoffelmehl auf 2 Tassen Sirup, für weniger dicken einen Löffel, für flüssigen einen Teelöffel.
Kissel gibt es in 3 Sorten:

1. dick, in der Form, in der er aufgetragen wird,
2. mittel, heiß und kalt,
3. flüssig wie eine Sauce zu süßer Grießkascha (Rez. 104) oder allen Puddingarten.

Dicker Kissel kann auf dem Teller mit Milch oder Sahne übergossen und mit dem Löffel gegessen werden.

190. Hafer-Kissel

60 g geschrotete Hafergrütze
250 ccm Wasser
etwas Salz
5 g Zucker
5 g Butter
200 ccm Milch

Die Hafergrütze in warmes Wasser streuen und an einem warmen Ort bis zum nächsten Tag stehen lassen. Dann durchsieben und ausdrücken. In die Flüssigkeit Salz und Zucker geben und dick kochen. Zum Schluß Butter einrühren und den heißen Kissel in eine Schüssel gießen. Abkühlen lassen (zum Schluß in den Kühlschrank stellen).

Zum Kissel trinkt man Milch.
Hafer-Kissel ist ein einfaches und sehr gesundes Abendbrot. Man kann dazu gekochte Früchte essen, aber auch frische gezuckerte Erdbeeren, Himbeeren oder Brombeeren schmecken gut dazu.

191. Kissel aus Moosbeeren

450 g reife Moosbeeren
1 l Wasser
3 Tassen Zucker
100 g Kartoffelmehl (Stärke)

Die Moosbeeren waschen, in eine Messingschüssel oder einen Emailtopf geben, die Beeren zerdrücken, 1 l Wasser zugießen und erhitzen. Dann durch ein Sieb oder ein feines Tuch gießen. 2 Tassen von dem Saft abnehmen und abkühlen lassen; darin das Kartoffelmehl anrühren. Den restlichen Saft in ein Messinggefäß oder einen Emailtopf gießen, zum Kochen bringen, Zucker dazugeben, umrühren, bis der Zucker sich aufgelöst hat. Den heißen Sirup und das angerührte Kartoffelmehl zugeben, aufkochen, dann vom Feuer nehmen und in eine Porzellanschüssel gießen. Abkühlen lassen, bis es wie Gelee ist.
Kissel aus Moosbeeren wird mit Sahne oder Milch übergossen.

Selbstgemachte Getränke

Die beliebtesten russischen Getränke sind Kwas, Brauselimonade und der Saft aus gekochtem Trockenobst.
Diese Getränke schmecken viel besser als die berühmten Colas, vom Gehalt ganz zu schweigen, denn Cola ist ein chemisches Produkt und der Gesundheit des Menschen gewiß nicht zuträglich. Kwas und die anderen traditionellen russischen Getränke aber sind der Gesundheit ausgesprochen förderlich, da sie aus Beeren, Früchten und Getreide unter Beigabe von Hefe zubereitet werden.
Die einfachste Herstellungsart von *Kwas* ist folgende: In einen Holzkübel mit einem Fassungsvermögen von drei bis vier Eimern, der unten mit einem Hahn versehen ist, werden 10 bis 13 cm sauberes Stroh gelegt, darauf bis zur Hälfte des Kübels frische oder getrocknete Früchte gegeben, mit abgekochtem kaltem Wasser übergossen, mit einem Holzdeckel abgeschlossen und drei bis fünf Tage kühlgestellt.
Jedesmal, wenn fertiger Kwas ausgeschenkt wird, muß kaltes abgekochtes Wasser in den Kübel nachgegossen werden. Das wird etliche Male wiederholt. Ist der Kwas ziemlich stark geworden, wird neuer angesetzt. Will man moussierenden Kwas, gibt man etwas Trockenhefe dazu, die vorher mit Saft und Weizenmehl angerührt worden ist, verschließt den Kübel mit Leinen und läßt das Getränk an einem warmen Ort 12 bis 24 Stunden gären, je nachdem, wie stark sich die Gärung entwickelt. Dann gießt man den

Kwas durch ein Mull- oder Leinentuch ab, verteilt ihn auf feste, dickwandige Flaschen mit einem gut schließenden Korken und stellt ihn 10 bis 12 Tage kühl. Danach kann er getrunken werden.
Dem Kwas können je nach Geschmack Zucker oder pro Flasche einige Rosinen beigegeben werden.

Tee aus einem Kugelblitz

(Aus »Dort, weit hinter dem Fluß«)

Ich schaute aus dem Zelt. Es war dunkel geworden. Unser Scheiterhaufen war längst erloschen. Von ihm war nichts mehr zu sehen und zu hören. Auch sonst war nichts zu sehen. Und wieder fühlte ich mich wie am Rande der Welt. Wieder gab es nur noch dieses Zelt, verloren im Dunkel, und im Zelt nur mich, den Onkel, Mama, Papa, Fang und Tschang.
Plötzlich war ein pfeifender Ton zu hören.
»Was ist das?« fragte Mama.
Der Onkel öffnete das Zelt und schaute hinaus.
»Das ist ein Kugelblitz«, sagte der Onkel.
Vor dem Zelteingang stand ein Kugelblitz, ungefähr so groß wie ein Menschenkopf. Der Blitz hing ruhig über dem Gras, etwa dreißig Zentimeter über der Erde. Aus ihm kamen Funken und fahles Licht und ein pfeifendes Geräusch. Er schien unschlüssig, ob er in das Zelt schweben sollte.
Tschang knurrte und wollte sich auf den Blitz werfen, doch der Onkel packte ihn an der Mähne. »Platz«, flüsterte er.
Wir legten uns alle auf den Boden und starrten den Blitz an. »Wollt ihr, daß ich ihn fange?« fragte der Onkel.
»Du bist verrückt!« schrie Mama. »Ich verbiete dir, diesen Blitz zu fangen. Denk an den Jungen!«
»Könntest du ihn fangen?« flüsterte ich.
»Aber klar!« sagte der Onkel.

Und da begann sich der Blitz zu bewegen, auf unser Zelt zu. Der leuchtende Ball schwamm in der Luft, summte, sprühte Funken — wie ein großes bengalisches Feuer. »Die Köpfe weg!« sagte der Onkel. Wir lagen an die Erde gepreßt. Der Blitz schwebte näher und spuckte grelle Funken. Ich hätte nur die Hand auszustrecken brauchen ... Alles war in geheimnisvolles Licht getaucht, das Gras, die Zeltwand, unsere Köpfe. Nur hinter dem Blitz war es pechschwarz. Da setzte sich der Blitz ins nasse Gras. Ein Zischen wie von Dampf — und plötzlich war der Kugelblitz verschwunden. Nur eine Spur von Rauch blieb.

»Wohin ist er?« fragte ich.

»In die Erde«, erklärte der Onkel. »Blitze gehen immer in die Erde.«

»Aber warum ist er nicht zerkracht?«

»Bedank dich, daß er nicht explodiert ist! Wir haben großes Glück gehabt«, sagte Mama.

»Wir haben tatsächlich Glück gehabt!« bestätigte der Onkel. »So etwas passiert sehr selten. Die meisten erleben das nie in ihrem Leben. Wir hatten einfach unverschämt viel Glück.«

»Hoffentlich nie wieder!« sagte Mama.

»Red keinen Unsinn!« sagte der Onkel. »Das war doch wirklich Glück, vor allem für den Jungen!«

»Du bist und bleibst verrückt«, sagte Mama. »Aber trotzdem liebe ich dich.«

»Und ich dich auch!« erklärte der Onkel. »Weil du so hübsch bist.« Er küßte Mama, die wirklich sehr schön war.

»Hast du schon einmal einen Kugelblitz gefangen?« fragte ich den Onkel.

»Habe ich«, sagte er.

»Und wie hast du das gemacht?«

Der Onkel zog seine Pfeife heraus, stopfte sie, rauchte sie an und blies eine Wolke durch seinen Schnurrbart. Und dann erzählte er: »Einmal, beim Angeln, sah ich einen Kugelblitz. Nur ein paar Schritte vor mir blieb er stehen. Er war größer als der Knirps, den wir gesehen haben. Ungefähr einen Meter Durchmesser hatte er.«

»Gibt es *noch* größere?« fragte ich.
»Und ob!« sagte der Onkel. »Es gibt zwanzigmal so große wie meiner war.«
»Aber wie hast du ihn gefangen?«
»Unterbrich den Onkel nicht!« ermahnte mich Mama.
»Mit einem Köder. Ja, mit einem Köder!«
Papa lachte leise in der Kehle.
»Mit meinem Köder!« wiederholte der Onkel und blickte meinen Vater grimmig an. »Ich gebe zu, daß ich zunächst einen Fehler machte.«
»Was für einen Fehler?«
»Zuerst nahm ich den Kescher und versuchte, ihn unter den Blitz zu schieben. Das aber war dumm, weil er sofort in Flammen aufgegangen wäre. Mir fiel es noch im rechten Augenblick ein. Und da hielt ich dem Blitz den Blinker hin, und, Donnerwetter, der Kugelblitz biß an.« Der Onkel brach in ein Gelächter aus.
»Und weiter?« fragte ich.
»Der Blitz hatte sich am Blinker festgehakt, und da hing er und kochte, und ich ließ ihn zappeln, was mir keine Mühe machte, weil er federleicht war.«
»Und wohin tatest du ihn?« fragte ich.
»Das ist es ja gerade!« Der Onkel breitete die Arme aus. »Ich hatte keine Ahnung, wohin mit einem Kugelblitz. Den Rucksack hätte er durchgebrannt. Hätte ich Asbest gehabt oder irgend etwas anderes, das gut isoliert, hätte ich den Rucksack damit auslegen können. Aber nichts dergleichen hatte ich zur Hand. Wie einer, der nicht weiter weiß, ging ich am Ufer entlang, den Blitz an der Angel — aber wunderschön war er, hättet ihr das nur gesehen! Ich ging und ging.« Der Onkel zog wieder an seiner Pfeife. »Und plötzlich fiel mir ein, wohin mit ihm.«
»Wohin, sag doch schon!«
»In den Teekessel habe ich ihn gesetzt«, lachte der Onkel. »Und im Handumdrehen hatte er mir den Tee gekocht. Es war einfach toll. Besonders deswegen, weil der Regen das Feuer ausgelöscht hatte. Nirgendwo hätte ich trockenes Holz aufgetrieben. Der Blitz aber kochte ganz wunderbar den Tee. Und was für einen! Nie wieder habe ich Tee ge-

trunken, der so köstlich schmeckte. Einfach unvergleichlich. Dieser Tee duftete nach irgend etwas, das leicht geräuchert ist, ein wenig auch nach glühendem Eisen. Er duftete nach einem Meteoriten. Genau! So roch er. Nach Planeten roch er. Er roch wie der Mars. Merkur! Wie die Milchstraße! Oder wie die Sonne. So ein Tee war das. Nach zehn Bechern fühlte ich mich um zwanzig Jahre jünger. Ich nahm den Tee mit nach Hause und fügte in der folgenden Zeit zu jeder Tasse mit einfachem Tee einen Tropfen hinzu. Dieser Kugelblitztee hielt sich über Jahre. Erinnerst du dich?« fragte er Mama. »Du kamst zu mir, und ich zeigte ihn dir.«
»Natürlich erinnere ich mich daran«, sagte Mama, »an alles.«
Papa schüttelte sich vor Lachen.
»Und wohin ist der Blitz?« fragte ich.
»In die Erde natürlich«, sagte der Onkel. »Nachdem er für mich Tee gekocht hatte, machte er sich aus dem Staub.«

192. **Brot-Kwas**

10 dünne Scheiben süßes dunkles Roggenbrot ohne Rinde
8 l kochendes Wasser
20 g Hefe
8 EL Zucker
100 Rosinen

Für diesen Kwas muß man dunkles süßes Brot verwenden, d.h. ein Brot, dessen Teig überbrüht wurde. Man entfernt die Rinde und schneidet 10 ca. 1 cm dicke Scheiben. Die Brotscheiben legt man auf ein Backblech und trocknet sie im Backofen bei mäßiger Wärme, bis sie rötlich geworden sind (aufpassen, daß sie nicht anbrennen!). Danach legt man sie in einen Eimer und übergießt sie mit 8 l sprudelnd kochendem Wasser. Mit einem Geschirrtuch und einem Deckel zudecken und beschweren, damit das Gefäß fest geschlossen ist. So lange stehen lassen, bis der Inhalt die Temperatur von frisch gemolkener Milch hat.
Danach eine Tasse abgießen, darin 20 g Hefe auflösen und 1 TL Zucker zugeben. Stehen lassen, damit die Hefe auf-

geht, dann in den Eimer mit dem Brot gießen, umrühren und erneut zudecken. In der warmen Küche 2—3 Tage stehen und gären lassen: auf der Oberfläche der Flüssigkeit muß sich weißer Schaum bilden. Den Inhalt ohne das Brot abgießen und vorsichtig in ein anderes Gefäß abseihen. In dieser Flüssigkeit den Zucker auflösen und einige Stunden stehen lassen, damit sich der Satz absetzt. Vorsichtig den möglichst klaren Kwas abgießen und den Bodensatz wegwerfen.

Den abgegossenen Kwas durch einen mit einem vierfach gefalteten Tuch ausgelegten Trichter in Flaschen füllen (man muß aufpassen, daß in den fertigen Kwas keine Rückstände geraten). In jede Flasche vorher 6—10 gewaschene Rosinen legen. Den in Flaschen abgefüllten Kwas läßt man noch 3 Tage in der überschlagenen Küche stehen, erst dann wird er kalt gestellt (entweder im Keller oder im Kühlschrank) und ist ein herrlich erfrischendes Getränk.

193. **Kwas aus Birnen**

¾ Eimer getrocknete Birnen
(1 Eimer = 12 l)
kochendes Wasser
¼ kg Zucker
1 EL Honig
12 g Hefe
1 Handvoll Rosinen

Die getrockneten Birnen mit warmem Wasser abspülen. Das Wasser abgießen und die Birnen in einen Eimer füllen, der drei Viertel voll sein soll. Den Zucker hineinschütten und den Eimer mit kochendem Wasser voll anfüllen. Umrühren. Gut mit einem Tuch und Deckel verschließen und beschweren. Wenn der Inhalt bis zur Temperatur von frisch gemolkener Kuhmilch abgekühlt ist, 2 Tassen von der Flüssigkeit abgießen, darin die Hefe und den Honig auflösen, verrühren und zurück in den Eimer mit den Birnen gießen. Zudecken und 24 Stunden oder auch länger stehen lassen, bis sich auf der Oberfläche weißer Schaum gebildet hat. Danach zuerst durch ein Sieb und dann nochmals durch ein Tuch abseihen. Mit Hilfe eines mit einem Tuch und Watte ausgelegten Trichters in Flaschen füllen. In jede Flasche 2 Rosinen legen. Die Flasche sorgfältig verschließen, in der Küche 24 Stunden stehen lassen, dann in den Keller oder den Kühlschrank stellen. Nach 2 Wochen kann man den Kwas trinken.

194. **Kwas aus Moosbeeren**

1200 g Moosbeeren
10 l Wasser
800 g Zucker
1 TL Hefe
50 g Rosinen

Die Moosbeeren mit 5 Litern Wasser übergießen,aufkochen lassen und vom Feuer nehmen. Wasser durchseihen, Moosbeeren im Sieb zerdrücken und zurück ins Wasser gießen. 5 l Wasser und 800 g Zucker zugeben, aufkochen und sehr sorgfältig durchseihen, entweder durch 2—3 Lagen Mull oder ein dichtes Tuch. Wenn die Flüssigkeit bis zur Temperatur von frisch gemolkener Kuhmilch abgekühlt ist, die in 2 Tassen dieses Saftes aufgelöste Hefe zugeben. Noch 20 g mit heißem Wasser abgespülte und durch den Wolf gedrehte Rosinen zugeben. 24 Stunden warm stehen lassen, bis sich auf der Oberfläche weißer Schaum gebildet hat. Dann durch ein Tuch in Flaschen abfüllen. Gewöhnlich nimmt man einen Trichter, legt ihn mit einer Serviette und mit Watte aus und gießt vorsichtig den Kwas in die Flaschen. Es sollte möglichst wenig von den Gärrückständen hineinkommen. In jede Flasche gibt man 2—3 Rosinen. Die Flaschen werden sorgfältig verschlossen (gut eignen sich Flaschen mit Schraubverschluß). Sie bleiben 24—28 Stunden in der Küche stehen. Der Kwas muß Schaum bilden und einen süßsauren Geschmack haben. Erst dann kommen die Flaschen in den Keller oder in den Kühlschrank. Nachdem sie 2 Tage im Kühlen gestanden haben, kann der Kwas getrunken werden. Die Flaschen müssen jedoch vorsichtig geöffnet werden, denn guter Kwas schäumt und kann über Tisch und Gästerunde spritzen. Sehr lange kann man Flaschen mit diesem Kwas nicht im Warmen aufbewahren, weil sie leicht zerplatzen. Beeren-Kwas schmeckt ausgezeichnet und ist ganz besonders bekömmlich!

195. Syrowez oder Ukrainischer Kwas
(als Zugabe zu Borschtsch)

¾ Eimer (9 l) Zwieback aus dunklem Roggenbrot
etwas Sauerteig

Das Roggenbrot in Stücke schneiden und im Backofen nur so lange trocknen, daß es nicht braun wird. Einen Eimer zu drei Vierteln damit anfüllen und mit sprudelnd kochendem Wasser übergießen; die Zwiebäcke müssen bedeckt sein. 6 Stunden stehen lassen. Umrühren, ein Stück Sauerteig hineinlegen und 24 Stunden stehen lassen. Dann etwas kaltes Wasser zugießen. Ohne den Zwieback herauszunehmen den Kwas abgießen, durchsieben und trinken.
Diesen Kwas kann man zu Borschtsch reichen. Man nimmt ihn auch für Okroschka.

196. Saft aus gekochtem Trockenobst

⅔ Eimer getrocknete Birnen, Äpfel, Kirschen, Pflaumen, Rosinen
½ Eimer kochendes Wasser
0,5 l flüssiger Honig

Die Früchte und Beeren waschen, in einen Eimer legen. Man kann entweder Äpfel oder Birnen nehmen oder alles zusammen, aber Rosinen, ungefähr ½ kg, dürfen nie fehlen. Einen Eimer zu zwei Dritteln mit Trockenobst füllen, heißes abgekochtes Wasser zugießen. Dann über Nacht in den warmen Backofen stellen (das Wasser soll nicht kochen, sondern nur dampfen, die Flamme muß also sehr klein gehalten werden).
Am Morgen den Eimer herausnehmen, Honig zugießen, umrühren und den Kwas an einem kalten Ort stehen las-

sen. Nachdem die Flüssigkeit abgegossen und durchgeseiht wurde, kann sie am Abend schon getrunken werden.

197. Brauselimonade aus Beeren

4,2 l Wasser
0,6 l Wodka
1,6 kg Kristallzucker
1,6 kg Beeren

Zur Herstellung von Brauselimonaden eignen sich am besten Himbeeren, schwarze und rote Johannisbeeren und Stachelbeeren. Die Beeren müssen reif und frisch, der Wodka sollte aus Weizen destilliert sein. In eine große Glasflasche gießt man das Wasser, löst den Zucker darin auf, gibt die Beeren dazu und übergießt alles mit Wodka. Die Flasche wird mit dünnem Stoff zugebunden und für 12 Tage in die Sonne gestellt. Die Flüssigkeit muß täglich geschüttelt und mit einem sauberen Stäbchen umgerührt werden, ohne die Beeren zu zerdrücken. Nach 12 Tagen beginnen die Beeren in der Flasche auf und ab zu schwimmen, das Zeichen dafür, daß die Brauselimonade fertig ist. Die Flüssigkeit wird durch ein sauberes vierfach gefaltetes Tuch in eine andere Flasche umgefüllt, diese mit Stoff zugebunden und für 3 Tage auf Eis gestellt. Die übriggebliebenen Beeren werden weggeworfen.

Nach 3 Tagen wird der Inhalt vorsichtig und ohne zu schütteln zum zweitenmal durch ein vierfach gefaltetes Tuch geseiht. Der Satz muß am Boden der Flasche bleiben und wird weggeworfen. Die durchgeseihte klare Flüssigkeit wird auf Flaschen gezogen und gut verkorkt oder verschlossen (Schraubverschluß).

Die verschlossenen Flaschen werden — mit dem Hals nach unten — in kühlen Sand gesteckt, wo sie 2 Monate bleiben. Die Flaschen müssen aus dickem Glas sein (wie Sektflaschen), sonst platzen sie. Nach 2 Monaten kann die Brauselimonade getrunken werden. Derartige Brauselimonaden kann man nicht länger als ein Jahr aufheben, sonst werden sie sauer.

198. Fruchtliköre

Beeren und Früchte für Liköre müssen vollkommen reif sein. Die Beeren werden ausgelesen, angefaulte oder verschimmelte weggeworfen, die übrigen gewaschen und getrocknet. Man sollte für den Likör einen guten Wodka verwenden.
Eine Flasche mit Beeren fast anfüllen, Wodka bis 3 cm über die Früchte auffüllen und den Flaschenhals mit Stoff zubinden. Falls Sie einen süßen Likör möchten, lösen Sie vorher ganz nach Geschmack Zucker im Wodka auf. Die Flasche 2—3 Monate in die Sonne stellen und alle 2—3 Tage schütteln.
Den fertigen Likör mit Hilfe eines mit Mull und Watte ausgelegten Trichters in Flaschen füllen. Diese verschließen und kalt stellen. Ist der Likör zu stark, wird er mit abgekochtem Zuckerwasser verdünnt.
Ist er nicht süß genug, wird er folgendermaßen nachgesüßt: den fertigen Likör in ein Kupferbecken gießen, Zucker zufügen und wenn dieser sich bei schwacher Hitze aufgelöst hat, abkühlen lassen, durchseihen und erneut verschließen. (Darauf achten, daß das Getränk nicht kocht!)
Likör kann man an einem kühlen Ort sehr lange aufbewahren: je älter, desto aromatischer und dickflüssiger wird er.
Die übriggebliebenen Beeren können bei der Kompottzubereitung mitverbraucht oder zu Eis serviert werden. Man kann sie aber auch wegwerfen.

199. Himbeerhonig

reife Himbeeren
Wasser
Honig
ein Stück geröstetes Schwarzbrot
Hefe

Die reifen Himbeeren in ein Faß oder ein anderes Gefäß legen. Mit Wasser übergießen, so daß sie bedeckt sind und so 48 Stunden stehen lassen. Danach das Wasser abgießen und es mit einem Gemisch aus Honig und Wodka (auf ei-

nen Teil Honig 2—3 Teile Wodka) verrühren. Darauf legt man ein Stück geröstetes Brot, das mit Hefe bestrichen ist und läßt das Ganze stehen, bis es gärt. Wenn die Gärung beginnt, nimmt man das Brot heraus, damit der Honig nicht den Geschmack annimmt. Nach weiteren 4—5 Tagen kann der Himbeerhonig getrunken werden.
Wer dem Himbeerhonig noch zusätzliches Aroma geben möchte, hängt in das Gefäß in Stoffläppchen verpackte Nelken, Kardamom und Zimt.
Nach dem Gären wird der Honig sorgfältig durchgeseiht und kalt aufbewahrt.

200. Aufgesetzter aus aromatischen Gräsern

Eine große Flasche halb mit Wodka füllen, darüber an einem Faden ein Sträußchen irgendeines trockenen Grases oder junge Triebe hängen, die man vor und während der Blütezeit gesammelt hat, zum Beispiel jungen Wermut. Die Gräser dürfen nicht vom Wodka benetzt werden. Die Flasche wird mit einem mehrfach gefalteten Tuch verschlossen und in die Sonne gestellt. Nach einem Monat wird das Gras herausgenommen und nach Belieben Wodka zugegossen.
Diese Zubereitungsart gilt auch für andere aromatische Gräser.

201. Aufgesetzter aus Knospen der Schwarzen Johannisbeere

Im Frühjahr die noch nicht aufgeblühten jedoch schon grünen Knospen der Johannisbeere mit der Schere vom Strauch abschneiden. 2—3 Handvoll dieser Knospen in ein 0,75-l-Glas füllen, bis zum Rand mit gutem Wodka anfüllen, fest verschließen und 6 Wochen in die Sonne stellen (aber nicht länger!).
Nach 6 Wochen den grün gewordenen Wodka durch festen Stoff oder mehrere Schichten Mull abseihen.
Dieser Aufgesetzte ist sehr schmackhaft und bekömmlich!

Das Färben von Wodka und Aufgesetztem

Aufgesetzten natürlichen und normalen Wodka kann man durch das Aufgießen auf bestimmte Pflanzen verschieden färben:
blaue Farbe — durch die Blätter der Kornblume;
gelbe Farbe — durch Safran;
grüne Farbe — durch Johannisblätter oder Brennesseln;
rote Farbe — durch Heidelbeeren;
lila Farbe — durch Sonnenblumenkerne;
braune Farbe — durch Walnußschalen.
Je mehr Farbstoff zugefügt wird, desto schneller geht die Verfärbung vor sich. Wenn sich die Flüssigkeit verfärbt hat, wird sie durch Stoff oder Watte abgeseiht.

Eingewecktes

Eingeweckte Äpfel sind ein guter Imbiß zu Wodka und starken Fruchtlikören. Man ißt sie auch zu Kwas. Am besten zum Einwecken geeignet sind feste, säuerliche Äpfel.
Eingeweckte Preiselbeeren passen gut als Beilage zu Fleisch, besonders zu Wild. Vorzüglich schmecken eingeweckte Preiselbeeren mit Apfelscheiben. Hier sind einige typisch russische Rezepte dafür:

202. **Eingeweckte Preiselbeeren**

Die Preiselbeeren werden in Gläser oder ein Holzfäßchen gefüllt, man gießt Wasser dazu, bis sie bedeckt sind, und verschließt sie unter Druck mit einem Glasdeckel oder einer Holzscheibe. Nach einem Monat sind sie fertig. Sie müssen kühl gestellt werden. Man reicht sie zu Fleisch- und Wildgerichten.

203. Eingeweckte Preiselbeeren in Sirup

Die Preiselbeeren in Flaschen oder Holzfäßchen geben und mit einer Mischung aus je 2 oder 3 Tassen Zucker auf 1 l Wasser begießen. Alle Beeren müssen damit bedeckt sein. Die Holzfässer werden mit einer Holzscheibe beschwert, Flaschen einfach zugekorkt. Nach einem Monat sind die Preiselbeeren fertig.
Sie passen sehr gut zu Fleisch- und Wildgerichten.

204. Eingeweckte Äpfel

Gute feste weiße Kläräpfel werden schichtweise in einen Holzeimer gelegt und jede Schicht wird mit Johannisbeer- und Kirschblättern bedeckt. Der volle Eimer wird mit einer durchlöcherten Holzscheibe bedeckt, die mit Querhölzern an den Seiten befestigt ist. Dann werden die Äpfel im Eimer mit abgekochtem kaltem Wasser begossen, wobei auf jeden Eimer 400 g Zucker kommen (das Wasser muß etwa 5 cm über der fest sitzenden Holzscheibe stehen).
Nach 6 Wochen sind diese Äpfel eßbar.

205. Wie man saure Sahne macht

Ein Gefäß mit Milch wird 2 Tage in den Kühlschrank gestellt und muß danach 2—3 Tage bei Zimmertemperatur stehen bleiben. Der Rahm steigt nach oben, wird dick und sauer, und man erhält saure Sahne. Damit sie schön dick wird, nimmt man nur die oberste und die mittlere Schicht ab. Die Sahne wird in ein Glasgefäß gegeben, leicht geschlagen und kaltgestellt. Dann fügt man eine neue Sahneschicht von der nächsten Milch dazu und stellt das Gefäß erneut kalt. Auf diese Weise sammelt man die saure Sahne von einigen Litern Milch. In einer guten dicken sauren Sahne muß am Ende der Löffel stehenbleiben.

206. Wie man Quark macht

Von sauergewordener Milch wird die Sahne abgenommen. Das Gefäß mit der übrigen Milch (oder Molke) wird in den warmen Backofen gestellt, wo sich die Flüssigkeit vom Quark trennt. Dieses Gemisch läßt man abkühlen, gießt es dann in ein Stoffsäckchen und hängt es auf, damit die Flüssigkeit abfließen kann. Wenn fast alle Flüssigkeit abgeflossen ist, wird das Säckchen auf ein Sieb gelegt, obenauf kommt eine Holzscheibe oder ein Teller und darauf ein Gewicht (ein Stein oder ein Bügeleisen), das so lange liegen bleibt, bis alle Flüssigkeit aus dem Quark geflossen ist.
Man kann auch fetten Quark zubereiten, wenn man die Sahne nicht von der Milch abnimmt. Zu diesem Zweck wird die Milch erst 2 Tage an einem kühlen trockenen Ort und dann nochmals 2 Tage bei Zimmertemperatur aufbewahrt. Wenn die Milch dick wird und sich an der Oberfläche gelbes Wasser zeigt, stellt man sie in den Backofen und verfährt dann wie bei entrahmter Milch.

207. Wie man braune Butter oder Butterschmalz macht

Man stellt zu diesem Zweck gute Butter in einem Emailgefäß in den warmen Backofen und läßt sie zerlaufen, aber nicht kochen. Die sich an der Oberfläche bildende Haut wird abgenommen, die Butter durch ein feines Sieb in einen anderen Behälter gegossen und, nachdem sie abgekühlt ist, in den Kühlschrank gestellt. Diese Butter ist zum Braten verschiedener Gerichte geeignet, man kann darin auch Piroschki, Baursaki usw. fritieren. Man verwendet sie außerdem für Pilaw.

Die Nationalitätenküchen in der Sowjetunion

Die Nationalitätenküchen in der UdSSR sind die Küchen der Unionsrepubliken. Sie lassen sich im wesentlichen in zwei Gruppen unterteilen: eine westliche und eine östliche. Zur westlichen Nationalküche gehören die litauische, lettische, estnische und moldauische Küche. Ihre Gerichte entstanden unter vorwiegendem Einfluß des Westens, besonders der deutschen Küche, von der sie sich nur wenig unterscheiden, weshalb ich hier auf sie nicht eingehen will (ich beschränke mich nur auf einige original moldauische Gerichte). Alle Rezepte dieser Küchen hier im Buch zu erfassen, ist unmöglich und gewiß auch nicht sinnvoll. Mein Buch ist ja keine Enzyklopädie. Ich habe versucht, nur die Gerichte der Nationalitätenküchen anzuführen, die sich von westeuropäischen Speisen stark unterscheiden.
Die östliche Küche läßt sich wiederum in zwei Hauptgruppen unterteilen: die kaukasische und die mittelasiatische. Zur kaukasischen Gruppe gehören zum Beispiel die grusinische, armenische, aserbajdschanische, zur mittelasiatischen die usbekische, kirgisische, tadschikische und turkmenische Küche. Innerhalb der einzelnen Gruppen sind die Gerichte sehr ähnlich. Ich habe mich bemüht, von diesen Gerichten die charakteristischsten und für Sie exotischsten auszusuchen.
Ich gebe zu, daß sich der Magen eines eingefleischten Mitteleuropäers mit einigen der hier beschriebenen Gerichte

nur schwer anfreunden wird. Und tatsächlich habe ich einige nur aus dem Grund aufgenommen, weil sie für eine nationale Küche, in die ich ebenfalls einen Einblick geben wollte, typisch sind. Der Leser wird mir das zugestehen, hat er doch in den vorausgegangenen Kapiteln des Buches eine große Zahl von nachkochbaren, interessanten und bekömmlichen Rezepten geboten bekommen. Beginnen wir mit der Küche der Kaukasus-Völker.

Die kaukasische Küche und ihre Hors d'œuvres

Betrachten wir zuerst die Kochgewohnheiten der Völker, die rund um den Kaukasus leben. Wichtigste Zutat bei fast allen Gerichten ist Fleisch, vorzugsweise Hammelfleisch. Sowohl die Hors d'œuvres als auch die Hauptgerichte sind kräftig abgeschmeckt mit scharfen Gewürzen und verschiedenen Kräutern. Sie werden das bei allen Rezepten der kaukasischen Küche feststellen.
Die kaukasische Küche kennt für sie ganz typische und charakteristische uralte Vorspeisen, zum Beispiel Lobio (Rez. 233), Saziwi (Rez. 228) oder mariniertes Kraut (Rez. 239). Das am meisten verbreitete Hauptgericht der Kaukasusvölker ist Schaschlik, am Spieß gebratenes Hammelfleisch. Dabei gibt es verschiedene Schaschlik-Arten; ich werde einige Rezepte dafür anführen. Überhaupt habe ich aus der reichhaltigen kaukasischen Küche die typischsten und schmackhaftesten Speisen für Sie ausgesucht.
Zum Mittagessen trinkt man im Kaukasus gewöhnlich trokkenen Wein in gar nicht kleinen Mengen. Es gibt natürlich auch Wodka im Kaukasus, sogar einen sehr starken. Aber im allgemeinen wird dort Wein oder Wein mit Wasser getrunken.
Als der große russische Dichter Alexander Puschkin einst auf seiner Reise in Arsrum in einen Duchan (ein grusinisches Speiselokal) einkehrte, traf er dort auf den Fürsten Kasbel, der Tschichir, einen starken Wein, direkt aus einem

Weinschlauch aus Ochsenhaut trank. Auf einen solchen Anblick kann der Reisende von heute allerdings auch in Grusinien nicht mehr rechnen.

208. Piti-Suppe

1 Portion = ½ l Suppe

120 g Hammelfleisch (Bruststück, Hals oder Suppenfleisch mit Knochen)
½ l Wasser
20 g große getrocknete Erbsen
15 g Zwiebeln
5 g Salz
0,5 g Pfefferkörner
0,1 g Ingwer
110 g Kartoffeln
20 g frische Kirschpflaumen (oder 10 g getrocknete)
20 g Hammelfett (aus dem Hammelschwanz)
0,1 g Safranaufguß oder
10 g Tomatenpüree bzw.
50 g frische Tomaten

Das Hammelfleisch mit Knochen in 2—3 Stücke teilen und 30 bis 40 Minuten im Backofen zusammen mit den etwa 4 Stunden vorher eingeweichten Erbsen backen. Wasser zugießen und die Suppe kochen lassen. 20 Minuten bevor die Suppe fertig ist, werden die rohe, gehackte Zwiebel, Salz, Ingwer und Pfeffer, die in gleichmäßige kleine Stücke geschnittenen Kartoffeln, Kirschpflaumen, das feingewürfelte Hammelfett, der Safranaufguß oder Tomatenpüree bzw. frische Tomaten dazugeben.
Die Suppe wird in dem Topf aufgetragen, in dem sie gekocht wurde.
Falls mehrere Portionen benötigt werden, müssen entsprechend mehr Zutaten genommen werden.

209. Bosbasch-Suppe

2 Portionen

320 g Hammelfleisch
1 l Wasser
40 g braune Butter
60 g Zwiebeln
180 g Auberginen
340 g Tomaten
100 g grüne Bohnen
80 g Moschuseibisch
80 g Paprika
300 g Kartoffeln
40 g Petersilie

Das Hammelfleisch in Wasser weich kochen, in Stücke schneiden, anbraten. Das gebratene Fleisch mit der durchgeseihten Brühe übergießen, dazu die durchpassierten feingehackten Zwiebeln, zerkleinerten Auberginen, Tomaten, Paprika, grüne Bohnen, Moschuseibisch und Kartoffeln geben und gar kochen.
Vor dem Auftragen mit grüner Petersilie bestreuen.

210. Sunki-Apur-Suppe

4—5 Portionen

2 l Wasser
32 g getrocknete Steinpilze
120 g Reis
80 g Zwiebeln
40 g braune Butter
20 g Salz
0,2 g Pfefferkörner
20 g Petersilie oder Koriander

Die getrockneten Steinpilze sorgfältig waschen, mit Wasser übergießen und 1½—2 Stunden kochen. Den Sud mit Wasser bis zur erforderlichen Menge verdünnen (im gegebenen Fall bis auf 2 l), die Pilze in feine Streifen schneiden, wieder in den Sud zurückgeben, den gewaschenen Reis, die in Butter angebratenen kleingehackten Zwiebeln, Salz und Pfeffer dazugeben und alles gar kochen.
Vor dem Auftragen mit feingehackten Kräutern bestreuen.

211. **Jajni-Suppe**

2—3 Portionen

440 g Rindfleisch
1½ l Wasser
40 g Butter
80 g Zwiebeln
40 g Tomatenpüree
600 g Kartoffeln
120 g getrocknete entkernte Aprikosen
Salz
Pfefferkörner oder gemahlener Pfeffer
verschiedene Kräuter

Aus 440 g Rindfleisch eine Fleischbrühe kochen. Die Zwiebeln würfeln und in der Butter leicht dünsten, das Tomatenpüree dazugeben und ständig umrühren. Vom Feuer nehmen, wenn das Tomatenpüree dicklich und das Fett rot wird. Dann die Zwiebeln und das Tomatenpüree in die durchgesiebte Brühe gießen, aus der vorher das Fleisch herausgenommen wurde. Dazu kommen die gewürfelten Kartoffeln, gewaschene Aprikosen und nach Belieben Salz und Pfeffer. Solange kochen, bis die Kartoffeln weich sind. Vor dem Auftragen das gewürfelte gekochte Fleisch und grüne Kräuter in die Suppe geben.

212. **Wospi-Apur-Suppe**

4—5 Portionen

2 l Rindfleischbouillon
320 g gekochtes Rindfleisch
160 g eingeweichte Linsen
300 g Kartoffeln
60 g ausgelassener Speck oder braune Butter
60 g Zwiebeln
20 g Weizenmehl
60 g Trockenpflaumen
40 g Walnüsse
20 g Salz
20 g Dill
gemahlener schwarzer Pfeffer

In die kochende Bouillon die Linsen geben und weich kochen. Dann die gewürfelten Kartoffeln, die in 30 g Speck oder Butter angebratenen feingehackten Zwiebeln, das Mehl und die Trockenpflaumen zugeben. Die Nüsse in der restlichen Butter oder Speck anbraten, mit einem Mörser zerkleinern, ebenfalls in die Suppe geben und alles garkochen. Vor dem Auftragen das gekochte Rindfleisch in die Suppe geben und diese mit Dill und schwarzem Pfeffer bestreuen.

213. Chartscho-Suppe aus Rindfleisch

4—5 Portionen

500 g Rindfleisch (Brust)
2,5 l Wasser
1 Tasse Reis
3—4 Zwiebeln
je 8 Petersilien- oder Korianderzweige
Knoblauch
etwa 5—8 g Salz
2 Prisen getrocknete Kräuter
Kirschpflaumen (Rez. 238)

Fettes Rind- oder Hammelfleisch abwaschen, in kleine Stücke schneiden, in einen Topf legen, Wasser dazu gießen und zum Kochen bringen. Den Schaum von der Oberfläche abschöpfen. Nach 1½—2 Stunden Kochzeit den gewaschenen Reis, die feingehackte Zwiebel und ein Sträußchen aus je 2 Petersilien- und Korianderzweigen hineinlegen und kochen, bis das Fleisch gar ist.

10—15 Minuten vorher 3 Eßlöffel feingehackte Petersilie und Koriander, den gehackten Knoblauch, Salz, getrocknete Kräuter und die vorher gekochten Kirschpflaumen dazugeben. Außerdem nach Wunsch eine rote Peperoni hineingeben, aber aufpassen, daß die Suppe nicht zu scharf wird (sonst umrühren und die Peperoni sofort herausnehmen).

Beim Auftragen mit feingehacktem Koriander oder Petersilie (man kann auch noch Dill zusätzlich nehmen) bestreuen.

214. Tschichirtma-Suppe aus Hammel- oder Hühnerfleisch

4—5 Portionen

500—700 g Hammelfleisch oder ein ganzes Huhn
5 große Zwiebeln
2—2½ l Wasser
¼ TL Zimt
4 Korianderzweige
Salz
gemahlener schwarzer Pfeffer
2—3 Eier
1—2 EL Weinessig

Das Hammelfleisch oder das Huhn abwaschen, in kleine Stücke schneiden. Die Zwiebeln schälen, schneiden oder durch einen Fleischwolf drehen und leicht in Hammel- oder Hühnerfett anbraten; zusammen mit dem geschnittenen rohen Hammel- oder Hühnerfleisch 15 Minuten dünsten. Danach kaltes Wasser zugießen und 2—2½ Stunden kochen. 10 Minuten, bevor die Suppe fertig ist, den feingehackten Koriander, Salz und gemahlenen Zimt dazugeben. Wer mag, kann noch schwarzen Pfeffer zufügen.
Vor dem Auftragen 2—3 Eier schlagen, mit Essig verdünnen und unter ständigem Rühren in die Suppe geben. Danach die Suppe nochmals ganz kurz aufkochen lassen, vom Feuer nehmen und sofort servieren.

215. Lobio oder Suppe aus roten Bohnen

4—5 Portionen

2½ l Wasser
400 g rote Bohnen
80 g Zwiebeln
8 g Knoblauch
120 g Walnüsse
40 g Weinessig
32 g Dill
32 g Korianderzweige
32 g Petersilie
0,4 g schwarzer gemahlener Pfeffer
Salz

In die halbgar gekochten roten Bohnen die rohen gehackten Zwiebeln und den Knoblauch geben, gar kochen und durchseihen; Kochwasser aufheben. Die Bohnen pürieren und mit Kochwasser auffüllen. Nochmals aufkochen und mit zerkleinerten Walnüssen, Essig und gehackten Kräutern ergänzen, pfeffern und salzen.

216. Kalte Owduch-Suppe

4—5 Portionen

800 ccm saure Milch
400 ccm Wasser
320 g grüne Gurken
120 g Zwiebellauch
20 g Korianderzweige
32 g Dill
20 g Salz
20 g Zucker
320 g gekochtes Rindfleisch

Die saure Milch mit Wasser verdünnen, die geschälten und zerkleinerten Gurken, Zwiebellauch, Kräuter, Salz und Zucker hineingeben und kalt stellen. Vor dem Auftragen das in kleine Stücke geschnittene Rindfleisch in die Suppe geben. Besonders im Sommer, wenn es heiß ist, schmeckt es gut, wenn man einige Eiswürfel in jeden Teller legt.

217. Kalte Dowga-Suppe

3—4 Portionen

320 g Hammelfleisch ohne Knochen
40 g Zwiebeln
0,4 g gemahlener schwarzer Pfeffer
Salz
800 ccm saure Milch
40 g Weizenmehl
60 g ausgepalte Erbsen
80 g Reis
80 g verschiedene Kräuter

Hammelfleisch ohne Knochen mit Zwiebeln durch den Wolf drehen, pfeffern, salzen und aus der Masse Fleischbällchen formen. Die saure Milch mit Mehl verrühren, durchkochen, umrühren. Dann die Erbsen, den ungekochten Reis, die Fleischbällchen und Kräuter dazugeben und so lange kochen lassen, bis alles gar ist. Abkühlen lassen und kalt stellen.

Kaukasische Hauptgerichte

So reich das kaukasische Land an Sonne ist, so reich ist seine Küche an Gemüse, Obst und verschiedenen Kräutern. Zum gekochten, gebratenen und geschmorten Fleisch — hauptsächlich zum Hammel, dem bei den Kaukasiern beliebtesten Fleisch — serviert man stets frisches und geschmortes Gemüse. Mittags gibt es immer viel Petersilie, Dill, Korianderblätter — alles frisch aus dem Garten. In der Regel werden die Gerichte mit kleingehackten grünen Kräutern bestreut, diese Kräuter ißt man aber einfach so dazu: Bündelweise stopft man sie sich beim Fleischessen in den Mund. Zu Fleischgerichten serviert man immer auch frische Tomaten, Paprika, Zwiebel und Knoblauch — man ißt sie wie sie sind oder als Salat — mit Öl, Weinessig, Salz und Pfeffer. Wie ich das schon auf Seite 212 beschrieb, sind die kaukasischen Gerichte meistens sehr scharf, verlangen viel Pfeffer und andere Gewürze, sie sind aber auch reich an Vitaminen. Im Kaukasus ißt man viel frischen Schafskäse und andere Käsesorten. Käse ist auch Bestandteil verschiedener heißer Gerichte. Zum Mittagessen trinkt man immer trockenen Wein — weißen und roten. Beim feierlichen Essen oder wenn Gäste im Haus sind — besonders in Georgien (Grusinien) — geht es nicht ohne ausgiebige Trinksprüche ab: auf das Wohl und die Gesundheit aller Anwesenden! Dann singt man herrliche polyphone Volkslieder. Viel

Essen, viel Trinken, viel Reden und Singen — das ist kaukasische Tafelsitte ...
Für die kaukasische Küche spricht auch die Vielzahl gesunder Leute im Kaukasus: echte Kaukasier, besonders die in den Bergen, leben bis zu 150 Jahren und bleiben bis ins hohe Alter munter und arbeitslustig ...
Kein Wunder, denn der reiche Geschmack der kaukasischen Gerichte ist unvergleichlich!

218.

Gedämpftes Gemüse mit Hammelfleisch

2—3 Portionen

320 g Hammelfleisch und einige Fleischknochen
80 g gekochter Reis
60 g Zwiebeln
16 g Basilikum
Pfeffer
Salz
4 kleine Auberginen (340 g)
4 Tomaten (340 g)
80 g rote Paprika
140 g Quitten oder Äpfel
80 g Tomatenpüree
40 g braune Butter
gemahlener Pfeffer

Zuerst muß die Füllung zubereitet werden. Dazu dreht man das Hammelfleisch durch den Wolf, gibt gekochten Reis, feingehackte Zwiebeln, Basilikum, gemahlenen Pfeffer und Salz hinzu und vermengt alles.
Tomaten, Auberginen und Paprika werden aufgeschnitten, mit einem Löffel ausgehöhlt und mit der Masse gefüllt. Auf den Boden eines Topfes legt man die Fleischknochen, darauf je eine Schicht Auberginen, Paprika und Tomaten (Tomaten sollten das Ganze abschließen). Die Zwischenräume werden mit klein geschnittenen Quitten oder Äpfeln gefüllt. Tomatenpüree und Butter werden mit etwas Wasser aufgeschlagen und über die Gemüse gegossen, die dann langsam gegart werden.
Während des Dämpfens eventuell nachsalzen.

219. **Lamm in Weinblättern oder Dolma**

4—5 Portionen

1,5 km Lamm
0,7 kg fetter Hammelschwanz
100 g gekochter Reis
4 Zwiebeln
1 Bund Petersilie
1 Bund Dill
1 Bund Koriander
Salz
Cayennepfeffer
½ kg Weinblätter
3 EL Butter
½ l Brühe aus Knochen
Für die Sauce:
1 l saure Milch, 2 EL saure Sahne oder einfach
1 l saure Sahne
2 Knoblauchzehen

Zuerst die *Füllung* zubereiten: Hammelfleisch mit dem Fett durch den Fleischwolf drehen, gekochten Reis, feingehackte Zwiebeln und gehackte Petersilie, Dill und Koriander, nach Belieben Salz und Pfeffer dazugeben (möglichst scharf würzen).

Die Weinblätter waschen, die Stiele entfernen, die Blätter einzeln oder je zwei zusammen auf den Tisch legen, die Füllung darauf geben, sorgfältig zusammenrollen und mit einem Faden umwickeln. Salzen. Reihenweise in eine flache Kasserolle legen, mit geschmolzener Butter übergießen, Brühe dazugeben, bis sie fast bedeckt sind. Die Kasserolle mit einem Deckel verschließen und etwa 1 Stunde auf schwacher Flamme dünsten. Man sollte die Blätter mit einem Faden umwickeln, damit sie nicht auseinanderfallen.

Sind die gefüllten Blätter fertig, werden sie vorsichtig auf eine vorgewärmte Platte gelegt; der Faden wird abgenommen.

Man reicht dazu eine Sauce, die folgendermaßen zubereitet wird: Saure Milch wird mit saurer Sahne verrührt und gepreßter Knoblauch zugegeben. Dann salzt man nach Belieben und vermischt alles.

Man kann als Sauce aber auch saure Sahne mit gepreßtem Knoblauch und Salz nehmen.

220. Tschanachi oder Hammelfleisch im Tontopf

3—4 Portionen

500 g fettes Hammelfleisch
Salz
500 g Kartoffeln
4—5 mittelgroße Zwiebeln
5—6 Auberginen
30 g Fett vom Hammelschwanz
Pfeffer
500 g frische reife Tomaten
Petersilie (etwa 40 g)
scharfer roter Paprika
1 Glas Tomatensaft

Das fette Hammelfleisch in Portionsstücke schneiden, salzen, stehenlassen. Die geschälten Kartoffeln grob würfeln, die Zwiebeln in Ringe schneiden. Die unzerteilten Auberginen waschen, einen Einschnitt machen und in jede Aubergine etwas von dem gesalzenen und mit schwarzem Pfeffer gewürzten Hammelfett geben (man kann auch feingehackte Petersilie und Koriander dazugeben).

In einem glasierten Tontopf zuerst die Fleischstücke, dann Kartoffeln, Auberginen und darauf die Zwiebeln und ganzen Tomaten legen, mit feingehackter Petersilie bestreuen, etwas Paprika und Salz zufügen. Alles mit Tomatensaft begießen, in den Backofen stellen und etwa 2 Stunden garen lassen. Im Topf auftragen. Man kann dieses Gericht in einem großen oder mehreren kleinen Tontöpfen zubereiten.

Tschanachi ist sehr gut geeignet für eine größere Zahl von Personen, wenn man die angegebenen Mengen verdoppelt oder verdreifacht. Die Hausfrau kann diesen köstlichen Eintopf schon vor dem Eintreffen der Gäste in Ruhe vorbereiten und braucht ihn dann nur noch in den Ofen zu schieben.

221. Grusinischer Schaschlik

2 Portionen

600 g Hammel- oder Schweinefleisch (Nierenstück oder Hinterkeule ohne Knochen)
gemahlener schwarzer Pfeffer
Salz
3 Zwiebeln
0,5 l Weinessig
150 g Petersilie
150 g Zwiebellauch

Fettes Hammelfleisch oder Schweinefleisch in gleichmäßige kleine Stücke schneiden, in ein Porzellan- oder Emailgefäß legen, pfeffern, salzen. Die gehackten Zwiebeln und Essig zugeben, alles mischen, zudecken und 2 bis 3 Stunden kalt stellen. (So mariniertes Fleisch kann 3 bis 4 Tage kalt aufbewahrt werden.)
Die Fleischstücke auf einen Spieß stecken und über Holzkohle (ohne Flamme) unter ständigem Drehen braten. Dabei den Schaschlik mit trockenem Weißwein begießen.
Der fertige Schaschlik wird — nachdem er vom Spieß genommen wurde — auf einen Teller gelegt und aufgetragen. Dazu gibt es Petersilie und Zwiebellauch.

222. Tschachobili aus Ente

2—3 Portionen

920 g Ente (oder 880 g Fasan, Huhn, Küken bzw. 820 g Truthahn oder 1 kg Gans)
80 g braune Butter
20 g Mehl
400 g Zwiebeln
80 g Tomatenpüree (oder 160 g frische Tomaten)
40 ccm weißer Tischwein oder Weinessig
80 ccm Zitronensaft
40 g grüne Kräuter
schwarzer Pfeffer
Salz

Das Geflügel in Portionen schneiden, in Butter anbraten, dann in den mit Mehl verrührten feingehackten Zwiebeln und dem Tomatenpüree gar dünsten, Wein oder Essig dazugießen, ebenso Zitronensaft und Kräuter. Mit Pfeffer und Salz abschmecken.

223.

Tabaka-Küken

4 Portionen

2 Küken
60 g braune Butter
16 g Salz
40 g saure Sahne
20 g gehackter Knoblauch
600 g Salat oder grusinisches mariniertes Kraut

Die ausgenommenen und gewaschenen Küken längsseitig in 2 gleiche Hälften teilen und möglichst flachdrücken. Mit Salz bestreuen, mit saurer Sahne bestreichen und mit Butter in der Pfanne braten. Dabei die Küken mit einem flachen eisernen Gegenstand beschweren, der vorher auf starker Flamme — am besten in einer großen eisernen Pfanne — erhitzt wurde. (Die Presse muß unbedingt schwer sein, sonst sollte man noch ein Kilogewicht daraufstellen). Sind die Küken auf einer Seite gebraten, werden sie umgedreht.
Extra dazu reicht man gehackten oder gepreßten Knoblauch, Salat und Eingesalzenes. Wer mag, kann die ungebratenen Küken auch noch pfeffern.

224.

Blumenkohl mit Nüssen

2 Portionen

500 g Blumenkohl
1 Tasse geschälte Walnüsse
Tasse Weinessig
4 g Knoblauch
1 TL Koriander
Salz

Den geputzten und gewaschenen Blumenkohl im Ganzen auf starkem Feuer kochen, dann etwas abkühlen lassen und in kleine Röschen zerteilen.
Die geschälten Walnüsse mit Knoblauch und Salz zerstoßen, den zerstoßenen Koriander dazugeben, mit Weinessig

verdünnen, die Blumenkohlstücke hineinlegen und vorsichtig umrühren, damit der Blumenkohl nicht zerfällt.

225. **Auberginen mit Nüssen**

2 Portionen

500 g Auberginen
1 Zwiebel
1 Tasse Walnüsse
3—4 Knoblauchzehen
200 g Koriander
Petersilie
Sellerie
Dill
Paprika
1 TL Safran
Salz
Weinessig
100 g Dill zum Garnieren

Die Auberginen ohne Fett im Backofen backen; die Haut abziehen. Das Fruchtfleisch in längliche Stücke schneiden und in eine Schüssel legen. Mit feingehackter Zwiebel, zerstoßenen Nüssen, gehacktem Knoblauch, Koriander, Kräutern und Paprika bestreuen, einen Teelöffel Safran, Salz und den Weinessig dazugeben und alles sorgfältig umrühren. Mit gehacktem Dill bestreuen und auftragen.

226. **Adschapandali**

3—4 Portionen

400 g Zwiebeln
100 ccm Pflanzenöl
8 Auberginen
5—6 Kartoffeln
3—4 Paprika
Salz
Petersilie und Dill
700 g Tomaten
200—300 g saure Sahne

Die Zwiebeln schneiden, in eine Kasserolle geben und in der Hälfte des Pflanzenöls weich dünsten. Mit der anderen Hälfte des Öls die in Scheiben geschnittenen ungeschälten Auberginen dazugeben.
Alles 10—15 Minuten dünsten. Kartoffeln, Paprika, Salz, gehackte Petersilie und Dill zugeben, die geschälten, entkern-

ten und gewürfelten Tomaten zufügen und zugedeckt eine Stunde kochen lassen.
Die saure Sahne extra dazu reichen; jeder nimmt sie sich nach Belieben zum Adschapandali.

227. Saziwi aus gekochtem Huhn

3—4 Portionen

1 fettes Huhn
250 g Zwiebeln
5 Knoblauchzehen
100 g Butter
2 EL Fett von der Hühnerbrühe
30 g Weizenmehl
600 ccm Hühnerbrühe
300 g geschälte Walnüsse
24 g frisches Grünzeug (sog. »Suneli«)*
5 g roter Paprika (gemahlen)
75 g frisches Eigelb
0,2 g Safranaufguß (auf 1 g Safran 200 ccm Wasser geben und über Nacht stehen lassen)
2 Lorbeerblätter
2 g Nelken
2 g Zimt
20 g Salz
100 ccm Weinessig oder Zitronensaft

Das Huhn kochen, mit der Brühe abkühlen lassen, von der Brühe das Fett abschöpfen. Stehen lassen. Dann die *Sauce* zubereiten (Rez. 228).

228. Saziwi-Sauce I

Die feingehackten Zwiebeln und den Knoblauch in Butter und Hühnerfett anbraten, Mehl dazugeben, mit Brühe anrühren, 10 Minuten kochen lassen und beiseite stellen.
Die feingehackten Walnüsse mit frischem und getrocknetem Grünzeug, rotem Paprika, Eigelb, Safranaufguß vermengen und ebenfalls beiseite stellen.

---

* *Suneli* ist eine Gewürzmischung aus Koriander, Dill, Sellerie, Petersilie, Basilikum, Safran, Minze und Lorbeerblättern.

Essig oder Zitronensaft mit dem Lorbeerblatt, Nelken und Zimt aufkochen, in die zerstoßenen Nüsse geben und verrühren. Dann alles in die mit der Brühe zubereitete Sauce geben, verrühren und kurz aufkochen. Abkühlen lassen.
In die kalte fertige Saziwi-Sauce das in Stücke geschnittene kalte Huhn legen.
Wird kalt serviert.

229. Saziwi aus gebratenem Huhn

3—4 Portionen

1 fettes Huhn
Salz
4—5 Zwiebeln
200 g geschälte Walnüsse
1—1½ EL Maismehl
4 g Knoblauch
24 g Koriander
3 g gemahlener roter Pfeffer
1—1½ l Wasser
100 ccm Weinessig
2 g gemahlener schwarzer Pfeffer
Zimt
0,2 g Safran
2 g Suneli (Rez. 227)

Das Huhn ausnehmen, waschen, das Fett entfernen und vorläufig beiseite legen. In Stücke teilen, salzen und in einer tiefen Pfanne braten.
Die Zwiebeln mit dem Hühnerfett durch den Wolf drehen, dünsten, dann mit dem gebratenen Huhn noch einmal dünsten und eine *Sauce* (Rez. 230) zubereiten.

230. Saziwi-Sauce II

Geschälte Walnüsse und Salz zerstoßen. Maismehl, zerstoßenen Knoblauch und Koriander dazugeben, nach Belieben auch zerkleinerte Peperoni. Mit kochendem Wasser übergießen. Weinessig zugeben, das Gemisch mit dem Huhn vermengen und 15 bis 20 Minuten kochen.
5—10 Minuten, bevor es gar ist, gemahlenen schwarzen

Pfeffer und Zimt, gemahlenen Safran und, falls vorhanden, die Kräutermischung dazugeben.
Wird kalt serviert.

231.

Saziwi aus Fisch

2—3 Portionen

620 g Stör oder 580 g Zander
40 g Pflanzenöl
16 g Salz
20 g Weizenmehl
400 g Saziwi-Sauce (Rez. 228 oder 230)

Den Fisch in Portionsgröße schneiden, salzen, in Mehl wälzen und in Öl braten. Abkühlen lassen. Mit Saziwi-Sauce übergießen.

232.

Saziwi aus Auberginen

1—2 Portionen

200 g Auberginen
20 g Walnüsse
15 g Zwiebeln
1 Knoblauchzehe
0,5 g gemahlener roter Pfeffer
10 g getrocknetes Grünzeug
50 ccm Essig

Die Auberginen waschen, Enden abschneiden, seitlich längs einschneiden, mit kochendem Wasser überbrühen und darin 15 Minuten liegenlassen. Dann die Auberginen auf den Tisch legen und 30—40 Minuten lang pressen; gefüllt werden sie mit der Hälfte der obengenannten Zutaten. Die andere Hälfte der Sauce mit schwachem Essig verdünnen, nach Belieben salzen, die gefüllten Auberginen damit übergießen und 2—3 Tage darin marinieren. Als kalte Vorspeise servieren.

233. Rote Bohnen (Lobio) mit Öl

1 Portion

80 g rote Bohnen
15 g Zwiebeln
20 g Sonnenblumen- oder Olivenöl
0,1 g Pfeffer
8 g Petersilie und Koriander

Die gekochten Bohnen pürieren, mit gebratenen Zwiebeln, Öl und Pfeffer anrichten. Vor dem Auftragen mit Grünzeug bestreuen.

234. Grüne Bohnen (Lobio) mit Essig

1—2 Portionen

135 g grüne Bohnen
10 g Sonnenblumen- oder Olivenöl
2 EL Weinessig
gemahlener schwarzer Pfeffer
1 Knoblauchzehe
8 g Petersilie oder Koriander

Die gekochten Bohnen mit Öl, Essig, den Gewürzen und Kräutern anrichten. Eine gute Stunde durchziehen lassen und gekühlt zu Fleischspeisen servieren.

235. Forelle mit Nüssen

2—3 Portionen

1280 g Forelle
16 g Salz
120 g Walnüsse
Salz
20 g Dill

Die geputzte Forelle in Salzwasser kochen. Abkühlen lassen und mit Dill bestreut auftragen.
Extra dazu eine *Nuß-Sauce* reichen: die zerstoßenen Nüsse durch ein Sieb drücken, mit kaltem Wasser verrühren und nach Belieben salzen.

236. **Chinkali**

1 Portion

Für den Teig:
120 g Mehl
2 g Salz
40 ccm Wasser
Für die Füllung:
88 g Hammelfleisch
20 g Zwiebeln
1,2 g gemahlener schwarzer Pfeffer
2,8 g Grünzeug
300 ccm Bouillon
Salz

Den Teig zubereiten. Ausrollen und runde Stücke ausschneiden, auf jedes Stück von der Füllung geben und in Teig einwickeln, an den Enden zusammendrücken, wodurch ein birnenförmiges Gebilde entsteht (jeder Chinkali sollte 75 g schwer sein). In kochendem Salzwasser kochen. Pro Person 2—3 Stück servieren. (Von den genannten Zutaten erhält man 3 Chinkali.)

237. **Sazebeli-Sauce**

200 g Walnüsse
200 ccm Weinessig
½ l Fleischbrühe (für Fisch: Fischbouillon)
210 g Zwiebeln
20 g zerstoßener Knoblauch
20 g Salz
1 g gemahlener roter Pfeffer
35 g Pfefferminze und Koriander

Die zerstoßenen Nüsse mit Essig anrühren, die Brühe dazugeben (je nach Gericht Fleisch- oder Fischbrühe) — man kann auch kochendes Wasser nehmen — dann die rohe gehackte Zwiebel, den zerstoßenen Knoblauch, Salz, roten Pfeffer und das Grünzeug zugeben, schließlich alles gut vermengen.

238. Tkemali-Sauce

4 Gläser Kirschpflaumen (kleine gelbe, sehr saure Pflaumen)
je 4 Zweige Koriander und Dill
Peperoni und Salz
3 Knoblauchzehen

Die ausgelesenen und gewaschenen Pflaumen in eine Kasserolle legen, soviel Wasser zugießen, bis sie bedeckt sind, und zum Kochen bringen. Wenn sie zerkocht sind, vom Feuer nehmen und mit dem Sud durch ein Sieb oder einen Durchschlag rühren. Die erhaltene Masse muß dicklich sein. Dazu kommen zerkleinerter Koriander und Dill, zerstoßene Peperoni, Knoblauch, Salz.

239. Mariniertes Kraut grusinisch

230 g Kraut
20 g rote Rüben
10 ccm Weinessig
0,5 g roter gemahlener Pfeffer
10 g Sellerie und Petersilienwurzel

Das Kraut mit Strunk grob zerkleinern, mit den in Scheiben geschnittenen roten Rüben abwechselnd in ein Fäßchen legen, dazu Sellerie und Petersilie, nach Belieben Salz, mit gemahlenem roten Pfeffer bestreuen. Essig und kochendes Wasser darübergießen und an einen warmen Ort stellen.

Die mittelasiatische Küche und ihre Hors d'œuvres

Die beliebtesten Suppen in Mittelasien sind Schurpa (eine Brühe aus verschiedenen Fleischsorten und Wild) und Mastawa. Letztere wird ähnlich wie Pilaw zubereitet, deshalb wird dieses Gericht auch »flüssiger Pilaw« genannt. Mastawa wird wie andere Suppen nicht nur zum Mittagessen, sondern auch zum Frühstück oder zum Abendbrot gekocht.
Die mittelasiatische Küche ist sehr reich an Suppen aus saurer Milch (die in der heißen Jahreszeit kalt gegessen werden) sowie an ganz verschiedenen Pilaw-Gerichten. Aus Platzgründen beschreibe ich hier nur einige davon.
Für die Zubereitung mittelasiatischer Gerichte benötigt man unbedingt einen runden Kessel und einen langen Metalllöffel (am besten aus Kupfer) mit Löchern. Fast alle diese Speisen werden nämlich in einem solchen Kessel zubereitet.

Weitere allgemeine Ratschläge

Man darf Wasser und Salz nicht ratenweise in eine Suppe geben, sonst schmeckt sie nicht.
Fertige Gerichte sollten sofort aufgetragen werden, dann sind sie aromatischer und schmackhafter.
Suppen aus saurer Milch darf man nicht erwärmen, sie werden nur kalt gegessen.

Hülsenfrüchte wie Erbsen, Bohnen usw. dürfen nicht in heißem Wasser eingeweicht werden, sonst gerinnt nämlich das darin enthaltene Eiweiß.
Eine Brühe muß auf schwacher Flamme kochen, von starker Hitze wird sie trübe.
Beim Aufwärmen einer Suppe darf man sie nicht kochen lassen, sonst wird sie zu dick, und die darin enthaltenen Produkte zerkochen. Außerdem werden Aussehen und Geschmack der Suppe beeinträchtigt.

240. **Sorpa-(Schurpa-)Bouillon**

400 g Knochen
480 g Hammelfleisch (Bruststück)
2 l Wasser
Pfefferkörner
1 Lorbeerblatt
80 g Zwiebeln
60 g Möhren
20 g Salz

In einen Tontopf mit 2½ l Fassungsvermögen 4 Bruststücke mit Knochen legen, Wasser zugießen, salzen und auf schwacher Flamme langsam kochen lassen. 10 Minuten vor dem Garwerden Pfefferkörner, Lorbeerblatt sowie die feingehackten Zwiebeln und Möhren dazugeben und die Sorpa-Bouillon fertigkochen.
Die Brühe wird in einer Suppenschale oder -tasse aufgetragen, extra dazu gibt es Baursaki (Rez. 282).

241. **Brühe mit Pelmeni**

Für die Füllung:
300 g Hammelfleisch
200 g Rindfleisch
1 TL gemahlener schwarzer Pfeffer
1 TL Salz
Für den Teig:
300 g Weizenmehl
2 Eier
1 Tasse Wasser
½ TL Salz

Für die Brühe:
Fleischknochen
2—3 Zwiebeln
3—4 kleinere Tomaten
2 Lorbeerblätter
Salz
2 l Wasser
Auf den Tisch:
schwarzer gemahlener Pfeffer
2—3 Korianderbündel, feingehackt

Aus fettem Hammel- oder Rindfleisch ohne Knochen eine *Füllung* zubereiten: Salz, schwarzen Pfeffer, die gehackte Zwiebel dazugeben und gut vermengen.
Einen schönen festen *Teig* anrühren, dünn ausrollen, daraus Quadrate von jeweils 4 × 4 cm formen. Mit einem Teelöffel die Füllung auf die Quadrate geben und an den Enden zusammendrücken, d. h. Pelmeni daraus machen.
Die Knochen mit Zwiebeln, Tomaten, Lorbeerblättern und Salz in einen Topf mit kaltem Wasser geben, zum Kochen bringen. Wenn die *Brühe* kocht, die Pelmeni hineinlegen und bei schwacher Hitze kochen lassen, bis sie an der Oberfläche schwimmen. Dann noch 2—3 Minuten in der Brühe kochen lassen. Danach die Brühe mit Pelmeni in Teller geben, nach Belieben mit gemahlenem schwarzen Pfeffer und feingehacktem Koriander bestreuen und servieren.

242. Suppe mit Blumenkohl

500 g Hammel- oder Rindfleisch
1 Zwiebel
1 kg Blumenkohl
2 Möhren
3 Kartoffeln
Salz
roter gemahlener Pfeffer
½ Bund Koriander
Zwiebellauch

Fettes Hammelfleisch oder Rindfleisch mit Knochen in 2 l Wasser aufsetzen, die Zwiebel dazugeben und daraus eine Brühe kochen. Den Strunk vom Blumenkohl wegschneiden, die einzelnen Röschen teilen, mit kochendem Wasser überbrühen. Die Möhren zerkleinern und alles erst in die Brühe geben, wenn das Fleisch gar ist. Die gewürfelten Kartoffeln, Salz und roten Pfeffer dazugeben. Dann auf schwacher Flamme noch etwa 20 Minuten kochen lassen.
Die fertige Suppe in Teller gießen und mit feingehacktem Zwiebellauch und Koriander bestreuen.

243. Zwiebelsuppe

150 g Fett vom Hammelschwanz
1 kg Zwiebeln
2 Tomaten
300 g Hammel- oder Rindfleisch
1 Lorbeerblatt
roter gemahlener Pfeffer
Salz

Die feingehackten Zwiebeln in ausgelassenem Hammelfett anbraten, in eine Kasserolle mit den zerkleinerten Tomaten und dem Fleisch geben und unter ständigem Rühren einige Minuten braten. Dann Wasser zugießen und 25 Minuten kochen lassen. Kurz vor dem Garwerden Salz, roten Pfeffer und das Lorbeerblatt dazugeben.
Die fertige Suppe vom Feuer nehmen und 5—6 Minuten stehen lassen. Vor dem Auftragen in jeden Teller ein Stück trockenes Brot oder geröstete Brotwürfel und die Suppe daraufgießen.

244. **Suppe mit gefüllten Paprikaschoten**

500 g Hammel- oder Rindfleisch
2 l Wasser
3 Zwiebeln
1 Tasse Reis
½ Bund Petersilie
Salz
½ TL Feuernelken
schwarzer gemahlener Pfeffer
1 rohes Ei
12 Paprikaschoten
2 Zwiebeln
3 Tomaten
2 Möhren
2—3 Kartoffeln

Das Hammel- oder Rindfleisch von den Knochen lösen. Die Knochen in eine Kasserolle mit kaltem Wasser legen, zum Kochen bringen, salzen und etwa 2 Stunden auf kleiner Flamme ziehen lassen, anschließend durchsieben. Die Brühe in einem sauberen Topf erneut zum Kochen bringen.
Das Fleisch durch die feine Scheibe des Fleischwolfes drehen, dazu 3 Zwiebeln, Reis, Petersilie, Salz, Nelken, schwarzen gemahlenen Pfeffer und ein rohes Ei geben und alles gut vermengen.
Die Paprikaschoten waschen, die Spitzen abschneiden, die Körner herausnehmen (einen Teil davon für die Füllung, den anderen für die Brühe nehmen). Die Paprika füllen, in die durchgesiebte kochende Brühe legen und auf kleiner Flamme 30—40 Minuten kochen lassen. In die Brühe 2 Zwiebeln, 3 Tomaten, 2 Möhren und 2—3 Kartoffeln geben. Alles kochen, bis es weich ist.
Die Brühe auf Teller gießen und auf jeden Teller zwei gefüllte Paprika geben. Dazu wird dunkles Brot gegessen.

245. Spatzensuppe

10—12 Spatzen
2½ l Wasser
Salz
1 TL gemahlener schwarzer Pfeffer
½ TL Feuernelken
2—3 Lorbeerblätter
1 Bund Dill
2 Zwiebeln
6 EL braune Butter

Die Spatzen rupfen, ausnehmen, salzen und einige Minuten stehen lassen. Dann in kaltes Wasser legen und auf schwacher Flamme eine Stunde kochen. In die Brühe schwarzen gemahlenen Pfeffer, die Lorbeerblätter und den Dill geben. Solange kochen, bis sich das Fleisch von den Knochen löst, dann die Knochen herausnehmen.
In die Teller bei Tisch kommen feingehackte Zwiebeln, darauf gießt man die fertige Suppe. Ist die Bouillon zu mager, in jeden Teller einen Eßlöffel braune Butter geben.

246. Wachtel-Suppe

12—15 Wachtelweibchen
3 l Wasser
2 Zwiebeln
2—3 Möhren
500 g Kartoffeln
2 Bund Dill
Salz
Pfeffer

Die Wachteln rupfen, die Haut abziehen, ausnehmen, mit Salz und Pfeffer bestreuen und stehen lassen.
Inzwischen einen Topf mit Wasser aufs Feuer stellen und, bevor das Wasser kocht, die Wachteln, die gehackten Zwiebeln, die geputzten unzerteilten Möhren und Kartoffeln hineinlegen; auf schwacher Flamme kochen, bis das Fleisch weich ist. Den zuvor gehackten Dill zufügen. Die fertige Bouillon in Teller gießen und extra dazu je 2 Wachteln reichen.

247. Reissuppe mit Fleisch »Mastawa«

500 g Hammelfleisch
100 g Hammelfett
2 Zwiebeln
4 Tomaten
2 Möhren
3 Kartoffeln
2 l Wasser
Salz, Pfefferkörner und evtl. andere Gewürze
300 g Reis
1 Lorbeerblatt
feingehackter Koriander und Zwiebellauch
0,5 l saure Milch

Hammelfleisch und -fett in Würfel schneiden. In einer Pfanne zuerst das Fett auslassen, dann das Fleisch hineingeben, anbraten; Zwiebeln und Tomaten dazugeben, alles dünsten. Wenn die Tomaten gedünstet sind, gewürfelte Möhren und Kartoffeln hineingeben und 5—6 Minuten dünsten. Danach alles mit Wasser übergießen und 20 Minuten kochen lassen. In die kochende Suppe Salz, Pfefferkörner, Lorbeerblatt (und eventuell andere Gewürze) und den gewaschenen Reis geben. Gar kochen. Dann den Topf vom Feuer nehmen und die Suppe etwa 6 Minuten stehen lassen. In Teller gießen und mit feingehacktem Koriander und Zwiebellauch bestreuen.
Extra zur Suppe saure Milch reichen, von der sich jeder ein paar Löffel auf den Teller nimmt.

248. Wie man getrocknete saure Milch (»Kurt«) macht

1 l Milch
200 ccm saure Milch
Salz

Die Milch aufkochen, abkühlen lassen und mit der sauren Milch ansäuern. Bei Zimmertemperatur stehen lassen. Wenn die ganze Milch dick und sauer geworden ist, durch ein Tuch passieren, salzen, 5—6 Stunden unter einem Gewicht oder Stein pressen, dann zu Kügelchen rollen und bei 35—40 Grad trocknen lassen.

249. Suppe aus getrockneter saurer Milch mit brauner Butter

1 kg getrocknete saure Milch
1,5 l heißes Wasser
400 g braune Butter
trockene oder geröstete Brotwürfel

Die getrocknete saure Milch zerstoßen, durch ein Sieb rühren, mit heißem Wasser übergießen und mit einem Holzlöffel so lange umrühren, bis sie sahnig wird.
Diese Masse in einen Topf gießen, aufkochen, die braune Butter dazugeben. Vor dem Auftragen kommen in jeden Teller trockene oder geröstete Brotwürfel.

250. Unasch-Suppe

300 g Hammelfleisch
160 g weiße Bohnen
2 l Wasser
60 g Hammelfett
60 g Zwiebeln
gemahlener Cayennepfeffer
Salz
600 ccm saure Milch
Für die Nudeln:
60 g Weizenmehl
20 g Ei
etwas Wasser

Das Hammelfleisch und die Bohnen mit kaltem Wasser übergießen und nach kurzem Aufkochen garen lassen. Dann die Nudeln, die im Fett angebratenen gehackten Zwiebeln, Pfeffer und Salz dazugeben und fertig kochen. Zum Schluß saure Milch in die Suppe geben.
Für die *Nudeln* einen festen Teig aus Mehl, Ei und Wasser kneten, ausrollen und in breite Streifen schneiden.

251. **Tschaban-Suppe**

320 g Hammelfleisch
1 l Wasser
340 g Zwiebeln
560 g Kartoffeln
160 g Tomaten (oder 40 g Tomatenpüree)
40 g Butter
Pfeffer
Petersilie oder Dill
Salz

Die Hammelfleischstücke (mit oder ohne Rippenknochen) in kaltem Wasser aufstellen und zum Kochen bringen. 30 Minuten vor Ende der Garzeit die Hälfte der gehackten, in Butter gedünsteten Zwiebeln, Kartoffeln und Tomaten (oder Tomatenpüree) in die Brühe geben und alles gar werden lassen. Die andere Hälfte der gehackten Zwiebeln in feine Streifen schneiden, mit Pfeffer bestreuen und in einem Tuch abtrocknen. Vor dem Auftragen die Zwiebeln in die Suppenterrine geben, Suppe darübergießen und mit feingehackter Petersilie oder Dill bestreuen.

252. **Wintersuppe aus Tomatensaft**

500 g Hammelfleisch
2—3 Knoblauchzehen
1 Möhre
250 g Rettich
300 g Kartoffeln
150 g Hammelfett
3 Zwiebeln
3 l Tomatensaft
50 g saure Sahne
Salz und Pfeffer

Das Fleisch zusammen mit dem Knoblauch, der geriebenen Möhre, dem Rettich und den feingeschnittenen Kartoffeln durch die grobe Scheibe des Fleischwolfs drehen und alles gut vermengen.
In einem runden Kessel das Hammelfett auslassen, die in Ringe geschnittenen Zwiebeln darin anbraten. Dann die Fleischmasse zugeben und unter Rühren auf kleiner Flamme dünsten. Nach 20 Minuten etwas Wasser angießen und weiter auf schwacher Flamme kochen. Zum Schluß wird der mit saurer Sahne geschlagene Tomatensaft dazugegossen und mit Salz und Pfeffer kräftig abgeschmeckt.

253. Kalte Suppe aus saurer Milch

600 ccm saure Milch
2 l Wasser
Salz
Cayennepfeffer
2 frische Gurken
7—10 Radieschen
50 g Zwiebellauch
1 Bund Koriander
1 Bund Dill

Die saure Milch mit dem abgekochten kalten Wasser verdünnen, Salz und gemahlenen Pfeffer dazugeben. Die grünen Gurken und die Radieschen fein raspeln, Zwiebellauch, Koriander und Dill ganz fein hacken. Alles in die verdünnte saure Milch geben und umrühren. In den Kühlschrank stellen. Beim Auftragen kann in jeden Teller ein Eiswürfel gelegt werden.
Diese Suppe sollte man an heißen Sommertagen servieren, sie löscht den Durst und weckt den Appetit.

254. Suppe aus saurer Sahne

400 ccm saure Sahne
2 Zwiebeln
1 l Wasser
6 Maiskolben (jeden Kolben in zwei Hälften teilen)
300 g Kürbis
Salz

In ein heißes Metallgefäß die saure Sahne gießen und umrühren, kleingehackte Zwiebeln dazu geben und kochen, bis die Zwiebeln weich sind. Dann Wasser zugießen und aufkochen lassen. In die kochende Suppe den zerteilten reifen Mais und den gewürfelten Kürbis geben und noch 35 Minuten auf schwacher Flamme kochen.
Vor dem Servieren salzen.

Das nächtliche Gelage in Chodžejli

In den mittelasiatischen Republiken der Sowjetunion ist es im Sommer sehr heiß, oft bis 40 Grad, und deswegen wird dort tagsüber wenig gegessen und vorwiegend Tee getrunken. Von einer usbekischen Teestube werde ich später noch berichten, hier möchte ich eine kleine Geschichte über ein typisches mittelasiatisches Nachtmahl erzählen, an dem ich Gelegenheit hatte teilzunehmen. Dieses Nachtmahl erwies sich nämlich als äußerst bemerkenswert.

Als ich noch in Mittelasien lebte (über diese Zeit habe ich viel in meinem Buch »Das ganze Leben und ein Tag« erzählt), kam ich eines Tages in die Hauptstadt der Kara-Kalpakischen Republik, in die Stadt Nukus. Ich studierte damals an der Kunsthochschule und fuhr nach Nukus, um Landschaftsbilder der Wüste Kara-Kum zu malen, die unweit von Nukus beginnt. Zufällig lernte ich dort den Klassiker der Kara-Kalpakischen Literatur, Dscholmursa Ajmursajew, kennen, der sich als recht geselliger, unterhaltsamer Mensch erwies. Für mich als armen Studenten war es besonders schmeichelhaft, diesen in Mittelasien sehr populären Schriftsteller kennenzulernen, der viel älter war als ich.

Eines Tages lud mich Ajmursajew ein, ihn zu seinen Freunden zu begleiten, die in der Nähe von Nukus, in Chodžejli wohnten. Wir fuhren nachmittags per Anhalter mit einem Lastwagen dorthin. In Chodžejli — einem kleinen staubigen Städtchen mit ungepflasterten Straßen und stillen Lehmmauern, hinter denen das ruhige asiatische Leben wie das Wasser in den Bewässerungsgräben dahinfließt — in diesem Städtchen also schlenderten wir zuerst von einem Haus zum anderen und gingen bei verschiedenen Ämtern vorbei, wo Ajmursajew seine Bekannten über unsere Ankunft in Kenntnis setzte. »Du geh, schau und schweige«, sagte mein neuer berühmter Freund. »Nachher werden wir essen.« Ich tat, wie er mir sagte: ging, schaute und staunte.

Nachdem wir alle seine Freunde, insgesamt sieben oder

acht Leute — die ganze Bezirksprominenz — aufgesucht hatten, gingen wir in einen kleinen Laden, wo Ajmursajew eine Kiste Wein kaufte und sie irgendwohin zu bringen befahl. Dann traten wir um Tee zu trinken in die nächste Teestube ein. Die Zeit zog sich asiatisch lange hin, ich hatte bereits Hunger, denn mit einem Tee kommt man nicht weit, und ich hatte seit dem Morgen nichts gegessen. Aber Ajmursajew war gelassen: »Bald gibt's Mittagessen, ein gutes Mittagessen«, beruhigte er mich. »Immer mit der Ruhe.«

Als wir aus der Teestube kamen, stand die große rote Sonne schon tief über dem grauen Horizont, der sich unendlich weit in die Ferne erstreckte. Man spürte die Nähe der Wüste Kara-Kum. Der Wind brachte aus der Wüste feinen Staub, von dem der Himmel rauchiggrau wurde.

In einem engen Gäßchen am Stadtrand gingen wir durch die Pforte einer Lehmmauer, schritten durch den herbstlichen Garten und betraten ein niedriges einstöckiges Haus. Eine Frau begrüßte uns in der Tür mit einer Verbeugung und führte uns in ein geräumiges rechtwinkliges, mit einem persischen Teppich ausgelegtes Zimmer, an dessen Eingang wir die Schuhe auszogen. An den Wänden des Zimmers hingen ebenfalls Teppiche und entlang der Wände lagen auf dem Boden in ordentlichen Stapeln unzählige Steppdecken und verschiedenfarbige Kissen. In einer Ecke erkannte ich die von Ajmursajew gekaufte Kiste Wein. Ajmursajew hieß mich neben der Kiste auf einem Kissen Platz nehmen und begann mit der Hausfrau und dem eintretenden Hausherrn ein Gespräch. Bald kamen Gäste, lauter Männer, Bekannte von Ajmursajew. Alle ließen sich in einem großen Kreis auf dem Teppich nieder, legten sich Kissen unter und kreuzten die Beine. Ein ruhiges Gespräch floß dahin, an dem auch ich mich hin und wieder beteiligte.

Auf ein Zeichen Ajmursajews trugen die Hausfrau und ihre Tochter auf Tabletts etwas herein. »Endlich« dachte ich voller Freude, »endlich werde ich etwas essen, es ist ja schon Abend.« Aber ich hatte mich verrechnet! Die Tabletts waren mit verschiedenen orientalischen Süßigkeiten beladen, mit Kristallzucker, Halwa, getrockneten Maulbeeren, Weintrauben, Äpfeln, Pfirsichen, geschälten Nüssen und Fladen. Dann brachten die Frauen einige bauchige Porzellankannen mit Tee und Teeschalen. Jeder Gast erhielt zwei Schalen, eine für Tee, eine für Wein ... Das Mahl begann. Alle tranken ohne Hast Wein, dazu Tee und aßen Süßigkeiten und Obst. Ich aber dachte die ganze Zeit an Fleisch und versuchte, wenig Wein zu trinken, um nicht auf nüchternen Magen betrunken zu werden. Ich geriet immer mehr in Verzweiflung, genierte mich aber, um etwas Kräftigeres zu bitten. Die anderen waren völlig ruhig und fröhlich. »Bald kommen die Künstler«, flüsterte mir Ajmursajew plötzlich zu. Mein Hunger meldete sich bald heftig, bald legte er sich wieder: Ich spülte meinen Magen ohne Ende mit Tee, aß Süßigkeiten dazu und antwortete zuweilen höflich auf die Fragen der Gäste.

Schließlich kamen die Künstler: einige Männer mit Saiteninstrumenten und einige junge Frauen, Sängerinnen und Tänzerinnen. Die Männer trugen grellfarbene Chalate und schwarze Käppchen; die Frauen waren mit grellbunten Kleidern, unter denen seidene Pluderhosen hervorsahen, und verschiedenfarbigen Käppchen bekleidet und mit Ketten, Armbändern und Ohrringen geschmückt. Nachdem sie die Schuhe ausgezogen hatten, ließen sich die Künstler bei den Leuten nieder. Neben mich setzte sich eine hübsche junge Usbekin, eine Sängerin, wie sich herausstellte. Zuerst tranken auch sie lange Tee, dann machten sie den Kreis in der Mitte frei, und das Konzert begann. Asiatische Musik erklang, einige Mädchen tanzten, andere sangen ... Ich fühlte mich wie der Held in einem orientalischen Märchen — alles war herrlich, das einzige, was mich quälte, war der Hunger...

Das richtige Essen begann dann schließlich längst nach Mitternacht, als ich schon ganz verzweifelt war, aber ich wurde für alle meine Qualen belohnt: Tee und Süßigkeiten wurden weggeräumt, und Hausfrau und Tochter brachten große Schalen mit Hammelbrühe herein. Wir tranken sie direkt aus den Schalen, dazu gab es heiße Fladen. Dann wurde der nächste Gang hereingetragen: uskekische Nudeln mit

Hammelstücken. Danach gab es Manty — gebackene Piroschki mit Hammelfleisch und Zwiebeln. Sie wurden von Hammelschaschlik am Spieß mit Tomaten und Zwiebeln abgelöst. Danach wurde wieder abgeräumt und in die Mitte des Zimmers auf den Teppich stellte man eine große bemalte Schüssel mit einem Berg dampfendem, bernsteinfarbenem Pilaw. Alle rückten näher an den Pilaw heran und aßen ihn mit den Händen. Ich bat jedoch um einen Löffel, denn man muß Übung darin haben, mit den Fingern zu essen — der Pilaw muß so gepackt, in der Handfläche zusammengedrückt und zum Mund geführt werden, daß kein Körnchen herunterfällt, und das ist nicht einfach ... Zu all diesen Gerichten trank man wieder Wein, und nach dem Pilaw brachte man zum Händewaschen Schüsseln mit warmem Wasser und Handtücher ... Und wieder gab es Tee, Tee und nochmals Tee! So ging es weiter, bis hinter den Fenstern der Morgen dämmerte.

Als alle genug Tee getrunken hatten und das Geschirr weggeräumt war, wurden die Musikinstrumente zur Seite gelegt, und die beiden Frauen breiteten dicke Decken und Kissen auf dem Teppich aus. Die abgeschlafften Gäste und Künstler fielen, wo sie saßen, in tiefen Schlaf und lagen kreuz und quer auf den bunten Decken und Kissen ...

Am anderen Tag, als wir erwachten, Tee tranken und dann auseinandergingen, hat mir meine neue Freundin — die Sängerin aus der Philharmonie — ihr Foto geschenkt. Sie schrieb auf die Rückseite des Fotos: »Vergiß nicht die Nacht in Chodžejli!« — Diese Nacht habe ich mir wirklich gemerkt.

Hauptgerichte der Mittelasiatischen Küche

So gelingt jeder Pilaw

Ungeachtet der unterschiedlichen Zubereitungsarten der verschiedenen Pilaws gibt es einige allgemeine Regeln, die für alle Pilaw-Gerichte gleichermaßen gelten:

1. Das Öl muß solange erhitzt werden, bis weißer Rauch von ihm aufsteigt;
2. in diesem Öl werden zuerst das Fleisch mit Zwiebeln und die Möhren angebraten, das heißt der Sirwak zubereitet;
3. Reis kommt erst hinzu, wenn der Sirwak schon fertig ist.

Beim Zubereiten des Sirwak, das heißt beim Braten des gewürfelten Fleisches mit Zwiebeln und Möhren, muß darauf geachtet werden, daß diese Zutaten alle gar sind, aber doch ihre Konsistenz bewahren. Es gilt also aufzupassen, daß die Fleischstücke, Zwiebeln und Möhren sich nicht an den Wänden des Kessels ansetzen. Sehr wichtig ist die Regulierung des Feuers.

Die Gewürze kommen in den Sirwak, nachdem die Zutaten gebraten sind. Im Unterschied zu anderen Gerichten gibt man in den Pilaw *zweimal* Salz und Wasser. Der Kesselinhalt muß auf schwacher Flamme kochen. Je ruhiger der Sirwak kocht, desto besser schmeckt der Pilaw. Nachdem man sich überzeugt hat, daß der Sirwak fertig und genügend gesalzen ist, gibt man den Reis hinzu.

Danach wird das Feuer größer gestellt. Man muß darauf achten, daß der Sirwak sich nicht mit dem Reis vermengt. Der Reis muß in einer dicken Schicht auf dem Sirwak liegen, sonst könnte er am Boden des Kessels klebenbleiben, und das wäre schlecht. Wichtig ist die Menge des zugegossenen Wassers. Im allgemeinen wird soviel Wasser aufgegossen, daß der Reis bedeckt ist (oder einen halben Finger breit darüber). Die richtige Mischung von Reis und Wasser lernt man erst mit der Zeit. Im fertigen Pilaw muß der Reis weich und körnig sein, er darf auf gar keinen Fall zerkochen.
Nachdem Reis dazugekommen ist, wird der Pilaw noch einmal gesalzen. Der Pilaw mit dem Reis muß unbedingt gleichmäßig kochen. Aus diesem Grunde wird Pilaw in runden Kesseln zubereitet und keinesfalls in Töpfen mit geradem Boden. Pilaw aus 1 Kilo Reis, wie er in den folgenden Rezepten beschrieben ist, reicht für 6—8 Personen.
Ist das ganze Wasser verdunstet, wird der Pilaw fest verschlossen. Um festzustellen, wie weit das Wasser verdunstet ist, schlägt man mit einem Schaumlöffel ein paarmal auf die Oberfläche des Reises. Es muß dumpf klingen. Bevor der Pilaw zugedeckt wird, wird die Reisoberfläche geebnet und es werden mit einem Holzstäbchen Vertiefungen gemacht; so können die Wassertröpfchen austreten (sie bilden sich zwischen Reis und Deckel). Der Pilawkessel muß ganz fest verschlossen sein.

255. Pilaw nach Fergana-Art

300 g Hammelfett
600—800 g Hammelfleisch
5 mittelgroße Zwiebeln
500 g Möhren
Salz
Wasser (zuerst für den Sirwak, dann für den Reis)
Gewürze nach Belieben (Berberitze, Kümmel, Minze, Feuernelken)
gemahlener Cayennepfeffer
1 kg Reis

Das Hammelfleisch würfeln, in den Kessel geben, auslassen, die Grieben herausnehmen. Das flüssige Fett erhitzen, bis es raucht. Damit der Pilaw eine rote Farbe bekommt, wird in das siedende Fett ein kleiner fleischloser Knochen geworfen und gebraten, bis er sich rotbraun färbt, dann wird er herausgenommen.

Dann kommt das gewürfelte Fleisch in das ausgelassene Fett und wird knusprig angebraten. Die in Ringe geschnittenen Zwiebeln werden zugegeben und braun gebraten, danach gibt man die in kleine Längsstreifen geschnittene Möhre hinzu. Dazu etwas Salz. Nun wird alles vermengt und gebraten, bis die Möhren goldbraun werden. Danach die Hälfte des Wassers dazugießen und den Sirwak langsam kochen lassen. Der Sirwak muß 20—25 Minuten kochen. Zum Schluß die Gewürze (Berberitze, Kümmel, Feuernelken usw.) zugeben.

Mittlerweile den Reis dreimal in kaltem Wasser waschen und durch die Hände gleiten lassen. Vorsichtig in den Sirwak einstreuen, so daß er in dicker Schicht obenauf liegt. Sofort Wasser angießen. Das Wasser muß den Reis bedekken oder einen Fingerbreit höher stehen, je nachdem, wie trocken der Reis ist (je trockener der Reis, desto mehr Wasser). Auf keinen Fall zuviel Wasser hineingießen, sonst zerkocht der Reis, lieber etwas weniger Wasser nehmen!

Probieren, ob das Wasser salzig genug ist, wenn nicht, nachsalzen. Sobald das ganze Wasser verdunstet ist, den Pilaw mit einem Schaumlöffel in der Mitte zu einem Häufchen schichten und mit einem Stäbchen Löcher bis zum Boden des Kessels machen, damit das noch im Reis befind-

liche Wasser abfließen und verdampfen kann. Auf diese Weise wird der Reis schön körnig. Das Wasser verdampft in der Regel innerhalb von 20—25 Minuten. Ist alles verdampft, wird der Reis vorsichtig wieder glattgestrichen; man macht nochmals Löcher hinein und verschließt den Kessel nochmals für etwa fünf Minuten. Beim Öffnen des Deckels aufpassen, daß die an der Unterseite des Deckels befindlichen Wassertröpfchen nicht in den Pilaw fallen. Dann den Pilaw sorgsam umrühren, in eine schöne tiefe Schüssel füllen und auftragen. Jeder nimmt sich selbst die gewünschte Menge.
In Usbekistan und anderen mittelasiatischen Republiken wird der Pilaw mit den Fingern aus dieser Schüssel gegessen — aber das muß gekonnt sein (damit der Pilaw nicht unter oder neben den Tisch fällt). Vor und nach dem Essen des Pilaws auf diese Weise werden natürlich die Hände gewaschen.
Zu Pilaw reicht man Tomatensalat mit Zwiebeln.

256. Rosinenpilaw nach Buchara-Art

250 g Pflanzenfett
3 mittelgroße Zwiebeln
500 g Möhren
150 g Rosinen ohne Kerne
1 kg Reis
Salz

Die Zwiebeln im stark erhitzten Fett anbraten. Dann die feingeschnittenen Möhren dazugeben, einige Male umrühren, etwas Wasser zugießen, aufkochen lassen und salzen.
Die Rosinen auslesen, sorgfältig in warmem Wasser waschen und dazugeben.
In warmem Salzwasser den Reis waschen. Das Feuer klein stellen und den Reis in den Kessel geben. Weiter kochen wie Pilaw nach Fergana-Art (Rez. 255).
Den fertigen Pilaw in eine Schüssel geben. Mit Radieschen oder einem anderen Salat servieren.

257. Pilaw auf Taschkenter Art

250 g Hammelfett oder Pflanzenfett
4 Zwiebeln
400 g Möhren
400—500 g Hammelfleisch
Salz, Gewürze
1 kg Reis
200 g Knoblauchzwiebeln

Dieser Pilaw wird auf gleiche Art wie Pilaw nach Fergana-Art (Rez. 255) zubereitet. Nur werden, nachdem der Reis zugegeben wurde, die ganzen Knoblauchzwiebeln hineingesteckt. Zu diesem Zweck wird der Knoblauch nur leicht gesäubert, geschält, und die Würzelchen werden abgeschnitten; die Zwiebeln bleiben ganz.
Ist der Pilaw fertig, wird der Knoblauch herausgenommen und auf einen extra Teller gelegt. Man teilt die Zwiebeln in Zehen, von denen sich jeder nach Belieben nimmt und sie auspreßt. Der Pilaw wird ohne Knoblauch vermischt und in eine Schüssel gegeben.
Dieser Pilaw, und insbesondere der Knoblauch darin, erhöht die männliche Potenz.

258. Pilaw mit gefüllten Wachteln

6 Wachtelhühner
Für die Hammelfleischfüllung:
300 g Hammelfleisch ohne Knochen
100 g Fett vom Hammelschwanz
200 g Zwiebeln
Gewürze
Salz

Für den Pilaw:
250 g Hammelfett oder Pflanzenfett
300 g Zwiebeln
500 g Möhren
Salz
Gewürze
1 kg Reis

Die Wachteln mit kochendem Wasser überbrühen, rupfen, säubern, ausnehmen. Sorgfältig in kaltem Wasser waschen, mit einem Tuch trocken tupfen.
Eine *Füllung* aus gehacktem Hammelfleisch, Hammelfett,

gehackten Zwiebeln, Gewürzen und Salz machen. Die Wachteln damit füllen. Sirwak zubereiten: Im ausgelassenen Fett Zwiebeln und Möhren anbraten. Dann in das siedende Fett die Wachteln legen, Wasser aufgießen und auf schwacher Flamme kochen. Nach Belieben Salz und Gewürze hinzufügen. Reis dazugeben und kochen wie in Rezept 255.
Vor dem Auftragen die Wachteln vorsichtig herausnehmen, auf eine extra Platte legen, den Pilaw umrühren und in eine große Schüssel geben. Darauf die Wachteln legen. Dazu gibt es einen frischen Salat.

259. Pilaw mit Huhn

1 Huhn
300 g Pflanzenfett
4 Zwiebeln
500 g Möhren
Salz
Gewürze
1 kg Reis

Das Huhn ausnehmen, gut waschen und in Stücke schneiden. Aus Fett, Zwiebeln, Möhren, Salz und Gewürzen Sirwak zubereiten, dahinein die Hühnerstücke geben, Wasser zugießen, salzen und würzen. Wie in Rezept 255 weiter kochen.

260. Kabyrga oder orientalische Hammelrouladen

2—3 Portionen

640 g Hammelbrust
16 g Salz
Pfeffer
1 Knoblauchzehe
20 g Pflanzenfett oder braune Butter
½ l Wasser (oder Hammelbrühe Rez. 240)

Aus der Hammelbrust die Rippen so herauslösen, daß nur ihre Enden im Fleisch bleiben. Dann das Fleisch leicht klopfen, salzen, mit Pfeffer und feingehacktem Knoblauch be-

streuen und zu einer Roulade zusammenrollen; die Rippenenden offen lassen. Mit Zwirn umwickeln, anbraten etwas Wasser oder Hammelbrühe zugießen und gar dünsten.
Vor dem Auftragen den Zwirn abnehmen und das Fleisch in 2—3 Teile schneiden. Als Beigabe Kraut- oder Gemüsesalat reichen. Man kann auch gedünstetes Sauerkraut oder frisches Kraut dazu servieren.

261. Schaschlik im Kessel

2—3 Portionen

700 g fettes Hammelfleisch
500 g Zwiebeln
8 Bund Dill oder Koriander
1 rote Peperoni
Salz

Das Hammelfleisch in kleine Stücke, die Zwiebeln in Ringe schneiden, Dill oder Koriander zufügen. Zuerst eine Schicht Fleisch in den Kessel legen, darauf eine Schicht Zwiebeln, dann wieder Fleisch usw. Gut mit einem Deckel verschließen und 2 Stunden auf schwachem Feuer dünsten. Zum Schluß salzen, die geteilte kleine Peperoni dazulegen. Den fertigen Schaschlik umrühren und auftragen. Dazu feingehackte frische Zwiebeln — mit schwarzem Pfeffer und Salz bestreut — und frische zerkleinerte Tomaten reichen.

262. Marinierter Schaschlik am Spieß

3—4 Portionen

1 kg Hammelfleisch
1 TL schwarzer gemahlener Pfeffer
1 TL Salz
3 Zwiebeln
1 TL Koriander
4 EL Weinessig
1 TL Kümmel

Das Hammelfleisch in kleine Stücke schneiden, pfeffern, salzen, die feingehackten Zwiebeln, Koriander, Weinessig

und Kümmel dazugeben und alles vermischen. In einem Email- oder Porzellangefäß, beschwert mit einem Gewicht, einige Stunden (zwischen 6 und 24) an einem kühlen Ort stehen lassen. Dann das Fleisch herausnehmen, auf Spieße zu je 6 Stück stecken (dazwischen immer 3 Stück Hammelfett) und über Holzkohle knusprig grillen. Damit das Fleisch gleichmäßig brät, müssen die Spieße von Zeit zu Zeit gedreht werden.
Der fertige Schaschlik wird mit den Spießen direkt auf die Teller gegeben. Dazu reicht man Tomaten, Gurken oder einen Salat.

263. Schaschlik aus Hackfleisch

3—4 Portionen

1 kg fettes Hammelfleisch ohne Knochen
1 Ei
gemahlener Cayennepfeffer
Salz
3 Zwiebeln
3—4 EL Weizenmehl

Das fette Hammelfleisch zweimal durch den Wolf drehen. Dazu das rohe Ei, Pfeffer und Salz geben und alles verrühren. Dann die feingehackten Zwiebeln unterrühren, so daß ein Teig entsteht. Aus diesem Teig Würstchen formen, auf Spieße stecken, mit Mehl bestäuben und wie gewöhnlichen Schaschlik über Holzkohle grillen.
Dazu reicht man Granatapfelsaft, feingehackte Zwiebeln, Tomaten und einen Salat.

264. Schaschlik aus marinierter Lende

3—4 Portionen

1 kg Hammel- oder Antilopenlende
1 TL Salz
1 TL gemahlener schwarzer Pfeffer
3 Zwiebeln
1 TL Feuernelken
5 EL Weinessig
1 TL Kümmel

Hammel- oder Antilopenlende in Stücke von 10—15 cm Länge und 3 cm Dicke schneiden. Jedes Stück etwas klopfen und drücken, in ein Email- oder Porzellangefäß legen, salzen, pfeffern, mit feingehackten Zwiebeln und Feuernelken bestreuen und Weinessig darübergießen, beschweren und einige Stunden eingelegt stehenlassen. Jedes Stück auf einen Metallspieß stecken und auf Holzkohle grillen. Ständig drehen, bis eine kusprige Kruste entstanden ist. Den fertigen Schaschlik vom Spieß nehmen, auf den Teller legen und zerschneiden. Dazu Salate und feingehackte Zwiebeln mit Kümmel reichen.

265. Wachteln am Spieß

4—5 Portionen

6 Wachteln
Salzwasser
50 g ausgelassene Butter
1 TL gemahlene Nelken
1 TL schwarzer gemahlener Pfeffer
Salz
4 EL Weizenmehl
1 TL Kümmel

Die gerupften und ausgenommenen Wachteln waschen. 15 Minuten in Salzwasser legen. Dann auf einen Spieß stekken, in ausgelassene Butter tauchen, mit gemahlenen Nelken, schwarzem gemahlenem Pfeffer und Mehl bestreuen und unter zeitweiligem Drehen über Holzkohle grillen, bis sich eine rötliche Kruste bildet. Falls aus dem Fleisch Saft fließt, diese Stelle mit Mehl bestäuben.

Die Wachteln am Spieß auf Teller legen. Extra dazu feingehackte, mit Kümmel bestreute Zwiebeln, Gurken oder Tomaten reichen.

266. **Tomaten am Spieß**

3—4 Portionen

1 kg Tomaten
heißes Salzwasser
Salz
Cayennepfeffer
300 g Zwiebeln

Fleischtomaten werden in kaltem Wasser gewaschen und jeweils 3—4 Stück auf einen Spieß gesteckt. Dann grillt man sie wie Schaschlik über Holzkohle.
Die fertigen Tomaten in heißes Salzwasser tauchen und auftragen. Oder vom Spieß nehmen, auf eine Platte legen, salzen, pfeffern und mit gemahlenem Cayennepfeffer bestreuen.
Gegrillte Tomaten werden gewöhnlich als Beilage zu fettem Schaschlik gereicht. Wenn man Schaschlik macht, kann man auch Tomaten und Zwiebeln zwischen die Fleischstücke auf den Spieß stecken, ebenso Speck, und alles zusammen grillen.

267. **Rebhuhnbraten**

2 Portionen

3 Rebhühner
500 g Butter
2 Zwiebeln
1 Möhre
3 Tomaten
3 Kartoffeln
Salz
gemahlener Cayennepfeffer
8 Korianderzweige (oder mehr)

Die Rebhühner wie Wachteln zubereiten (Rez. 265), salzen und im ganzen in Butter braten. Im übrigen wie in Rezept 265 verfahren. 12—15 Minuten in Wasser kochen.

268. Junglammbraten

3 Portionen

1 kg Junglammfleisch
1 kg braune Butter zum Fritieren
4—4 EL Butter
Salz
je 1 Möhre
Kartoffel
Speiserübe

Das Fleisch eines jungen Lamms in Stücke zu je 300 g schneiden, in heißer Butter anbraten. Dann das Fett weggießen, das Fleisch in einen sauberen Kessel legen, 4—5 Löffel Butter dazugeben, salzen, etwas Wasser aufgießen und 15 Minuten bei schwacher Hitze dünsten. In einem anderen Gefäß Möhre, Kartoffel und die Rübe in wenig Wasser abkochen. Das fertige Fleisch auf eine Platte legen, mit Koriander oder anderem Grünzeug bestreuen und als Beilage gekochtes Gemüse mit zerlassener Butter reichen.

269. Bitotschki aus Hammelfleisch

3—4 Portionen

580 g Hammelfleisch
120 g ausgelassenes Hammelfett
140 g Zwiebelringe
200 g frische Tomaten
Salz
gemahlener Pfeffer
8 Eier
80 g Minze
Koriander
Dill

Das Hammelfleisch durch den Fleischwolf drehen, aus dem Hackfleisch runde Klößchen von 2—3 cm Durchmesser formen. Von allen Stellen in heißem Hammelfett braunbraten. In eine Kasserolle legen, dazu die Zwiebelringe und die geschnittenen frischen Tomaten; salzen und pfeffern. Unter die geschlagenen Eier gehackte Kräuter mischen, Fleischbällchen und Tomaten mit Kräutereiern übergießen und das ganze im heißen Ofen garen, bis die Eier gestockt sind.

270. Hammel- oder Rindfleisch mit Bohnen

3—4 Portionen

580 g Hammelbrust oder
640 g Rindfleisch
Salz, Pfeffer
160 g Zwiebeln
60 g braune Butter
20 g Weizenmehl
60 g Tomatenpüree
Hammel- oder Rinderbrühe
360 g grüne Bohnen
2 Knoblauchzehen
5 Pfefferkörner
1 EL gehackte Petersilie
1 EL gehackte Korianderblätter
1 EL gehacktes Basilikum

Hammel- oder Rinderbrust in Stücke schneiden, salzen, pfeffern und mit den Zwiebeln in heißer Butter halbfertig braten. Mehl und Tomatenpüree unterrühren und Bouillon angießen, bis die Sauce cremig ist. Dann die geschnittenen Bohnen, Knoblauch, Koriander, Petersilie und Basilikum dazugeben und so lange dünsten, bis das Fleisch gar ist.

271. Gedünsteter Hammel mit Erbsen

2—3 Portionen

300 g getrocknete Erbsen
300 g mageres Hammelfleisch
150 g ausgelassene Butter
3 Tomaten
Salz
gemahlener schwarzer Pfeffer

Die Erbsen über Nacht in kaltem Wasser einweichen. Das Fleisch in winzige erbsengroße Stücke schneiden, und in Butter anbraten. Wenn der Saft austritt, die eingeweichten Erbsen dazugeben und noch einige Minuten braten. Etwas Wasser angießen. Wenn die Erbsen weich sind, die Tomaten hineingeben, einige Male umrühren, mit einem Deckel zudecken und auf schwacher Flamme noch 15—20 Minuten dünsten lassen.

Vor dem Auftragen mit Salz und Pfeffer bestreuen.

272. Gebratene Pilze mit Grieben

3—4 Portionen

1 kg frische Pilze
200 g Fett vom Hammelschwanz
3—4 Zwiebeln
Salz
8—10 Zweige Koriander oder Dill

Die Pilze putzen, waschen, 3 Minuten in kaltes Salzwasser legen. Auf ein Sieb geben und das Wasser abtropfen lassen.

Das Hammelfett in Würfel schneiden, auslassen und, bevor die Grieben braun sind, die feingehackten Zwiebeln und die Pilze dazugeben, alles vermischen und durchbraten. Wenn aus den Pilzen der Saft austritt, salzen, zudecken und noch 10 Minuten dünsten.

Vor dem Auftragen mit Koriander oder Dill bestreuen. Man kann die Pilze auch mit ausgelassener Butter statt mit Hammelfett zubereiten.

273. Gedünstete Kräuter

4—5 Portionen

2 kg frische Kräuter: Minze, Sauerampfer, Portulak, Hirtentäschel, Spinat, frische Luzernentriebe
Salz
gemahlener schwarzer Pfeffer
300 g Zwiebeln
2 Eier
300 g Fett vom Hammelschwanz

Die ganzen Kräuter waschen und auf einem Sieb abtropfen lassen; dann feinhacken, salzen, pfeffern, die feingehackten Zwiebeln dazugeben und 2 Eier unterrühren.

Das Hammelfett auslassen. Die Grieben darin lassen, die vorbereiteten Kräuter hineingeben und weich dünsten. Vom Feuer nehmen, zudecken und noch 10 Minuten stehen lassen.

Gedünstete Kräuter werden als Beilage zu Fleischgerichten

sowie als Einzelgericht gereicht. Wenn man die Masse abkühlen läßt, kann man damit auch Piroschki füllen (vgl. die Piroschki-Rezepte). Man kann die Kräuter auch in einem anderen Fett dünsten, dann müssen dieser Menge Kräuter aber unbedingt 100 g Grieben zugesetzt werden.

274.

Gefüllte Zwiebeln

2—3 Portionen

10—12 mittelgroße Zwiebeln
Für die Füllung:
500 g Fleisch
500 g Leber
30 g Zwiebeln
schwarzer Pfeffer
Salz
1 Ei
Für die Sauce:
½ l Gurkenlake
1 EL Tomatenmark
200 g ausgelassene Butter

Man braucht für dieses Gericht Zwiebeln gleicher Größe, schneidet die Unterseite ab, schält sie und legt sie dann in kochendes Wasser. Nach dem Herausnehmen teilt man sie vorsichtig in die einzelnen Hüllen. In jede Zwiebelhülle gibt man etwas von der Füllung (die ganz kleinen Hüllen werden weggeworfen).
Die fertig gefüllten Zwiebelhüllen werden in einen Topf gelegt — zuerst die großen, dann nach oben zu die kleineren. Dann wird eine *Sauce* angerichtet: Man verrührt Gurkenlake mit Tomatenmark und ausgelassener Butter und gießt die Sauce über die Zwiebeln. Der Topf wird fest mit einem Deckel verschlossen, und die Zwiebeln müssen nun etwa 40 bis 45 Minuten bei schwacher Hitze gedämpft werden.
Für die *Füllung* wird fettes Fleisch ohne Knochen mit dem Messer kleingehackt, auch die Leber fein gehackt; dazu kommen die leicht angebratenen feingehackten Zwiebeln, schwarzer Pfeffer und Salz sowie ein Ei. Die Masse wird sorgfältig vermengt.
Von den fertigen Zwiebelrouladen werden 4—6 Stück auf jeden Teller gegeben, mit Sauce übergossen und aufgetragen.

275. Gefüllte gedünstete Tomaten

4—5 Portionen

20—25 nicht sehr große Tomaten
Salz
500 g Fett vom Hammelschwanz
Für die Füllung:
500 g Hammelfleisch
1 Ei
3 Zwiebeln
1 Tasse gekochter Reis
Salz
Pfeffer

Für die Bouillon:
1 l Wasser
100 g Butter
2 Zwiebeln
1 kg Fleischknochen
3 Kartoffeln
1 Paprika
1 Möhre
Salz
Pfeffer

Reife, nicht sehr große Tomaten aussuchen. Eine Kappe abschneiden und mit einem Löffel vorsichtig das Innere entfernen. In die so entstandenen Tomaten-»Täßchen« je eine Prise Salz und ein mandelgroßes Stück Hammelfett legen und die Tomate mit der Fleischfüllung füllen.

Für die *Füllung* mit einem Messer das Fleisch kleinhacken, ein Ei, die feingehackte Zwiebel, gekochten Reis, Salz und Pfeffer dazugeben und gut verrühren.

Ein durchlöchertes Gefäß, das etwas kleiner ist als der Topf, in den es gestellt wird, mit Butter einfetten. Da hinein die Tomaten mit der offenen Seite nach unten legen. Für die *Bouillon* in einer flachen Kasserolle Butter erhitzen und darin die gehackten Zwiebeln rösten. Dazu die Knochen, das Innere der Tomaten und den Saft, die feingeschnittenen Kartoffeln, Paprika und die Möhre geben. Etwas Wasser angießen, salzen, pfeffern und eine Bouillon kochen. Während des Kochens müssen die Tomaten in dem durchlöcherten Gefäß darüber gedämpft werden. Die Brühe soll etwa 25 Minuten kochen.

Je 2 bis 4 fertige Tomaten auf einen Teller legen, mit gemahlenem schwarzen Pfeffer bestreuen. Die Suppe in Tassen gießen und extra reichen.

276. **Gedünstete Manty**

4—5 Portionen

Für den Teig:
500 g Mehl
1 TL Salz
1½ Tassen Wasser
Für die Füllung:
1 kg Hammelfleisch
500 g Zwiebeln
je 1 TL gemahlener schwarzer Pfeffer und Kümmel
100 g Hammelfett
1 Tasse Salzwasser

Für die Sauce:
Fleischbrühe
saure Sahne oder
saure Milch
schwarzer gemahlener Pfeffer
Salz
feingehackter Koriander
alles nach Belieben mischen, Weinessig extra reichen

Zuerst den *Teig* bereiten. Mehl mit Salzwasser zu einem festen Teig mischen, den Teig zu einer Kugel formen und 10 Minuten liegenlassen. Dann dünn ausrollen (1—2 mm dick) und Quadrate von 10 × 10 cm ausschneiden. Auf jedes Quadrat einen Eßlöffel Füllung und ein Stück Hammelfett legen, die Vierecke zusammenklappen und die Enden festdrücken. Die fertigen rohen Manty mit einer Serviette bedecken. Den durchlöcherten Einsatz eines Dämpfers mit Butter einfetten, die Manty so darauf legen, daß sie einander nicht berühren. Mit kaltem Wasser besprengen. In den Dämpfer kochendes Wasser füllen, den Topf verschließen und die Manty 45 Minuten dämpfen lassen.
Die fertigen Manty in einen tiefen Teller oder eine Tasse legen (jeweils 4 Stück pro Person), etwas Brühe darübergießen, saure Milch oder saure Sahne dazugeben, Salz, schwarzen gemahlenen Pfeffer und Koriander darüberstreuen. Weinessig extra dazu reichen, den sich jeder nach Belieben nimmt.
Füllung: Hammelfleisch ohne Knochen grob durch den Wolf drehen oder in kleine Stücke schneiden. Dazu die kleingehackte Zwiebel, gemahlenen schwarzen Pfeffer, Kümmel, etwas Salzwasser geben und gut vermengen.

277. Fritierte Manty
4—5 Portionen

Für den Teig:
500 g Mehl
1 Ei
1 Tasse Wasser
1 TL Salz

Für die Füllung:
1 kg Hammelfleisch
500 g Zwiebeln
Salz und Gewürze
100 g Hammelfett vom Schwanz
Zum Fritieren:
1 kg braune Butter

Die Manty wie im vorangegangenen Rezept zubereiten. Die braune Butter auslassen und die Manty darin anbraten, bis sie von allen Seiten braun sind. Dabei wird der Teig knusprig, das Fleisch bleibt roh. Damit auch das Fleisch gar wird, müssen die Manty anschließend 35—40 Minuten gedämpft werden (wie in Rez. 276). Man serviert sie in tiefen Tellern mit Brühe, nachdem sie mit Koriander, Dill oder Petersilie bestreut worden sind.

278. Gekochte Manty
4—5 Portionen

Für den Teig:
500 g Mehl
2 Eier
1 Tasse Milch
1 TL Salz
Für die Füllung:
1 kg Hammelfleisch
500 g Zwiebeln
1 EL schwarzer gemahlener Pfeffer und Salz
150 g Fett vom Hammelschwanz
Zum Begießen der fertigen Manty:
Fleischbrühe
2 Tassen saure Milch oder saure Sahne

Einen festen Teig aus Mehl, Eiern und Milch kneten (das Salz in einem Eßlöffel Wasser auflösen). Wie in Rezept 276 ausrollen, ausschneiden und füllen; in kochendes Wasser legen und 40—45 Minuten bei schwacher Hitze kochen. Vor dem Auftragen auf jeden tiefen Teller 3—4 Stück legen und mit Brühe begießen, je einen Eßlöffel saure Milch oder saure Sahne dazugeben und mit Koriander, Dill oder Petersilie bestreuen.

279. **Lagman-Nudeln**

5—6 Portionen

Für den Teig:
1 kg Weizenmehl
2 Eier
250—300 ccm Wasser
1 TL Salz
Für die Sauce:
400 g Fleisch
3 Kartoffeln
1 Rettich
2 Möhren
100 g Weißkraut
1 rote Bete
3—4 Zwiebeln
1 Paprikaschote
4 Tomaten
6—7 Knoblauchzehen
200 g Butter zum Braten
Salz, Pfeffer

Einen nicht allzu festen Teig kneten. Ausrollen, mit einer dünnen Schicht Mehl bestäuben und bandförmige Nudeln schneiden. In Salzwasser kochen, herausnehmen, 2—3mal in kaltem Wasser durchwaschen, in einen Durchschlag geben und das Wasser abtropfen lassen.
Dann die *Sauce* zubereiten: Fleisch, Kartoffeln und Rettich in kleine Würfel, Möhren, Kraut und rote Bete in dünne Streifen, Zwiebeln und Paprika in Ringe schneiden. Tomaten und Knoblauch fein hacken. Butter auslassen und das Fleisch darin anbraten, bis sich eine braune Kruste bildet. Dann Zwiebeln, Tomaten und Knoblauch dazugeben und weiterbraten. Das restliche Gemüse zufügen, einige Male umrühren, salzen, pfeffern, etwas Brühe von den Nudeln aufgießen und auf schwacher Flamme 30—40 Minuten dünsten. Wenn die Sauce fertig ist, die Nudeln erhitzen, auf eine Platte legen und mit der Sauce übergießen.

280. Samsa oder Orientalische Piroggen

4—5 Portionen

Für den Teig:
280 g Mehl
48 g Butter
80 ccm Wasser
4—6 Eigelb zum Bestreichen
Für die Füllung:
360 g Lunge
140 g Herz
140 g Leber
40 g Butter
60 g Zwiebeln
schwarzer gemahlener Pfeffer
Salz

Aus Mehl, Butter und heißem Salzwasser einen geschmeidigen Teig anrühren. Stücke zu je 100 g formen und zu Fladen ausrollen. In die Mitte die Füllung legen und die Fladen von drei Seiten über der Füllung zudrücken, dabei ein Dreieck formen. Dick mit Eigelb bestreichen und im heißen Ofen backen.
Für die *Füllung* Lunge, Herz und Leber kochen, durch den Wolf drehen, in Butter gebratene Zwiebeln, Pfeffer und Salz dazugeben.

281. Sansa

4—5 Portionen

320 g Mehl
20 g Butter
1 Ei
etwas Speisesoda
16 g Salz
Butter zum Einfetten
60 g Pflanzenfett

Einen ziemlich festen Teig ohne Hefe aus Mehl, Butter, Salz, Soda und etwas Wasser anrühren. Zu kleinen Brötchen formen. Jeweils in der Mitte eine Öffnung machen, mit Butter einfetten und unter Drehen den Teig zu einem dünnen Ring formen. Diesen Ring zu irgendeiner Figur zusammenrollen und in Fett braten. Zum Tee reichen (Rez. 283).

282. **Baursaki**

4 Portionen

300 g Weizenmehl
4 g Hefe
etwas Wasser
Salz
20 g Zucker
60 g braune Butter

Aus den Zutaten einen Hefeteig anrühren, gehen lassen. Dann fest kneten, zu einer langen Rolle formen. Stücke zu 15 g abschneiden, Kugeln rollen und in Butter braten.

283. **Atkantschaj**

100 ccm starker Tee
100 g Milch
5 g Butter
30 g Sahne
Salz

Mit siedendem Wasser einen starken Tee kochen, im Verhältnis 1 : 1 mit kochender Milch mischen, in dieses Gemisch Butter, Sahne und Salz geben und kurz aufkochen. In Teeschalen gießen und zu Fladen oder Sansa reichen.

Die Usbekische Teestube

(Aus »Das ganze Leben und ein Tag«)

... welch ein gesegneter Ort war doch dieses Samarkand! Semjonow hatte sich diesen Ort selbst ausgesucht, als er aus Karaganda abhaute. Er wählte Samarkand, weil er viel davon gehört hatte. Gar nicht zu reden von der Sommerzeit, aber auch im Winter konnte man hier fast gratis leben!
Im Frühling begann das paradiesische Leben. Man pflückte

sich von den Maulbeerbäumen an den Straßenrändern die übersüßen Früchte. Im Sommer gab es an den Straßen Aprikosen und Äpfel, aber die zu erwischen war nicht ganz so einfach, denn die Usbeken ernteten sie selbst und stellten den Dieben nach. Besonders eifersüchtig hüteten sie ihre Weinberge; die Trauben mußte man schon richtiggehend stehlen. Aber die Kolchosplantagen waren riesig, und Aufpasser gab es nur wenige. So kam man auch zu dem Seinigen.

Manchmal ging Semjonow auf den Basar, und ein- bis zweimal im Monat aß er in einem winzigen Restaurant. In die Tschaichana, die Teestube, ging er aber jeden Tag morgens, mittags und abends. Ein Kesselchen Tee kostete zehn Kopeken. Ein Fladen zum Tee fünfzig Kopeken. Bald nach seinem Eintritt in die Malschule lächelte ihm das wahre Glück! Er bekam seinen Tee, sogar den Fladen zum Tee und Zucker — gratis! Er hatte auf eigene Faust einen Nebenverdienst gefunden.

Die Tschaichana befand sich am Rande des Basars, neben der Kunstschule, man brauchte nur über die Straße zu gehen. Es war ein nicht sehr großes Lehmgebäude mit flachem Dach. Vor dem Gebäude wuchsen im Halbrund drei gewaltige Karagatschbäume, deren Stämme so dick waren, daß nur mehrere Menschen einen von ihnen umfassen konnten. Ihre Wipfel waren ausladend und dicht belaubt. Im Sommer trank man seinen Tee im Schatten dieser Bäume, man saß auf hölzernen Brücken über einem Bewässerungsgraben. Diese breiten Podien waren mit Teppichen und Kissen belegt. Während der Hitze war es hier immer kühl und erfrischend.

Im Winter wurde der Tee im Gebäude getrunken. An einer der Wände kochte in riesigen Kesseln Teewasser. Auf einer Theke stand eine ganze Armee dickbäuchiger bunter Teekannen und Pialen henkelloser Tassen. Unter Glas lag ein Haufen Kristallzucker, daneben stand eine Waage. Hinter der Theke machte sich ein hoher, hagerer, immer schweißnasser Mann, der Teehausbesitzer, zu schaffen. Geschickt hantierte er mit Kesseln, Teekannen und Pialen. Er wog den Zucker ab und servierte seinen Kunden den Tee. Er hieß

Machmud-aka. Außerdem bediente Machmud-aka noch einen Radioempfänger, auf dem er immer wieder die unendlich in die Länge gezogenen usbekischen Weisen, die wie die asiatische Sonne sind, suchte und fand. Niemals schwieg diese Musik. Machmud-aka schwärmte besonders für die Volkssängerin Usbekistans, Chalima Nassyrowa. Wenn sie sang, stellte der Teehausbesitzer das Radio auf volle Lautstärke. Dieser Machmud-aka wurde zum Schutzgeist Semjonows. Die Wände des Teehauses waren weiß gestrichen, an den Wänden hingen Plakate, die hauptsächlich die Baumwollernte darstellten. Am Eingang zum Restaurant, am Rand einer Treppenstufe aus Lehm, saß immer ein kleines Mädchen in einem grellfarbenen Kleid, barfuß, mit schwarzen Zöpfen, die bis auf die Schultern herabhingen. Vor dem kleinen Mädchen türmte sich auf einem Lappen ein Haufen brauner Fladen, die sie an Kunden der Tschaichana verkaufte. Es gab einfache Fladen, aber auch teurere mit Kümmel.

Etliche alte Männer saßen buchstäblich von morgens bis abends im Teehaus. Semjonow mußte immer wieder an einen uralten Greis denken, der da, seinen Tee schlürfend, immer auf dem selben Platz saß. Sich das Teehaus ohne diesen Greis vorzustellen, war ein Ding der Unmöglichkeit. Er war außerordentlich weise und wurde von der ganzen Umgebung respektiert.

Einmal kam Semjonow, vom Dezembermorgen durchfroren, auf seinem Weg zur Malschule ins Teehaus. Über Samarkand wehte ein kalter Wind, Wolken jagten dahin, die Erde bedeckte sich mit leicht zufrierenden Pfützen. Gleich werde ich einen Fladen essen und mich mit heißem Tee aufwärmen, dachte er, aber was werde ich zu Mittag essen? Und morgen? Bis zum Erhalt der nächsten Stipendiumsrate war es noch weit ...

Im halbleeren Teehaus brüllte Chalima Nassyrowa, einige Kunden hatten ihre Schuhe abgeworfen und saßen auf Teppichen, die einen Vorsprung an den Wänden bedeckten. Sie schlürften schwarzen und grünen Tee und rauchten »Anascha«, usbekisches Rauschgift — das verkaufte der unvermeidliche Uralte. Er saß auf seinem erhöhten Platz in einer Ecke, schwankte wie ein Turm hin und her, auf seinem Kopf einen weißen Turban. Ins Leere hinein sagte er in regelmäßigen Abständen »Chop!« und spülte das Wort mit einem Schluck Tee hinunter. Das Mädchen mit dem Haufen Fladen hatte sich eng an die Wand beim Eingang gedrückt. Semjonow kaufte ihr einen billigen Fladen ab, nahm von Machmud-aka ein volles Kesselchen Tee und eine Piale. Nachdem er die Schuhe ausgezogen hatte, setzte er sich am Ende eines Teppichs zurecht und kreuzte die Beine. Sein Malzeug mit den Farben legte er neben sich.

Semjonow trank den heißen Tee in kleinen Schlucken, erwärmte sich von innen her und dachte immer nur ein und dasselbe: Wo nehme ich Geld her? Sein Blick fiel mechanisch über die Bilder der Führer, über die Plakate an den Wänden, über die weißen, leeren Stellen — und plötzlich kam ihm die Erleuchtung. Mit dem merkwürdigen Gefühl des bevorstehenden Erfolges erhob er sich und trat zu Machmud-aka. »Ich habe mit dir geschäftlich zu reden«, sagte Semjonow betont langsam und wichtig.

Machmud-aka sah ihn neugierig an. Seit einem Jahr trank Semjonow hier bei ihm seinen Tee; er selbst nannte ihn »Petja-ka«, und er wußte, wo Semjonow hauste, wo er lernte und war an ihn gewöhnt. Semjonow war ein Stammgast.

»Was denn für Geschäftliches?«

»Ich betrachtete mir deine Wände und denke: Ein armes Teehaus ist es! Nur Führergesichter und alte Plakate. Aber wo sind denn die Parolen? Die Obrigkeit könnte einmal kommen, sich hier alles ansehen ... Also, das geht nicht gut! Man muß Parolen an die Wände malen. Aus den Zeitungen herauspicken und an die Wände bringen. Gerade jetzt wird das überall getan. Die Obrigkeit kann dann jederzeit kommen, und sie wird es gut hier finden! Und ich werde nicht viel von dir verlangen.«

Semjonow sah mit Vergnügen, daß Machmud-aka sich freute. »Oh, Petja-ka, du bist ein großer Mann! Ja, man braucht Parolen! Nichts wie los! Male sie ... und wie soll ich dich bezahlen?«

»Kleinigkeit!« beruhigte ihn Semjonow schnell, denn er

fürchtete den Mann zu verschrecken. »Darüber werden wir uns schon einig ... Wieviel willst du denn geben?«
Machmud-aka kniff fröhlich und geheimnisvoll die Augen zusammen. »Ich werde dich mit Tee bezahlen!« sagte er. »Trink, soviel du willst. Mit Zucker. Und Fladen. So lange du arbeitest, trink tagsüber soviel Tee du willst, drei Stücke Zucker gebe ich dazu und drei Fladen kannst du essen ... einverstanden?«
Semjonow strahlte. »Natürlich!«
Mit Handschlag wurde das Geschäft besiegelt.
Semjonow nahm seine Malutensilien, schlüpfte in seine Leinenschuhe und ging munter zur Schule — ein Glückspilz!
Noch am selben Tag schleppte er einen Haufen alter Zeitungen ins Teehaus und suchte, zusammen mit Machmud-aka, die schlagkräftigsten Parolen heraus. Abends machte er sich an die Arbeit. Er skizzierte mit dem Bleistift die Umrisse auf die nackten Wände und begann, mit einem Pinsel den Kalk zu bemalen.
Jeden Morgen erhob er sich nun fröhlich; er brauchte sich um ein Stück Brot nicht mehr zu sorgen. Und auch das Studium in der Schule klappte jetzt besser. Er war wunschlos glücklich. Auch Machmud-aka war glücklich. Die Wände seines Teehauses bedeckten sie mit roten, kämpferischen Losungen, in ornamentale Rahmen gefaßt. Machmud-aka sah nun viel fröhlicher aus und wies eine gewisse Würde auf. Er machte jeden Gast auf Semjonows Parolen aufmerksam. Am häufigsten sprach er über sie mit seinen ständigen Gästen, so mit dem uralten Weisen. Der nickte mit dem Kopf und sagte immer wieder das eine Wort: »Chop«.
Machmud-aka versorgte Semjonow reichlich mit Tee. Er kaufte ihm jeden Tag drei Fladen mit Kümmel, gab ihm Zucker und unterhielt sich mit Semjonow voller Wichtigkeit über die Thematik der Losungen. Auch, wohin man sie malen sollte. Bald darauf erschien in der Tschaichana die Rayon-Obrigkeit und lobte den Teehausbesitzer für die ansprechende Agitation und ließ einen herablassenden Blick auch über die Gestalt des armen Studenten gleiten. Machmud-aka blühte sichtlich auf.
Die Zeit ging hin. Semjonow malte neue und immer neue

Losungen, und bald war jede leere Stelle an den Wänden bemalt. Die Arbeit neigte sich dem Ende entgegen. Traurig ging Semjonow an diesem Abend ins Teehaus, um, wie er annahm, seine letzten Fladen zu essen. Dem war aber nicht so! Machmud-aka war sogar beleidigt. »Warum so traurig, Petja-ka?«

»Nun ja ... die Arbeit ist zu Ende.«

Der Teehausbesitzer schlug vorwurfsvoll die Hände zusammen. »Ai, ja, ja! Wieso denn das, Petja-ka? Wir wollen doch weiter arbeiten!«

»Wie denn, weiterarbeiten?«

»Parolen malen!«

»Wohin denn?«

»Oben drüber! Wir überkleben einfach die alten und fangen neu zu malen an!«

Semjonow quollen die Augen aus dem Kopf. Das hatte er nicht erwartet! Und die Arbeit begann wieder zu kochen wie der Kleister, den Semjonow kochte, um ihn auf alte Zeitungen zu streichen und diese dann über die bereits gemalten Losungen zu kleben. Daraufhin verrührte er Kreide mit Leim, grundierte die überklebten Stellen und malte, mit nur wenigen Variationen, wieder Losungen an die Wände. Und schlug sich den Bauch mit Tee voll! Und mit Fladen!

Die Sonne stand jetzt später auf. Über dem ausgelassenen kleinen Teich froren die Bäume. Sie entledigten sich verspätet ihres trockenen Laubes. Im Radio sang Chalima Nassyrowa. Der Alte mit dem Turban wiegte sich im Takt ihrer Lieder und wiederholte sein »Chop« unablässig. Semjonow aber malte, klebte, und malte aufs Neue. In der Schule beneidete man ihn. Hatte er doch eine ständige Arbeit! Alle kamen ins Teehaus, um seine Losungen zu betrachten. Einige Studenten versuchten, eine gleiche Arbeit zu finden. Zwei oder drei Studenten gelang es, in anderen Teehäusern einige Parolen zu malen, mehr aber auch nicht. Einen zweiten Teehausbesitzer wie Machmud-aka gab es ganz Samarkand nicht.

Einmal schaute auch Aisik Arnowitsch Goldrey ins Teehaus. Seine Weisheit teilte er sofort mit: Er schlug vor, an die Wände persische Teppiche zu malen. Die Freude des Teehausbesitzers war grenzenlos, Semjonow aber wurde auf diese Weise seine Sorge um Arbeit in alle Ewigkeit los. Denn so ein Teppich ist doch keine simple Losung! Jetzt fertigte Semjonow zu Hause Entwürfe an, dann ließ er sie vom Teehausbesitzer und dem Alten im Turban gutheißen, wobei der Alte immer wieder sein »Chop« hören ließ. Semjonow schnitt Schablonen für jede einzelne Farbe aus, und mit Hilfe dieser Schablonen brachte er Teppichmuster auf die Wände. Semjonow malte sie sogar erhaben; denn er mischte Holzmehl in die Farben — dazu hatte ihm Goldrey geraten. Die Losungen und Porträts mußten ein wenig zusammenrücken, dafür waren die Teppiche wie echt. Die Teestube wurde einer Bildergalerie sehr ähnlich!

Der Ruhm der Tschaichana wuchs. Man kam aus benachbarten Teehäusern, um hier in diesem den Tee zu trinken. Chalima Nassyrowa sang immer hinreißender. Der Uralte mit dem Turban aber segnete dieses neue Leben mit dem kurzen Wort »Chop«! Es war ein großes Wort!
Einmal fragte Semjonow den Teehausbesitzer: »Wer ist eigentlich dieser Uralte, und warum sagt er immerfort ›Chop‹; was bedeutet das?«
Der Teehausbesitzer antwortete: »O Petja-ka, dieser Greis ist ein sehr, sehr weiser Aksakal! Er hat über hundert Jahre bereits hinter sich, er weiß alles, und ihm gefallen deine Teppiche sehr! Er hält dich für einen großen Künstler. Bei jedem deiner Teppiche sagte er ›Chop‹ und das heißt ›gut‹. Er liebt es nicht, viel zu sprechen; denn ihm ist auch so alles klar. Er ist ein sehr weiser Aksakal!«
Seit dieser Zeit war das kleine Wort »Chop« für Semjonow das Zeichen des Erfolges. Aber auch bei Mißerfolg gebrauchte er es. Wenn etwas gut gelang, oder wenn er eins aufs Maul bekam, sagte er immer »Chop«.

Einladung zum Pilaw

Die uskebische Teestube ist eine eigentümliche orientalische Einrichtung. Dort wird nicht nur Tee getrunken, sie ist vielmehr Treffpunkt der miteinander befreundeten Bewohner eines Machalla, eines Bezirks. Sie bereden familiäre und gesellschaftliche Neuigkeiten oder machen Geschäfte; oft feiern sie etwas oder sie nehmen einfach nur eine Mahlzeit ein. Aber eine Mahlzeit wird hier eigentlich nicht angeboten, sie wird sozusagen gemeinsam organisiert. Wenn jemand einen Gast bewirten oder einfach mit Freunden gut essen will, geht er auf den Basar und kauft dort Fleisch, Reis und alles Notwendige ein. Dann bringt er alles in die Teestube, verabredet mit dem Wirt Tag und Uhrzeit, gibt ihm alle Lebensmittel, und der Wirt bereitet das Essen zu. In aller Regel ist das Pilaw. Der Wirt wird natürlich für den Raum, das Geschirr und die Vorbereitung bezahlt. Manchmal kocht auch einer der Gäste. Derartige Mahlzeiten — oder wie man in Usbekistan sagt: Pilaws — werden oft im Sommer im Freien veranstaltet; im Garten der Teestube unter Bäumen, am Ufer des kleinen Teichs (usbekisch »Chaus«), und der Schmaus findet gewöhnlich abends statt, wenn es dunkel wird.

Es ist sehr interessant, an einem solchen Essen teilzunehmen: ein warmer Abend, der schwarze Himmel mit Sternen bedeckt, in den Blättern der großen schwarzen Bäume elektrische Lämpchen, Wasser, das durch einen Graben in den kleinen Teich hineinrauscht und wieder aus ihm herausfließt, die endlose Musik des Ostens ... Sie sitzen auf der teppichbedeckten Lehmtreppe oder liegen halb auf Kissen, vor ihnen in einer großen Schüssel der dampfende Pilaw, der mit den Fingern gegessen wird. Auf dem Teppich Tabletts mit Tee, den man zum Pilaw trinkt, Früchte ... Wenn die Gäste Wein oder Wodka trinken wollen, ist auch das möglich, aber der Wodka wird nicht offen angeboten und aus Gläsern getrunken, er ist nach den Gesetzen des Koran sittenwidrig.
Wenn Sie irgendwann einmal nach Samarkand, Taschkent oder in eine andere mittelasiatische Stadt kommen sollten, sollten Sie für sich und Ihre Freunde einen solchen Pilaw organisieren. Er wird ein unvergeßlicher Eindruck für Sie sein!

284. **Jüdischer gefüllter Hecht**

4—5 Portionen

1 großer Hecht
Salz
Füllung wie in Rezept 136
Pfefferkörner
1 Zwiebel
Weiße Sauce mit Kapern (Rez. 139)

Man braucht einen großen Hecht, weil sich von einem kleinen die Haut, das sogenannte »Hemd«, schlecht abziehen läßt, ohne daß man den Fisch beschädigt. Zuerst wird er vorsichtig abgeschuppt. Dann wird ein kreisförmiger Einschnitt rund um den Kopf gemacht und die Haut bis zum Schwanz abgezogen. Der Schwanz darf nicht berührt werden, er wird mit dem Hemd ausgezogen. Neben der Flosse muß das Fleisch vorsichtig abgelöst werden, ohne die Flosse zu berühren, um die Haut an diesen Stellen nicht zu verletzen. Falls die Haut dort versehentlich einreißt, wird sie sorgfältig wieder vernäht, sonst läuft die Füllung aus. Die abgezogene Haut wird gründlich in kaltem Wasser gewaschen, innen und außen mit Salz eingerieben, in einen tiefen Teller gelegt und mit einem anderen Teller bedeckt, damit sie nicht austrocknet.

Dann wird eine Füllung wie in Rezept 136b zubereitet. Die Flüssigkeit, die sich in der Haut angesammelt hat, wird abgegossen und die Haut gefüllt. Es ist darauf zu achten, daß sie nicht zu fest gefüllt wird, weil sie dann beim Kochen aufplatzen könnte und nicht ringförmig zusammengerollt gekocht werden kann. Die Füllung muß frei in der Haut liegen, damit Luft dazu kommt. Die Enden der am Kopf abgezogenen Haut werden mit einem Faden zusammengezogen. Nachdem die gefüllte Hechthaut zusammengerollt wurde, legt man sie auf ein Metallsieb in den Sud, in die Mitte den gut gewaschenen Kopf und die Gräten, dazu Pfefferkörner und Zwiebeln und gießt soviel kaltes Wasser zu, daß alles bedeckt ist. Auf starkem Feuer läßt man den Sud aufkochen und dann auf kleiner Flamme ziehen. Je nach Größe ist die Kochzeit eine Stunde oder mehr. Der fertige »Fisch« wird vorsichtig herausgenommen, auf eine

Platte gelegt (möglichst eine lange Platte, auf der er ausgestreckt werden kann), der Kopf wird dazugelegt und alles mit weißer Kapernsauce übergossen. (Die Sauce ist nicht mit Fleisch, sondern Fischsud anzurichten.)

285.

Gefüllter Fisch

Ein jüdisches Gericht
5—6 Portionen

1 großer Fisch von 2—3 kg
150 g Weißbrot
2—3 Zwiebeln
gemahlener Pfeffer
1½ TL Zucker
Salz
1 EL Butter (wenn der Fisch nicht fett ist)
3 Möhren
Zwiebelschalen
15 Pfefferkörner

Man nimmt einen fleischigen Fisch: Hecht, Zander, Karpfen, Wels, man kann auch Dorsch verwenden.
Den Fisch vorsichtig — ohne die Haut zu verletzen — putzen und waschen. Mit einem scharfen Messer behutsam den Kopf abschneiden und den Fisch ausnehmen. Vorsichtig die Kiemen entfernen, den ganzen Fisch in kaltem Wasser waschen und mit einem scharfen Messer quer in gleichmäßigen Abständen einkerben. An jedem Stück das Fleisch längs bis zum Rückgrat durchschneiden, die Haut beiseite schieben und das Fleisch entfernen. Die Haut an den Seiten mit den Rippen hängen lassen.
Das Rückenfleisch herausnehmen, das Fleisch durch den Wolf drehen, dazu eingeweichtes Weißbrot, Zwiebeln, nach Belieben gemahlenen Pfeffer und je einen Teelöffel Zucker und Salz geben. Bei Dorsch oder einem anderen mageren Fisch gibt man einen gehäuften Eßlöffel Butter dazu. Dann wird die Füllung verrührt, mit den Händen durchgeknetet und nochmals vermengt.
Geben wir die Füllung unter die Rückenhaut, an der Stelle, wo wir das Fleisch entfernt haben. Dann wird die Haut auf beiden Seiten wieder darübergeschoben. Falls Füllung übrigbleibt, kommt sie zwischen die Rippen und in den Kopf.

Man kann aus der restlichen Füllung auch Frikadellen machen.
In einen Aluminiumtopf geben wir die in Scheiben geschnittenen Möhren, eine kleine gehackte Zwiebel und 15 schwarze Pfefferkörner. Darauf legen wir den Kopf und den Schwanz, zuoberst die gefüllten Fischstücke und — falls vorhanden — die Frikadellen. Mit einem Deckel gut andrücken und kochendes Wasser angießen, so daß der Fisch bedeckt ist. Nach Belieben salzen. Dann den Fisch auf starker Flamme aufkochen und 2½ Stunden bei kleiner Flamme ohne Deckel garen lassen. Die gewaschenen Zwiebelschalen am Ende dazulegen, so daß sie noch 30 Minuten mitkochen.

286.

Teiglach

Ein jüdisches Gericht
4 Portionen

200 g Mehl
2 Eier
100 ccm Wasser
1 Prise Salz
1 Prise Zucker
300 g Honig
120 ccm Wasser

Aus Mehl, Eiern, Wasser, Salz und Zucker einen weichen Teig kneten, der weniger fest als Nudelteig sein soll.
Daraus kleine Würstchen von 1,5 cm Durchmesser formen. Die Würstchen quer in Stücke schneiden.
Honig und Wasser (40 % Wasser und 60 % Honig) vermischen und aufkochen lassen. In die kochende Lösung die Teigstückchen geben und gut kochen lassen. Ist der Teig gar — was nachgeprüft werden muß — werden die Stückchen mit einem Schaumlöffel herausgenommen und auf eine Platte gelegt, ohne daß sie zusammenkleben. Sie werden mit dem Honig, in dem sie gekocht wurden, übergossen und, nachdem sie abgekühlt sind, aufgetragen.

287. **Eingemachtes**

Ein jüdisches Gericht
4—5 Portionen

1 großer Rettich
1 Glas Wasser
3 Glas Honig

Ein schöner weißer Rettich wird geschält und auf einer großen Reibe gerieben.
Wasser und Honig (30 % Wasser und 70 % Honig) aufkochen, den Rettich hineingeben und solange kochen, bis er durchsichtig wie kandiertes Obst ist. Dann nimmt man die Rettich-Raspeln heraus, legt sie in dünner Schicht auf eine Platte, übergießt sie mit dem Honig, in dem sie gekocht wurden, läßt sie abkühlen und serviert sie.

288. **Gefüllte Gänse- oder Entenhälse**

Ein jüdisches Gericht

einige Gänse- oder Entenhälse
Gänse- oder Entenfett zum Braten

Für die Füllung:
Mehl
Kartoffeln
Salz
Pfeffer

Von einigen Gänse- oder Entenhälsen (die Menge richtet sich nach der Anzahl der Personen) zieht man die Haut mit der Fettschicht wie einen Strumpf ab. Ein Ende dieses leeren Strumpfes wird fest mit weißem Zwirn vernäht. Durch das andere Ende kommt die Füllung hinein; dann wird es ebenfalls zugenäht. In eine Bratpfanne wird soviel Gänse- oder Entenfett gegeben, daß der Boden der Pfanne bedeckt ist. Auf das Fett kommen die Hälse. Sie werden zugedeckt und für 1½ Stunden in den schwach erhitzten Backofen gestellt. Von Zeit zu Zeit werden die Hälse umgedreht und darauf geachtet, daß sie nicht anbrennen.
Man kann die Hälse zusammen mit der Gans oder der Ente zubereiten.

Füllung: Das Gänse- oder Entenfett aus dem ausgenommenen Geflügel wird in kleine Stücke geschnitten. Dazu kommt soviel Mehl, daß eine dicke Masse entsteht (die Füllung sollte dick sein und nicht auseinanderfallen). Wer mag, kann zu dieser Füllung rohe, sehr feingeschnittene Kartoffeln geben (etwa 50 % der gesamten Füllung). Sie wird kräftig gesalzen und gepfeffert.

289. **Moldauische Bohnensuppe**

400 g geräuchertes Brustfleisch
1,5 l einfache Fleischbrühe (Rez. 23)
240 g weiße Bohnen
40 g ausgelassener Schweinespeck
60 g Zwiebeln
40 g Möhren
40 g Petersilie
20 g Salz
Pfeffer
1 Lorbeerblatt
0,4 l Brot-Kwas (Rez. 192)
20 g gehackte Petersilie

Das Rauchfleisch gar kochen, herausnehmen und in Portionsstücke schneiden. In die kochende Brühe die vorher 3 Stunden eingeweichten Bohnen geben, dazu das in Speck angeschmorte Gemüse — kleingehackte Zwiebeln, Möhren, Petersilie, außerdem Salz, Pfeffer und das Lorbeerblatt zufügen. Das Ganze kochen, bis die Bohnen weich sind: 15—20 Minuten vor Ende der Garzeit den Brot-Kwas zugießen und aufkochen lassen. Vor dem Auftragen das gekochte Rauchfleisch und feingehackte Petersilie in die Suppe geben.

290. Moldauischer Brennessel-Borschtsch

3 Portionen

380 g Brennesseln
1,5 l Wasser oder Brühe
380 g Sauerampfer
300 g Kartoffeln
40 g Reis
50 g Butter
60 g Möhren
2 EL gehackte Petersilie
60 g Zwiebeln
1 Lorbeerblatt
einige Pfefferkörner
60 g Tomatenpüree
ein hartgekochtes Ei
100 ccm saure Sahne

Die Brennesseln dünsten und pürieren. In kochendes Wasser oder Fleischbrühe geben, nochmals aufkochen lassen, Sauerampferblätter, gewürfelte Kartoffeln, Reis und die in Butter angeschmorten Gemüse sowie Zwiebeln, Lorbeerblatt, Pfeffer, Tomatenpüree unterrühren und alles zusammen garen. Vor dem Auftragen in jeden Teller je einen Eßlöffel feingehackte gekochte Eier und saure Sahne geben.

291. Mamalyga oder moldauische Mais-Kascha

4—5 Portionen

400 g Maismehl
20 g Salz
900 ccm Wasser
60—80 g Schmalz oder Pflanzenfett

Das Maismehl in kochendes Salzwasser streuen, umrühren und 8 Minuten kochen lassen.
Als Beilage zu Fleischgerichten oder als selbständiges Gericht mit ausgelassenem Fett, Schafskäse oder saurer Sahne oder einfach mit Milch auftragen.

292. **Tatarische Beljaschi**

4 Portionen

Für den Teig:
150 ccm Wasser oder Milch
320 g Weizenmehl
Salz
8 g Hefe
1 TL Zucker

Für die Füllung:
300 g Hammelfleisch
60 g Zwiebeln
4 g Salz
gemahlener schwarzer Pfeffer
60—100 g Fett zum Braten
8 Eigelb zum Bestreichen des Teigs

Wasser in ein Gefäß gießen, Mehl und Salz, Hefe und Zucker dazugeben, einen festen Teig anrühren. Dann den Teig 20—30 Minuten ruhig stehen lassen.
Für die *Füllung* fettes Hammelfleisch und Zwiebeln durch den Fleischwolf drehen, Salz, Pfeffer und etwas Wasser zugeben und alles gut vermischen.
Den Teig zu einer 2 mm dicken Schicht ausrollen, 8 runde Fladen ausschneiden, mit Eigelb bestreichen, in die Mitte jedes Fladens die Füllung legen und ein Ende des Fladens über der Füllung zusammendrücken, so daß eine halbmondförmige kleine Pirogge entsteht. In reichlich heißem Fett backen und heiß servieren.

Verzeichnis der Rezepte nach Sachgruppen

RUSSISCHE UND UKRAINISCHE VORSPEISEN

RUSSISCHE UND UKRAINISCHE SUPPEN UND ANDERE VORGERICHTE

RUSSISCHE UND UKRAINISCHE HAUPTGERICHTE

FÜLLUNGEN

SAUCEN

BLINY

PIROGGEN UND PIROSCHKI

BROTE, BREZELN UND KALATSCHEN

LEBKUCHEN ODER PFEFFERKUCHEN

NAPFKUCHEN

OSTERKUCHEN

RUSSISCHES EIS

WEITERE NATIONALGERICHTE

Alphabetisches Rezeptregister